北京市京师（深圳）律师事务所 系列丛书
BEIJING JINGSH LAW FIRM SHENZHEN OFFICE

北京市京师（深圳）律师事务所 组编

析案说法
专业化的深度

北京市京师（深圳）律师事务所法律研究院
北京市京师（深圳）律师事务所审判研究中心 编

蔡春雷 邵雷雷 主编

当代中国出版社
Contemporary China Publishing House

图书在版编目(CIP)数据

析案说法：专业化的深度 / 北京市京师(深圳)律师事务所法律研究院, 北京市京师(深圳)律师事务所审判研究中心编；蔡春雷, 邵雷雷主编. -- 北京：当代中国出版社, 2024.3

ISBN 978-7-5154-1340-2

Ⅰ. ①析… Ⅱ. ①北… ②北… ③蔡… ④邵… Ⅲ. ①律师业务—案例—中国 Ⅳ. ①D926.5

中国国家版本馆 CIP 数据核字(2024)第 055614 号

出 版 人	王　茵
责任编辑	邓颖君　李　昭
责任校对	贾云华　康　莹
印刷监制	刘艳平
封面设计	鲁　娟
出版发行	当代中国出版社
地　　址	北京市地安门西大街旌勇里 8 号
网　　址	http://www.ddzg.net
邮政编码	100009
编 辑 部	(010)66572744
市 场 部	(010)66572281　66572157
印　　刷	中国电影出版社印刷厂
开　　本	710 毫米×1000 毫米　1/16
印　　张	17 印张　1 插页　259 千字
版　　次	2024 年 3 月第 1 版
印　　次	2024 年 3 月第 1 次印刷
定　　价	98.00 元

版权所有，翻版必究；如有印装质量问题，请拨打(010)66572159 联系出版部调换。

析案说法·作者团队（按拼音首字母排序）

 陈文芳

 陈小瑞

 陈旭明

 陈学宏

 韩　菲

 胡晨曦

 黄斌浩

 蒋歆迪

 凌征虎

 刘冬坤

 刘运娇

 吕泰雍治

 王天瑞

 王　喆

 温珍少

 徐　威

 曾凡胜

 张明利

 赵宝莲

 赵琳琳

付伟蒙

甘伍叶

高羽凤

管巧丽

兰达鹏

李佳越

李开云

林娜

齐青杰

秦文涛

唐泽栋

王昉

杨烁明

杨文倩

杨艺奇

杨正华

周闫小宇

庄洁萍

邹湘雩

北京市京师（深圳）律师事务所 组编
北京市京师（深圳）律师事务所法律研究院
北京市京师（深圳）律师事务所审判研究中心 编

编委会

主　编：蔡春雷　邵雷雷

副主编：（排名不分先后，按照姓氏字母顺序排列）

　　　　陈文芳　陈小瑞　陈旭明　陈学宏　付伟蒙
　　　　甘伍叶　高羽凤　管巧丽　韩　菲　胡晨曦
　　　　黄斌浩　蒋歆迪　兰达鹏　李佳越　李开云
　　　　林　娜　凌征虎　刘冬坤　刘运娇　吕泰雍治
　　　　齐青杰　秦文涛　唐泽栋　王　昉　王天瑞
　　　　王　喆　温珍少　徐　威　杨烁明　杨文倩
　　　　杨艺奇　杨正华　曾凡胜　张明利　赵宝莲
　　　　赵琳琳　周闫小宇　庄洁萍　邹湘雯

序 一

专业,是律师的基本素养与核心竞争力。为进一步提升律师的专业水平,北京市京师(深圳)律师事务所推出"律师成长助力计划",助力律师出版著作,打造专业IP。自该计划推出以来,北京市京师(深圳)律师事务所律师深耕专业,躬身写作,创作出了一本又一本律界佳作、专业新篇。

本次出版的《析案说法——专业化的深度》一书,是一部以法律实践为基础,以解决纠纷为导向,深入剖析案例,详解法律适用的著作。全书收录案例47个,涵盖民事、刑事等领域,重点是合同纠纷、侵权责任纠纷、其他民事纠纷案件和刑事案件等。

参与创作本书的律师长期从事法律工作,具有丰富的实践经验,他们在分析案件的过程中,不仅对案件的法律问题进行解答,还对案件的处理方法、辩护技巧等进行了深入探讨,为专业人员解决相应的法律难题提供了案例参考,为普通读者维护法律权益展示了正确路径,具有很高的实用价值,不仅适用于律师行业从业者,也适用于法学专业的学生和对法律知识感兴趣的读者。

写作能力是律师的基础业务能力之一;出书不仅是律师对写作能力的检阅,也是对办案经历的回顾与思考,更是对专业能力的升华。"追风赶月莫停留,平芜尽处是春山",追求专业化发展从来都不会一帆风顺,期待有更多的律师同仁通过写作的方式不断夯实自身的专业基础,实现专业化发展量的积累,最终实现质的蜕变。

最后,祝北京市京师(深圳)律师事务所全体律师继续奋发图强,奏响专业化发展的和美乐曲,使京师律师的专业化形象进一步深入客户、深入社会,为法治社会建设贡献更多力量。

陈海阳[*]

2023 年 9 月于深圳

---

[*] 北京市京师(深圳)律师事务所全国业务指导委员会常务副主任、全国刑委会副主任。

序　二

2023年伊始,北京市京师(深圳)律师事务所为了积极响应关于推进律师行业高质量发展的号召,不断加强律所专业技能和服务质量建设,通过提供高品质的法律服务助力中国特色社会主义先行示范区以及粤港澳大湾区的高质量发展,精确阐释律所的品牌内涵和价值,充分展示律所律师的担当和风貌,举办了"2023年度北京市京师(深圳)律师事务所高质量发展大会"。这场会议预示着北京市京师(深圳)律师事务所在律所层面规模化发展的同时,已向专业化发展的战略纵深挺进。《析案说法——专业化的深度》一书便是在这样的背景下应运而生的。

北京市京师(深圳)律师事务所律师一直秉持着专业化的法律服务理念,不断提升和完善个人能力。《析案说法——专业化的深度》一书大部分内容选自律所的优秀律师承办的真实案例,律所携手法律研究院和审判研究中心组成编纂团队,共同打造了本书。在这里,您会遇到复杂的商业纠纷、扑朔迷离的刑事案件、充满人情的家庭纠纷……它们好似一道道拨开迷雾的阳光,充满了各位律师对纷繁复杂案件的理论见解和实务经验。也似一颗颗经验的明珠,穿成一条耀眼的项链,在法律的海洋中闪烁着独特的光芒。

早在19世纪末,曾任美国哈佛大学法学院教授的联邦最高法院大法官霍姆斯在给法学院的学生授课时便提出,法律的精神在于解决实际问题,而非单纯的理论学习。他在课堂上通过案例的方式,引导学生分析和解决问题,从而培养学生的实践能力。时至今日,通过案例学习法律、理解法律、运用法律已经成为公认的良方。事实证明,法律的研究和学习,都离不开一个个生动的案例。

在案例选取方面,本书编纂团队颇具匠心,紧跟时代热点的同时,也确保每个案例都具有代表性，能够传授类案的办案要点，具有较高的阅读价值和参考价值。无论是对法律专业人士还是普通读者，本书都是一本不可多得的好书。

本书的第一个亮点是在叙述方式上，编纂团队巧妙地将枯燥的法律条款与生动的案例紧密结合，不仅让读者对一些晦涩难懂的法律条文的理解更加透彻，而且让他们对这些规则在现实生活中的应用感受更加具体。苏格拉底曾提出过"知识就是美德"的理念，本书中的一个个案例不仅是律师知识的体现，亦是对法律美德的一次次探寻。正如苏格拉底在雅典街头引导年轻人思考，书中案例也意在指引广大青年律师深入法律的内涵，探究正义和道德的边界，真正做到"法安天下，德润人心"。

本书的第二个亮点是文笔简洁，行文流畅，条理清晰，重点突出。在叙述案情时尽可能删除冗余信息，使主题更加突出，焦点更加鲜明，避免理解产生歧义。读者在阅读过程中，不仅可以感受到法律的严谨和规范，还能领略到简约的美感。

通过阅读本书，普通读者可以更加深入地理解法律，增强法律意识，提高法律素养，从而更好地维护自己的权益；法律专业人士可以把它当成一本很好的实践教材，从中汲取许多宝贵的实务知识和办案经验。

此外，在本书的编纂过程中，我们也得到了业界同行的大力支持和协助，他们的意见和建议对本书的出版起到了积极的推动作用。北京市京师（深圳）律师事务所一直致力于与业内外各界的交流与合作，经常举办各种论坛、研讨会和培训班，为律师或者法律爱好者提供一个学习和交流的平台。我们欢迎广大读者就书中案例进行探讨，也欢迎各界朋友来电、来函、来访交流合作。

未来我们还将继续努力，在规模化发展的同时着重向专业化发展转型和深耕。我们相信，北京市京师（深圳）律师事务所律师将会有更多优秀的案例呈现给广大读者，为社会主义法治建设贡献更多的积极力量。

陈玉清[*]

2023年8月于深圳

---

[*] 北京市京师（深圳）律师事务所联合创始人、管委会主任。

目录

不满足法定形式要件的遗嘱效力认定
　——王某2与王某1、赵某兰遗嘱继承纠纷案 …………… 王　喆　1

用人单位明确表示录用劳动者后又反悔且未能对不录用的理由进行合
　理解释,用人单位应承担缔约过失责任
　——黄某与某(广东)有限公司、梁某缔约过失责任纠纷一案
　……………………………………………………………… 黄斌浩　7

实现合同目的条款或核心条款无效是否将导致合同整体无效
　——江西某某有限公司与某某(深圳)实业有限公司合同纠纷案
　…………………………………………………………… 周闫小宇　14

买方以质量为由拒不提货构成违约的,卖方有权请求继续履行
　——肖某与深圳科某公司、周某买卖合同纠纷案 ………… 邹湘雩　19

食品标签瑕疵不能直接等同于食品安全存在问题,购买人仅以食品标
　签问题主张10倍惩罚性赔偿金,法院不予支持
　——某某公司与朱某买卖合同纠纷案 ……………………… 赵琳琳　30

形式发票记载签约方和收款方不一致由实际履约义务人承担返还货款
　责任
　——西班牙某公司与深圳市某光电有限公司买卖合同纠纷案 …… 赵宝莲　34

出口智利产品质量纠纷运用线上勘验方式查明案情
　　——深圳市外某有限公司与绍兴夏某公司国际货物买卖合同纠纷案
　　　　…………………………………………………………… 赵宝莲　40

间接证据构成完整证据链条则可以被法院采信
　　——深圳某公司与东莞某公司、陆某买卖合同纠纷一案
　　　　…………………………………………………………… 蒋歆迪　45

开发商与购房者约定补偿费抵扣物业费后未履约导致物业公司向购房
　　者追偿物业费,开发商对此应承担违约责任
　　——李某与Z房产开发有限公司房屋买卖合同纠纷案 ……… 高羽凤　48

当事人应对自身虚假陈述行为承担法律后果
　　——李某与刘某房屋买卖合同纠纷案…………………………… 兰达鹏　51

预售商品房买受人居住感受不能达到合同预期,法院判决解除合同
　　——李某与广西某置业有限公司商品房预售合同纠纷案……… 王　昉　55

夫妻一方擅自将夫妻共同财产赠与第三者,另一方向第三者主张全部
　　返还,法院判决予以支持
　　——左某与李某赠与合同纠纷案………………………………… 刘运娇　59

夫妻一方在婚姻关系存续期内擅自向存在不正当男女关系的他人赠与
　　财产,违背公序良俗,其赠与行为无效
　　——周某与被告曹某、第三人黄某赠与合同纠纷案 ………… 齐青杰　63

私募投资中"名投资实借贷"纠纷的认定及责任承担主体的追索
　　——刘某与某资产管理公司、某城市建设公司、某控股公司、某信息
　　　咨询公司及童某民间借贷纠纷案……………………………… 付伟蒙　67

售后回租型汽车融资租赁"名租实贷"的判断
　　——苑某与某公司、某融资租赁公司融资租赁合同纠纷案 …… 唐泽栋　73

审计部门无正当理由长期未出具审计结论,人民法院可以通过司法鉴
　　定方式确定工程价款
　　——黄某某与某某市发展投资集团有限公司建设工程施工合同纠纷
　　　案……………………………………………………………… 秦文涛　79

构成表见代理的行为人代收款后出具借条视为债的加入,不予认定为
民间借贷关系
——上海某消防公司与浙江某建设公司、徐某、金某春、金某忠、骆某
建设工程施工合同纠纷案 ················· 邹湘雯　86

建设工程施工合同无效且工程不合格造成的损失,应根据双方的过程
分担责任
——俄木某某与某村委会建设工程施工合同纠纷案 ········· 甘伍叶　94

建设工程合同纠纷中约定"背靠背"条款,法院认定该条款具有法律
效力
——A 公司与 B 公司、C 公司建设工程合同纠纷案 ········ 杨正华　101

诉讼要切实考虑委托人执行风险才能避免赢了官司亏了钱财
——兰州某物资公司与天津某运输公司、第三人迟某运输合同纠纷
案 ··· 张明利　陈学宏　105

梁某已完成了委托 200 万元投资某某公司事项。涂某作为委托方,应
自行承担投资风险,梁某无需向涂某返还涉案 200 万元
——梁某与涂某合同纠纷一案 ················· 曾凡胜　徐　威　112

一方签订入伙协议成为合伙企业的有限合伙人,但协议约定一方仅按
照固定比例获取收益,不承担企业亏损风险,法院认定该合同属于
"名为入伙,实为借贷",按照民间借贷纠纷审理
——某某与某某公司等人合伙协议纠纷案 ················ 赵琳琳　118

网络主播违约合同纠纷违约金裁判标准:以主播实际收益为基础,结合
平台投入、平台流量、主播商业价值等因素合理酌定
——熊某公司与李某、播某某公司合同纠纷案 ············· 杨艺奇　122

民事案件的审理不需要以刑事案件审理结果为依据,不适用"先刑后
民"原则
——林某与黄某不当得利纠纷案 ························ 凌征虎　128

音乐作品《醉×××》著作权纠纷案
　　——深圳市某计算机系统有限公司与潘某著作权纠纷案
　　　　　　　　　　　　　　　　　　　　……………… 管巧丽　陈文芳　134

绕过网络游戏"人脸识别验证"功能、规避未成年人网络游戏防沉迷措
　施的不正当竞争案
　　——深圳市某计算机系统有限公司与田某源、鲁某进等不正当竞
　　　争案 ………………………………………………… 管巧丽　138

《入职表》等具备《劳动合同法》规定的合同要素的文件具有劳动合同
　法律效力，单位无须因未签劳动合同赔付2倍工资
　　——郑某某、绵阳某科技公司劳动争议民事纠纷案 ……… 杨烁明　143

因退休年龄引发的劳动合同终止问题，属劳动争议
　　——李某某诉某某证券有限公司劳动争议案 …………… 李佳越　147

海关查验扣货行为引起的纠纷，承运人如不能证明海关扣货事实，则须
　承担赔偿责任
　　——东某公司与捷某公司海上、通海水域货物运输合同纠纷案
　　　　　　　　　　　　　　　　　　　　………………………… 杨文倩　151

股东会加速到期决议不适用资本多数决规则
　　——姚某与某投资管理有限公司、章某等公司决议纠纷案 …… 胡晨曦　155

无论是虚假出资还是抽逃出资均属于出资瑕疵，公司有权要求瑕疵出
　资股东承担补足出资责任
　　——何某元与某公司、张某等公司增资纠纷案 ………… 吕泰雍治　159

未实现业绩对赌触发回购条款后，确定应当履行回购义务的责任人
　　——某基金与某公司及其实际控制人股权转让合同纠纷案 …… 林　娜　166

医疗机构股东虽转让股权但执业许可证不变的，不属于变相出借医疗
　机构经营资质
　　——邓某与李某股权转让纠纷案 ……………………… 邹湘雯　171

公司决议存在瑕疵可撤销的认定标准
　　——A公司与梁某某、B公司等与公司有关的纠纷案 ………… 温珍少　178

重大资产重组中,上市公司及时任董事、高级管理人员被证券交易所公
　　开谴责并非必然导致重大资产重组的终止
　　——某科技股份有限公司与某管理合伙企业合同纠纷案 …… 刘冬坤　186

网络服务提供者应用的算法直接服务于内容组织生产的基本规则时,
　　应视为内容服务提供者,难以适用"避风港"原则进行侵权责任抗辩
　　——何某与上海某人工智能科技有限公司网络侵权责任纠纷案
　　………………………………………………………………… 韩　菲　196

父母怠于履行对被监护人的监护职责,符合条件的主体可申请变更为
　　被监护人的监护人
　　——吴某与吴某某、潘某某变更监护人资格纠纷一案 ………… 陈小瑞　202

医疗美容诊所违反医疗服务合同约定,造成患者人身受到损害,患者以
　　诊所欺诈为由主张损害赔偿外,还可依据《消费者保护法》主张3倍
　　赔偿
　　——某美容诊所与邹某某侵权责任纠纷案 ………………… 王天瑞　206

资产证券化项目中监管账户资金的权属认定
　　——某证券股份有限公司与某融资租赁(上海)有限公司、某租赁股
　　　份有限公司案外人执行异议之诉案 …………………………… 王　喆　210

股东将股权转让后的责任争议:夫妻原始股东是否应为被执行人
　　——杨某某、彭某与佛山市某建材贸易公司等人执行异议纠纷案
　　………………………………………………………………… 王天瑞　217

劳动者达法定退休年龄,在工作时间内、因工作原因伤亡,符合条件的
　　依旧可进行工伤认定
　　——深圳某公司与某某市人力资源和社会保障局、万某其他行政管
　　　理一案 ……………………………………………………… 黄斌浩　222

关于专利无效请求人举证责任及公知常识依职权认定的确定
　　——深圳市环某世贸电子科技有限公司与杨某某外观设计专利权无
　　　效行政纠纷案 ……………………………………………… 管巧丽　229

"真实销售商品进行返利的销售模式"不应当认定为非法吸收公众存款
　　——T 公司负责人 H 非法吸收公众存款不批捕案 ……… 庄洁萍　233

明知他人购买已实名登记的电话卡用于非法活动,仍向他人贩卖,导致
　　被害人被诈骗,宜认定为侵犯公民个人信息罪而非诈骗罪
　　——周某侵犯公民个人信息罪 ……………………………… 李开云　237

立案前退还的款项应予从诈骗金额中扣除
　　——Z 某诈骗案 …………………………………………… 陈旭明　242

企业管理中的工作失误不应当被升格为刑事犯罪
　　——白某职务侵占案 ……………………………………… 陈旭明　247

组织卖淫案中司机运送卖淫女的车辆不属于作案工具,不应没收
　　——龚某某涉嫌组织卖淫罪一案 ………………………… 杨烁明　255

不满足法定形式要件的遗嘱效力认定
——王某2与王某1、赵某兰遗嘱继承纠纷案
王 喆

案 情 介 绍

王某忠、赵某兰原为夫妻关系,二人共育二子王某1、王某2。王某忠于2018年11月6日立打印遗嘱一份,该遗嘱载明王某忠将个人财产指定由王某2继承,遗嘱共3页,王某忠和两位无利害关系见证人在遗嘱的第3页签字并注明日期。2018年12月28日,王某忠死亡。2021年8月,王某2向北京市顺义区人民法院提起诉讼,请求确认王某忠所立遗嘱有效。被告王某1与被告赵某兰提出该打印遗嘱无效,主要理由是王某2提供的打印遗嘱第1页和第2页既没有遗嘱人的签字和注明的年、月、日,也没有见证人的签字和注明的年、月、日,根据《民法典》第1136条规定:"打印遗嘱应当有两个以上见证人在场见证。遗嘱人和见证人应当在遗嘱每一页签名,注明年、月、日。"

一审法院认为,王某忠所立打印遗嘱虽然存在遗嘱人及见证人单页签名的瑕疵,但是王某2提交了视频用以证明涉案遗嘱确系王某忠自愿、自主签字且王某忠亦明确陈述相关内容。该视频虽未将见证人摄录进去,但是一审法院通过细节化询问努力还原立遗嘱时的真实情况。结合王某2提交的视频、见证人的证人证言及相关陈述,一审法院审理查明,王某2在王某忠签字前已将涉案遗嘱向王某忠宣读,王某忠完全知晓该遗嘱内容,见证人亦全程见证,王某忠签字及视频中的陈述行为可以证明该份遗嘱出自王某忠本人的真实意思表示。据此,北京市顺义区人民法院判决王某忠于2018年11月6日所立遗嘱有效。

王某1与赵某兰不服一审判决,上诉至北京市第三中级人民法院。二审法

院认为,审查打印遗嘱是否有效的核心,在于遗嘱人对已打印好的遗嘱内容是否完全理解并确认,且见证人是否在场全程见证遗嘱人确认遗嘱的过程。法律之所以规定要在打印遗嘱的每一页上签字,就是要确保遗嘱人清晰知晓遗嘱内容。本案中,王某2提交的遗嘱共有3页,遗嘱人王某忠与二位见证人仅在第3页签名及注明日期,关于财产内容均在第1页,第3页上仅有遗嘱人和见证人信息,从王某2提交的视频来看,王某2并没有清楚告知王某忠遗嘱内容,也没有见证人全程在场,故本院认定涉案打印遗嘱存在严重形式瑕疵,王某2提交的证据不足以证明该份遗嘱出自王某忠本人的真实意思表示,应认定为无效。

裁判要旨

《民法典》颁布实施后,虽延续了遗嘱的要式性,但并未将具有形式瑕疵的遗嘱归入法定无效情形。在法典化背景下,对于形式存有瑕疵的遗嘱,应努力探求被继承人立遗嘱时的真实意思表示,并审查全案证据能否对形式瑕疵进行有效弥补,从而判断该遗嘱效力。所以,审查打印遗嘱是否有效的核心,在于遗嘱人对已打印好的遗嘱内容是否完全理解并确认,且见证人是否在场全程见证遗嘱人确认遗嘱的过程。综合来说,存在形式瑕疵的打印遗嘱,在满足下述条件时,可以视为有效:(1)遗嘱人具有遗嘱能力;(2)遗嘱内容合法;(3)对遗嘱形式瑕疵确有充分证据予以补足且能够证明遗嘱确为遗嘱人的真实意思表示。

裁判结论

北京市第三中级人民法院依照《民法典》第1136条、第1143条、《最高人民法院关于适用〈民法典〉时间效力的若干规定》第15条、《民事诉讼法》第177条第1款第2项规定,判决:一、撤销一审判决;二、驳回王某2的全部诉讼请求。

代理要点

通过寻求其他证据补正遗嘱瑕疵,证明遗嘱内容确为遗嘱人的真实意思表示。

代理思路

一、遗嘱人和见证人没有在打印遗嘱每一页上签署姓名和日期存在合理理由

王某忠立遗嘱时,《民法典》尚未颁布,当时法律没有针对打印遗嘱的形式规定,遗嘱人和见证人都不是法律专业人士,不可能预测到未来法律对此会有形式上的特别要求,且在文件最后一页签署姓名和日期符合一般人的生活习惯。

二、通过视频录像证明遗嘱人知悉和认可遗嘱的全部内容

王某2向法院提供立遗嘱时的现场录像,用以说明王某忠阅读了遗嘱的全部内容,证明遗嘱属于遗嘱人的真实意思表示。

三、通过申请证人出庭作证,证明见证人全程见证了立遗嘱过程

王某2申请两位无利害关系见证人和其他证人出庭作证,还原立遗嘱时的情况,说明视频没有将立遗嘱的全过程以及见证人摄录在内的原因,证明两位无利害关系见证人见证了立遗嘱的全过程,且王某2向遗嘱人宣读了遗嘱的全部内容。

律师评析

法律不可能要求每个遗嘱人都熟悉遗嘱业务,而完全听凭现行甚至未来的遗嘱法定形式摆布,否则将导致符合民众日常生活习惯的行为模式无法被法律认同,使遗嘱人意思自治的空间被不当地压缩。

《民法典》第1143条规定了四种遗嘱无效的情形:遗嘱人不具有完全民事行为能力、遗嘱意思表示不真实(受欺诈、胁迫所立的遗嘱)、伪造的遗嘱、被篡改部分的遗嘱,但没有将"不符合法定形式的遗嘱"纳入无效情形。如果认为遗嘱行为作为死因行为的法律属性,其当然严格适用《民法典》第135条后半部分"法律、行政法规规定或者当事人约定采用特定形式的,应当采用特定形式"而无须单独规定,但《民法典》第135条亦属不完全法条,并没有规定未以法定形式作出的民事法律行为不生效。从民事法律行为成立层面来看,《民法典》第134条民事法律行为成立的构成要件中,仅规定了意思表示,并未将法定形式作为其成立的构成要件,第140条意思表示形式条款也仅规定了明示与默示问题。因此,无论是从民事法律行为的成立还是发生效力的角度,均无法得出"不符合法定形式的遗嘱无效"这一结论。

　　不满足法定形式要件的遗嘱是否有效涉及遗嘱形式强制和遗嘱自由之间的冲突,其背后是法律在遗嘱领域对于秩序和自由的价值判断。若以遗嘱行为的形式决定其效力,社会秩序价值将完全压制私法自治价值,这显然与现代继承法的立法追求相悖。私法自治精髓在于"个体基于自己的意思为自己形成法律关系的原则",该原则"是对个体在法律关系形成过程中'自己意愿'的认可",对该意愿的实现优先于法律对同一事实的理性判断,若在法律行为的成立要件中强行介入公权力价值判断,将导致个人意愿的存在完全依赖于国家意志,造成个人自由价值与国家秩序价值的强烈对立。继承法的私法属性决定其不为公共利益,司法应尽可能减少对遗嘱行为的"主动性干预",而着重以"提供被动性救济途径为己任",公权力不宜对遗嘱效力进行过多干涉,而"主动性干预"的目标在于引导人的行为模式,而非消灭不符合法定形式的遗嘱行为。尽管继承法以强行性法律条文居多,但在《民法典》继承编的编纂中,立法者仍然尽可能地坚持私法自治的价值理念,如在第1130条规定的遗产应继承份额中,使用"一般应当均等""可以多分""也可以不均等"的表述,第1132条保留"互谅互让、和睦团结"原则;在新增的第1149条规定遗产管理人可以"按照约定获得报酬",在第1152条转继承条款中,新增"遗嘱另有安排的除外",以及废除公证遗嘱效力最高规则。《民法典》继承编的这一立法价值理念,理应充分贯彻到遗嘱形式要件效力的解释中,从遗嘱意思表示出发,将个人的私法自治价值作为遗嘱行为效力的价值基础,通过有条件的承认非法定形式遗嘱的效力以保障遗嘱人的合法权益。

　　《民法典》第1133条确认了自然人通过遗嘱自由处分个人财产的权利,第1134—1139条规定了六种遗嘱形式,法律规定不同遗嘱形式的目的在于充分保障遗嘱人自由处分遗产的权利。遗嘱的形式要件应服务于判断遗嘱人的真实意思表示,否则就会影响遗嘱制度功能的发挥,通过见证人证人证言、司法鉴定意见、遗嘱人生前环境、知识背景等综合材料探求遗嘱人的真实意思表示,属于捍卫遗嘱自由的积极做法。《民法典》对于遗嘱形式要求的价值限定在证据领域,接受证据规则的管领,而非决定遗嘱实体上效力的规定,对于存在形式瑕疵的遗嘱允许当事人通过其他证据补正。具体而言,符合法定形式要求的遗嘱具有推定的强制执行力,在诉讼中,由主张遗嘱无效的一方证明该遗嘱的真伪。基于此种强制执行力,遗嘱具体形式要件要素的设计也就十分严谨:不符合法定形式的遗嘱具有意定执行力,在利害关系人没有对遗嘱提出异议的情况下,法律无否定的必要,若利害关系人对遗嘱有异议,则主张该遗嘱有效的当事人须证明遗嘱为真。这种意定执行效力,可在一定程度上保护遗嘱人的真实意思表示,又因其不具有强制执行效力而不会对遗产继承相关事宜的办理造成较大的冲击,在严格法定形式所具有的证据效力和意思表示自由之间实现均衡保障。参考最高人民法院民一庭针对遗嘱瑕疵的意见:探求遗嘱人的真心真意是遗嘱解释的首要原则,遗嘱是典型的要式行为、死因行为、无相对人的单方法律行为,与合同等双方法律行为存在本质区别,故遗嘱解释不同于一般的合同解释。被继承人立遗嘱的本意是希望其所立的遗嘱能够生效,并能够按照遗嘱人的真意来处理遗产。因此,遗嘱的解释应探寻被继承人的内心真意,力求符合遗嘱愿望,而非仅仅因遗嘱存在个别错误或部分歧义而轻易否定其效力。[1] 尤其是在《民法典》颁布前所立遗嘱,更不宜苛求缺乏法律背景知识的老人及相关见证人完全严格依照实施在后的《民法典》要求的形式进行意愿表达。[2]

法律依据

1.《中华人民共和国民法典》第1136条、第1143条
2.《中华人民共和国继承法》第2条
3.《最高人民法院关于适用〈中华人民共和国民法典〉时间效力的若干规

---

[1] 最高人民法院民事审判第一庭:《民事审判指导与参考·2019年第1辑(总第77辑)》,人民法院出版社2019年版,第156页。
[2] 参见北京市第三中级人民法院民事判决书,(2022)京03民终8492号,"裁判要旨"指出:"虽然缺乏每一名签字人的签署日期环节,但该《遗赠》做出时,《中华人民共和国民法典》尚未颁布实施,不宜苛求缺乏法律背景知识的老人及相关见证人完全严格依照实施在后的《中华人民共和国民法典》要求进行意愿表达。结合出庭证人陈述,能够充分印证《遗赠》表达被继承人王某3真实意愿。根据《遗赠》形式、内容以及见证人的证言,足以相互印证形成完整证据链,一审法院认定涉诉《遗嘱》有效并无不当,本院予以维持。"

定》第 15 条

4.《最高人民法院关于适用〈中华人民共和国民事诉讼法〉的解释》第 90 条

5.《最高人民法院关于民事诉讼证据的若干规定》第 85 条

王喆律师

经济法学硕士、中共党员。现执业于北京市京师(深圳)律师事务所,系律所联合创始人、基金债券法律服务中心主任、业务指导委员会委员、纪律监察委员会委员。

王喆律师执业 10 多年来,主要业务范围为投资并购、资产证券化和争议解决,特别在资产证券化领域,主办的项目曾荣获"2018—2019 年度资产证券化·介甫奖——供应链金融优秀示范产品奖""第七届 CNABS 金桂奖——最具行业影响产品奖",同时主办了"上海证券交易所首单绿色可续发型国补应收资产证券化项目""上海证券交易所首单小微融资租赁资产支持证券信用保护合约项目",2020 年被界面新闻评选为"新锐律师"。

用人单位明确表示录用劳动者后又反悔且未能对不录用的理由进行合理解释，用人单位应承担缔约过失责任

——黄某与某(广东)有限公司、梁某缔约过失责任纠纷一案

黄斌浩

案情介绍

梁某、陈某均为被告某(广东)有限公司员工，负责本案原告黄某的招聘工作。原告在"前途无忧"App投放简历，被告通过"前途无忧"App取得原告联系方式，2022年2月22日，原告与梁某、陈某互加微信，并通过微信沟通面试、入职等问题。根据微信聊天记录显示：2月22日，梁某与原告黄某沟通后，双方互加了微信。之后，原告与陈某互加微信，并在当天下午进行面试，面试地点为"某某茶餐厅"。当天晚上，原告告知陈某其同意入职，并询问"入职需要准备什么资料"并就其入职时间进行沟通。2月23日，原告问梁某入职需要的资料，梁某告知原告入职的资料(身份证复印件、户口簿复印件、上一家公司的离职证明、银行的个人征信报告、农业银行的卡、3个月内的体检报告)，原告要求被告发个正式的录取通知(Offer)。2月24日，梁某发送入职通知至原告邮箱，该入职通知中载明"通知您入职辅销经理岗位，公司将安排为期3—7天的岗前培训，并根据您相关培训评估，决定是否留用"等内容，并载明了入职需要携带的资料，该资料未包括征信报告。2月28日，原告告知陈某其离职时间为2022年3月31日，可以在2022年4月1日正式入职。3月28日，原告发送征信给梁某，梁某表示"征信是银行那边也要求的"。3月29日，陈某要求原告申请一下信用卡，并

表示"分行要看征信"。原告询问其见面的时间,陈某发出:"现银行看征信看能不能开工号,然后跟着我培训,然后在开好工号自己接客户。"当天,原告提交了申请。3月31日,原告询问梁某其入职的安排,梁某表示"在等银行回复你的征信是否能开工号",之后发出:"银行回复了,你开不了工号,开不了工号是入不了职。"4月1日,原告询问和银行的沟通结果,陈某回复:"问了,还是不行哦,还是那个问题。""银行风控答复,确实不能开……"之后,双方就此问题进行沟通,而原告也因该原因而没有入职。原告于2021年5月6日入职东莞某公司,任大堂服务岗,为入职被告而申请辞职,并于2022年3月31日办理完毕离职手续并正式离职。原告自2022年4月1日开始一直处于待业状态。

原告黄某诉请被告赔偿损失××元(原告在原单位11个月总收入××元,以原告在原单位工作期间每月税前收入××元的标准计算4个月,期间自2022年4月1日至2022年8月1日)及交通费××元。

被告某(广东)有限公司辩称:不同意原告的诉讼请求,理由为:一、被告在签订合同过程中不存在缔约过失的情形,原告以此为由主张赔偿损失缺乏事实和法律依据:1.在面试原告时,原告在东莞某银行担任大堂经理,具有相关工作经验。被告基于该原因而相信原告符合入职条件,其中包括征信条件。征信属于个人隐私,被告出于保护隐私的目的,没有在接洽时要求提供征信。因此,被告不存在假借订立合同恶意进行磋商的情形。2.被告不存在故意隐瞒与订立合同有关的重要事实或者提供虚假情况及其他违背诚信原则行为的情形。其一,被告在得知原告征信审批不通过,无法在银行开通工号并担任辅销经理岗位工作后,被告没有拒绝原告的入职,而是积极与银行进行沟通,争取为其排除障碍而入职。同时,被告也向原告表示可以暂时采用折中的方法,由其担任销售助理,或在清远地区担任辅销经理,待其解决了征信问题、条件符合以后再申请调回原地点、原岗位。其二,面试后,原告主动要求被告人事先行发个正式的录取通知,同时要求注明入职为3月25日以方便其办理离职,被告均予以配合。在录取通知中也写明了"公司将安排为期3—7天的岗前培训,并根据您相关培训评估,决定是否留用"。其三,在沟通过程中,被告如实告知原告说明了该岗位对个人征信有要求,须通过银行审核。二、被告不存在缔约过失的情形,也不存在任何过错,无需对原告承担责任。由于被告的业务系与银行深度合作并开展业务,对银行具有高度依赖性,尤其是辅销经理一职,需要在办理入职时提供征信,再交由银行对入职者的征信进行审核、评估,判断信用风险,继而开通相应的工号,只有这样才能完成辅销经理一职。对于该情况,被告也无法左右。加之近期银行政策收紧,对人员的征信要求更高,即便被告事先要求原告提供征信,在正式入职时也还需要银行进行审核。而被告在接到银行通知后也及时通知了原告,以免耽误原告。三、即便被告需要承担部分责任,其应当赔偿的信赖利益损失也不应过高,且应当限于直接损失。原告诉请的损失及交通费均缺乏事实和法律依据。对于交通费,原告没有提交任何证据,且原告与被告工作人员一直是通过电话、微信沟通,即便面试也是安排在原告原工作单位附近,被告无须支付交通费。

一审认为:《民法典》第170条第1款规定:"执行法人或者非法人组织工作任务的人员,就其职权范围内的事项,以法人或者非法人组织的名义实施的民事法律行为,对法人或者非法人组织发生效力。"梁某属于某(广东)有限公司的员工,其负责招聘属于其履行职务的行为,故相应的法律后果归于某(广东)有限公司。本案中,某(广东)有限公司工作人员联系原告,组织面试并通过了原告的面试,在原告面试当天同意后,又向原告发出了正式的入职通知,通知原告入职辅销经理岗位。原告基于此而对被告产生了合理信赖,向其原用人单位提出了辞职,并告知了某(广东)有限公司工作人员。在原告提前询问入职当天需要提交的资料时,某(广东)有限公司却以原告的征信不符合其合作银行的要求无法开工号,导致原告未能正式入职。无论在双方的沟通记录还是入职通知中,某(广东)有限公司均未告知原告其征信的具体要求,也未告知原告的自身征信需要符合与其合作的银行的要求。因此,依据《民法典》第500条"当事人在订立合同过程中有下列情形之一,造成对方损失的,应当承担赔偿责任:(一)假借订立合同,恶意进行磋商;(二)故意隐瞒与订立合同有关的重要事实或者提供虚假情况;(三)有其他违背诚信原则的行为。"之规定,某(广东)有限公司的行为显然符合该规定第(三)项之规定,应当承担缔约过失的赔偿责任。某(广东)有限公司提出的其不构成缔约过失的抗辩意见,与事实不符,本院不予采纳。原告主张的赔偿,包括了两部分:一是工资收入损失。原告提交了其在原用人单位的收入情况,本院对此予以确认。原告在未能入职被告后,其需要一定的时间寻找新的工作机会以获得收入来源,结合其原工作收入水平、某(广东)有限公司告知原告不能入职的时间、重新寻找工作机会的时间等因素,本院酌定认定某(广东)有限公司向原告赔偿损失××元。二是交通费损失。原告完成了面试,故必然存在交通费用支出,考虑到本案的情况,本院酌情支持交通费××元。

被告某(广东)有限公司不服一审判决,上诉至广州市中级人民法院,上诉称:(一)一审忽略某(广东)有限公司已充分尽到先合同义务的事实,对于双方缔结合同的过程查明有误。黄某无法入职的原因是其小额贷款过多,过错在于其本人。而在面试和微信沟通时,某(广东)有限公司均已明确告知需要提供个人征信且需符合银行要求。得知黄某无法顺利入职后,某(广东)有限公司积极协调,表示仍同意录用但需任职其他岗位,已履行通知、照顾、保护、忠实的先合同义务。黄某在其他与银行相关的公司上班,某(广东)有限公司基于此对其充分信任,认为其征信完全符合入职条件,是黄某隐瞒其征信情况,某(广东)有限公司才同意录用,黄某具有过错。某(广东)有限公司的主要业务是与银行深度合作并开展业务,对银行具有高度依赖性,所以要求入职者提供征信,再交由合作银行审核、判断信用风险,继而开通相应辅销经理工号。某(广东)有限公司不存在任何过错,无须赔偿黄某任何损失。(二)一审判决某(广东)有限公司承担赔偿责任属适用法律错误。某(广东)有限公司不存在假借订立合同,恶意进行磋商或故意隐瞒与订立合同有关的重要事实、提供虚假情况及其他违背诚信原则的情形,不存在过错。(三)一审判令某(广东)有限公司赔偿××元及交通费××元缺乏法律依据和合理性。一审参照黄某过去12个月的平均工资确定赔偿金额,也应仅参考基本工资××元一栏,其他津贴、补贴系根据不同公司实际情况而定,不具有参考性。黄某过去12个月的平均工资不到××元,一审确定赔偿数额为××元,远高于该数额。黄某所从事金融行业流动性大,即使其重新找工作也无需2个月,一审确定的赔偿金额明显过高。

二审法院认可一审法院查明的事实。

二审法院认为:根据《最高人民法院关于适用〈中华人民共和国民事诉讼法〉的解释》第321条"第二审人民法院应当围绕当事人的上诉请求进行审理"的规定,二审案件的审理应当围绕当事人上诉请求的范围进行。综合各方的诉辩意见,本案二审争议焦点问题为:(一)某(广东)有限公司是否存在缔约过失;(二)一审判决某(广东)有限公司赔偿黄某的损失是否合理。就本案争议的焦点问题,本院分析认定如下:

关于第一个争议焦点问题。某(广东)有限公司上诉主张,黄某隐瞒其征信情况,某(广东)有限公司才同意录用,黄某具有过错。但某(广东)有限公司的招聘信息、入职通知和同意黄某入职前的微信聊天记录中均未提及该职位对个人征信存在要求,黄某在2022年2月24日收到入职通知后,于同年2月28日向原单位申请离职,直至此时某(广东)有限公司仍未告知过具体征信要求,仅在梁某通知黄某入职需要准备的材料时才提及需要个人征信报告,且并未告知该个人征信报告将影响其能否入职。因此某(广东)有限公司该项主张无据,本院不予采信。关于某(广东)有限公司上诉主张其积极协调黄某任职其他岗位,已履行先合同义务,但其他地区或职位显然与黄某的求职要求不符,且某(广东)有限公司也未提供确切证据已经提供上述机会,故该主张无据,本院亦不予支持。黄某基于对某(广东)有限公司发送的入职通知和微信聊天中通知入职的合理信赖,向原用人单位提出辞职并告知某(广东)有限公司工作人员,最终却因黄某征信不符合某(广东)有限公司合作银行的要求无法开具工号导致黄某未能正式入职,一审认定某(广东)有限公司存在缔约过失无误,本院予以维持。

关于第二个争议焦点问题。关于工资收入损失问题。某(广东)有限公司上诉主张该项损失应限于直接损失及基本工资,但津贴、补贴也是黄某在原工作单位的收入组成部分,某(广东)有限公司以每个公司标准不同要求扣除理据不足。一审根据黄某在原用人单位的收入情况,综合黄某重新寻找工作的时间等因素,酌定某(广东)有限公司向黄某赔偿××元,并未过高,本院予以维持。

裁判要旨

劳动者与用人单位在订立劳动合同过程中均应遵守诚实信用原则,劳动者应如实陈述个人信息,用人单位亦应注意保护劳动者的利益和合理信赖。用人单位在已明确表示录用劳动者并要求劳动者从上家单位离职的情况下,又反悔且未能对不录用的理由进行合理解释,劳动者主张用人单位承担缔约过失责任的,人民法院应予支持。

裁判结论

一、广东自由贸易区某某区人民法院判决要求被告某(广东)有限公司向原告黄某支付××元损失。

二、广州市中级人民法院驳回某(广东)有限公司的上诉请求,维持原判。

代理要点

一、用人单位是否已将招聘、录取要求明确告知劳动者。

二、劳动者是否已按用人单位的要求如实陈述、提供个人信息。

三、劳动者的待业损失计算标准如何确定。

代理思路

一、收集用人单位公开招聘信息,审查招聘要求是否不够明确、是否模糊,同时用人单位在面试时是否已明确告知劳动者其录取的硬性要求,证实用人单位在招聘时存在严重过错。

二、收集劳动者与用人单位之间从洽谈到正式通知录取的聊天记录,且收集劳动者辞去上一家公司的证据,证实劳动者基于用人单位正式录取的合理信赖,而辞去现有工作,属于待业状态,最终因用人单位反悔,导致劳动者受损。

三、参考劳动者上一家公司的平均收入和应聘公司的待遇,综合考虑,确定劳动者待业损失的计算标准。

律师评析

劳动者与用人单位在订立劳动合同过程中均应遵守诚实信用原则,劳动者应如实陈述个人信息,用人单位亦应注意保护劳动者的利益和合理信赖。招聘行为不是买卖行为,整个社会的人才招聘市场不是菜市场,劳动者更不是菜品,任由企业摆布,挑选后还可以随意退货。企业在招聘时,对于招聘条件应当明确,是否录入的标准更应该明确和公开。用人单位在连自己的录取标准是什么都不知道的情况下,选择录用劳动者,事后又以不符合录用标准为由拒绝录用,本身就具有严重的过错,应承担缔约过失责任。法律虽然赋予用人单位自主招录员工并依自身需要可对应聘人员在全面考核基础上决定是否予以录用的权利,但用人单位在考核方式、考核途径方面应本着审慎、诚信、合理的原则进行,并注意保护劳动者的利益和合理信赖。

用人单位明确表示录用劳动者后又反悔且未能对不录用的理由进行合理解释,用人单位应承担缔约过失责任

法律依据

《中华人民共和国民法典》第170条第1款、第500条

注:本案例以黄斌浩律师代理的真实案例为原型整理而成,基本案情及判决理由均有不同程度的删节和修改。

黄斌浩律师

法学学士,现执业于北京市京师(深圳)律师事务所,系律所刑民交叉法律事务部委员,深圳市涉外律师新锐人才,惠东县青年联合会委员,惠东县新阶联会员。

黄斌浩律师自执业以来,主要从事民商事诉讼法律服务、公司治理和办理疑难刑事案件。在民商事诉讼法律服务和公司治理方面,主要办理银行类金融合同纠纷、融资租赁合同纠纷、物流运输纠纷、建设工程施工合同纠纷、人身损害赔偿纠纷、婚姻家事纠纷、劳动争议和工伤赔偿纠纷及大量经济合同、房地产权纠纷等民商事诉讼案件。其中,对于外嫁女案件具有独到的研究和丰富的办案经验。在刑事案件办案中,曾多次为委托人辩护取得酌定不起诉、存疑不起诉、涉案企业合规不起诉、存疑无罪判决等结果。

实现合同目的条款或核心条款无效是否将导致合同整体无效

——江西某某有限公司与某某(深圳)实业有限公司合同纠纷案

周闫小宇

---- **案情介绍** ----

2017年4月21日,原告江西某某有限公司与被告某某(深圳)实业有限公司签订了《资产转让协议书》,按照该协议书的约定,甲方(即原告)同意按照本协议的条款向乙方(即被告)出售资产,资产种类、范围、数量包括四个部分,分别为:1.证号为【婺国用(2014)第×××号】的土地一块,土地用途为住宿餐饮;2.位于江西省某市婺源县某汪村对面,地块证号为【婺国用(2014)第×××号】的土地向东沿河边长150米,宽为河边至山脚所有土地约10亩,土地使用功能为酒店绿化停车场、菜市场;3.位于江西省某市婺源县某汪村对面,地块证号为【婺国用(2014)第×××号】的土地背后山林,共约200亩左右,土地使用功能为修建游步道、亭阁等公益性设施;4.证号为【婺国用(2014)第×××号】的土地上已经建成并竣工验收的建筑物三栋,分别标注为49#楼、50#楼、51#楼,竣工验收的总建筑面积为11577.12平方米。双方约定合同总价款为3000万元(大写:叁仟万元)人民币,协议签署后七个工作日内,乙方(即被告)向甲方(即原告)支付转让款项人民币500万元(大写:伍佰万元)人民币。合同中还约定了第二期、第三期、第四期乙方付款的时间和甲方需要配合的事项。合同签订之后,被告对第一期应付的500万元款项未支付给原告。原告认为被告已经构成

了违约,于 2017 年 5 月 24 日作出了《解除协议通知函》,并通过顺丰速递的方式邮寄给了被告。而被告认为,双方签订的合同因为内容违法,是个无效合同。同时认为原告公司和法定代表人面临商业信誉和资产恶化危机,被告享有不安抗辩权。被告于 2017 年 5 月 26 日作出了《解除资产转让协议知会函》,通过邮政快递 EMS 的方式邮寄给原告。

裁判要旨

合同中的无效条款是否会影响到整个合同无效,主要是取决于该无效条款在整个合同中的作用,如果该无效条款是实现合同目的的条款或者核心条款,不能成为相对独立的合同无效部分,则合同整体无效。相反,则应认定合同部分有效,部分无效。

裁判结论

江西省婺源县人民法院作出民事判决:驳回原告江西某某有限公司的诉讼请求。

代理要点

一、《资产转让协议书》合同约定的主要内容违法,导致合同无效。(一)原告以本案涉诉的国有出让地为案外人武义某某公司银行贷款提供了担保,出让地转让时武义某某公司未告知贷款银行并获得银行同意。(二)原告与案外人婺源县某某镇某某村委会签订的《某村村民自来水安装补充协议》以及原告与案外人婺源县某某镇某某村委会三个村民小组签订的《关于项目租山及村庄引水工程的协议》,该两份协议均约定原告取得集体土地使用权转让给被告,用于建设停车场、菜市场、游步道等非农业建设,违反了法律的强制性规定。(三)原告将婺国用(2014)第×××号土地使用权及地上酒店转让给被告,该地上已经修建了三栋房屋,除此之外,还有一个土地地块,原告属于将一块完整的出让地中的部分土地使用权分割转让给被告,根据法律规定应该经过政府审批,否则行为违法。(四)根据《城市房地产管理法》第 64 条的规定,未取得营业执照擅自从事房地产开发业务的,由县级以上人民政府工商行政管理部门责令停止房地产开发业务活动,没收违法所得,可以并处罚款。被告是非房地产开发企业,依法不能受让国有出让地进行开发房地产经营,因此被告依法不能受让52号楼国有出让地进行房地产开发,被告不是合同适格主体,因主体违法合同无效。(五)根据《城市房地产管理法》第38条的规定,转让房地产时房屋已经建成的,还应当持有房屋所有权证书,本案中,原告至今未取得房屋所有权证,不能转让该房产,违反上述法律规定导致合同无效。这些无效条款是实现合同目的的条款和核心条款,不能成为相对独立的合同无效部分,故该合同整体无效。因该合同无效,自始无效,违约条款也当然无效,原告依据无效合同中的无效条款主张违约金没有法律依据,应当驳回其诉讼请求。

二、被告依法享有不安抗辩权,有权拒付首笔转让款,不存在违约情形。本案合同签订之后,被告发现原告公司经营严重恶化,丧失了商业信誉,实际已丧失履行合同的能力。(一)原告将本案婺国用(2014)第×××号土地为案外人武义某某公司向浙江省义乌市某某银行贷款5000万元进行了抵押担保,而且抵押期限已经到期,这块担保的土地随时有可能面临被法院拍卖的可能性。(二)本案的合同签订时间是2017年4月21日,签订合同时,原告只是告诉被告出让地已抵押给银行的情况,但是没有说明该出让地的抵押贷款早已到期的事实,如果被告知道这个情况,肯定不会与原告签订合同的。(三)原告的法定代表人杨某某背负巨额债务,且已被法院列入失信人员名单,已严重影响到了原告公司的商业信誉,可以反映出原告已经出现了债务危机,经营恶化。杨某某曾经向被告出具了一个保证书,以保证本案合同的履行,但是其个人身负1亿多元的债务,他的担保已经失去意义。

代理思路

该案属于合同纠纷,故应首先考虑《资产转让协议书》是否成立,如果《资产转让协议书》不成立,则原告以《资产转让协议书》成立为前提的诉讼请求均不应得到支持;如果《资产转让协议书》无效,则原告以《资产转让协议书》有效为前提的诉讼请求均不应得到支持,被告只应承担导致《资产转让协议书》无效的过错赔偿责任。

在本案中,作为被告代理人,我方主张因《资产转让协议书》约定的主要内容违法,故该合同无效。因该合同无效,违约条款也当然无效,原告依据无效合同中的无效条款主张违约金没有法律依据,应当驳回其诉讼请求。此外,原告签订合同时并未告知被告《资产转让协议书》约定转让土地抵押期限已经到期,且原告法定代表人背负巨额债务,已被法院列入失信人员名单,被告依法享有不安抗辩权,有权拒付首笔转让款,不存在违约情形。

律师评析

《合同法》第 56 条规定:"无效的合同或者被撤销的合同自始没有法律约束力。合同部分无效,不影响其他部分效力的,其他部分仍然有效。"一般而言,合同部分条款无效并不会导致整个合同无效,因该部分条款可以作为相对独立的组成部分,其无效后可以按照法律规定、行业惯例履行。但无效部分条款若是作为实现合同目的条款或者核心条款,因该条款无法作为相对独立的合同组成部分,该部分条款的无效将会无法实现合同目的,故该条款的无效会导致合同整体无效。

本案一审法院认为,合同中的无效条款是否会影响到整个合同无效,主要是取决于该无效条款在整个合同中的作用,如果该无效条款是实现合同目的的条款或者核心条款,不能成为相对独立的合同无效部分,则合同整体无效。相反,则应认定合同部分有效,部分无效。结合到本案中,原告将 210 亩农村集体土地转让给被告,用于酒店绿化停车场、菜市场、游步道、亭阁等公益性设施。而其他两个转让标的,一个是土地一块,用于住宿餐饮,另外一个是建筑物三栋,用于修建旅游度假酒店。从原、被告双方的转让标的来看,被告之所以与原告签订该合同,其目的是要建设一个旅游度假类的酒店,而 210 亩的集体土地是用于酒店绿化停车场、菜市场、游步道等配套设施,如果该 210 亩转让标的因为违反法律的强制性规定而导致无效,就会使被告的合同目的无法实现,也不可能达到签订合同的目标和预期收益。故本院确认原、被告于 2017 年 4 月 21 日签订的《资产转让协议书》无效。无效的合同自始没有法律约束力,因合同无效而取得的财产,应当予以返还,有过错的一方还应当赔偿对方因此所受到的损失。

律师认为,在本案中将《资产转让协议书》里转让的 210 亩集体土地用于建设酒店绿化停车场、菜市场、游步道等配套设施条款认定为无效条款,因该条款无效将导致被告合同目的无法实现,不能达到签订合同的目标和预期收益,进而认定《资产转让协议书》整体无效,是对《合同法》第 7 条、第

52条、第56条的准确适用,在一定程度上有利于抑制市场上的违法交易行为,正确引导市场主体合法交易,维护市场秩序,保护社会公共利益。

律师风险提示

本案中,双方的交易标的额为3000万元人民币,并且在双方所签订的《资产转让合同》中,约定若合同其中一方违约,需要承担合同交易标的额20%的违约责任,而原告江西某某有限公司在起诉状中诉求的金额也是600万元人民币,若双方签订的《资产转让合同》有效,且被法院认定被告某某(深圳)实业有限公司未履行合同的理由不充分要承担违约责任,那么被告某某(深圳)实业有限公司将有可能面临高达600万元人民币的违约责任!因此,代理律师在应诉时首先应当考虑的就是合同效力问题,而后再考虑违约理由是否成立的问题,以此诉讼策略才更有利于当事人,更好地维护当事人利益。

法律依据

1.《中华人民共和国土地管理法》第63条
2.《中华人民共和国合同法》第52条、第68条
3.《中华人民共和国民事诉讼法》第142条

周闫小宇律师

现执业于北京市京师(深圳)律师事务所,系律所房地产法律事务部副主任、书画院院长、审判研究中心研究员;深圳市律师协会第十一届房产地专业委员会委员。

执业近10年,诉讼经验丰富,截至目前已经办理近千起诉讼案件和大量非诉案件,主要从事房地产诉讼与非诉、债权债务处理、建设工程、公司治理、刑事辩护等领域。日常积极参与公益活动,作为深圳法律援助律师,近年办理超过百起刑事法律援助案件以及几起重大刑事案件,并取得良好的辩护效果。

买方以质量为由拒不提货构成违约的，卖方有权请求继续履行
——肖某与深圳科某公司、周某买卖合同纠纷案

邹湘雯

案情介绍

2020年4月7日，周某与肖某沟通热风棉采购事宜，并于2020年4月11日通过微信向肖某说明了有关付款比例、付款方式后，肖某向周某发送了一份《产品购销合同》，周某回复"好的"。《产品购销合同》约定，周某向肖某采购热风棉共20吨，总金额150万元，质量要求技术标准为"按样板标准"；交货方式为"工厂自提"，结算方式为"订金50%，提货付现金，未提完货定金不退还"，交货期为"4月16日起三天交2吨，5—11日交完"。合同没有约定违约责任和解除条件等内容。

2020年4月12日，周某向肖某转账50万元，并称150万元首付75万元，先付50万元，第二天付清尾款。4月13日，周某通过微信询问肖某备货情况，并称"我现在是到处在买，还找了几个地方买，一定要先把原料买到……""我再提醒你一点，这个跟KN95我们全部是做出口的，我们做的是GB2626—2006这个标准，你的材料品质一定要把控……"肖某回复"你绝对放心，我们用的材料绝对是全新料""这些原料是绝对没有问题的"；其后周某向肖某转账了25万元。4月15日，周某要求肖某尽快送货，让肖某与其指定的采购员马某联系送货事宜。自4月15日起，马某通过微信与肖某沟通送货事宜，要求肖某将一定数量的货物送至其指定的地址。2020年4月15日至27日期间，共发货4749.1公

斤,退货793.3公斤。送货单上注明的收货单位为周某,退货单系打印的"深圳科某公司采购退货单",其上载明供应商为肖某,备注"此单直接从客户处退货到肖某""客户退货"。

2020年4月18日,周某称肖某供应的产品在切割时粘刀,询问是否纤维太少导致,肖某表示已经加了纤维,且供应给他人的产品并没有出现粘刀情况,让周某再试试。4月22日,肖某要求周某支付货款,周某同意并转账了7万余元。4月28日,周某称肖某供应的热风棉被投诉,产品质量与其在别处采购的不一样,要求肖某检测比较;肖某否认质量不一样,称只有周某反映产品有问题,随后向周某发送了一份测试报告。之后,周某将该报告发送给客户。4月30日,周某又向肖某反映热风棉存在切不断、与其从别处采购的产品不一样等问题,随后两人商定一同前往工厂当面沟通。5月3日,马某问热风棉问题是否已解决,肖某发送了一个视频,回复称到厂查看发现"切出来没有问题"。5月8日至26日期间,周某多次称工厂反馈肖某供应的产品有质量问题,仍有一两吨放在仓库不敢使用,而其他供应商供应的热风棉比较好,要求肖某供应相同质量的产品,否则无法向肖某采购;又称之前比较乱的时候敢使用肖某的产品,现在口罩品质要求高,不敢再用,且肖某未按约定期限交货,要求肖某退款。肖某坚称其产品质量没有问题,并自5月13日起多次询问周某何时安排发货。2020年7月31日,肖某向周某发送《联络函》,要求周某继续履行合同。

一、原一审阶段:2020年7月,周某以深圳科某公司的名义向原一审法院提出诉讼,诉讼请求:1. 判令肖某返还已支付货款中的52万余元及其利息;2. 判令肖某向周某接收其采购的剩余库存热风棉,并返还对应货款;3. 判令肖某向周某支付律师费。

原一审法院认为,深圳科某公司提交的4月15日的聊天记录记载了送货车辆的照片、送货地址为深圳科某公司处、收货经手人的微信聊天信息与送货单记载的收货单位及经手人相吻合,聊天记录证实给肖某转款的是周某,上述证据能够相互印证,能证实周某的行为代表深圳科某公司,深圳科某公司是本案买卖合同的当事人,是本案适格主体。根据微信聊天记录内容,深圳科某公司认为肖某提供的货物存在质量问题,要求退货退款,深圳科某公司的行为表达了其解除合同的意愿,肖某虽不认可质量问题,但至2020年5月11日双方约定的最后交货期届满之日,也未按约定供货,双方均不再继续履行合同,双方的行为可视为已实际解除合同。肖某认为交货方式系自提,该意见与聊天记录记载的送货方式不符。根据法律规定,合同解除后,尚未履行的,终止履行,故肖某未交货部分的货款52万余元应予以退还,但现有证据不足以证实肖某提供的货物存在质量问题,故深圳科某公司请求支付利息的请求不予支持。考虑案涉货物受疫情影响较大,已履行的部分如恢复原状则不利于公平原则,故深圳科某公司请求退还剩余货物,肖某退还剩余货物价值的请求不予支持。深圳科某公司请求律师费缺乏依据,不予支持。

原一审法院依据《合同法》第44条、第60条、第93条、第97条,《民事诉讼法》第64条,《最高人民法院关于适用〈中华人民共和国民事诉讼法〉的解释》第90条的规定,判决:1.肖某退还深圳科某公司货款52万余元;2.驳回深圳科某公司的其他诉讼请求。

二、原二审阶段:肖某因不服原一审判决提出上诉。

原二审法院认为,本案买卖合同关系是由案外人周某与肖某通过微信进行联络,现有证据中未显示周某向肖某披露过其与深圳科某公司之间存在委托代理关系;肖某通过微信向周某发送的《产品购销合同》中记载的需方为"周某",该合同虽然并未签署,但未见周某收到后对合同主体问题提出异议;送货单记载的收货单位亦为"周某",涉案货物亦由周某实际支付。可见,深圳科某公司的身份是周某指定的收货人还是周某的授权委托人,深圳科某公司与涉案买卖合同关系是否存在利害关系等关键事实应当通过追加周某参加诉讼方可查明。原审法院遗漏与案件处理结果有法律上利害关系的当事人,可能影响本案的正确裁判,故本案应当发回重审。

原二审法院依据《民事诉讼法》第170条第1款第(3)项规定,裁定:撤销原判,发回重审。

三、发回重审一审(两案合并)阶段:发回重审期间,肖某向一审法院另案起诉周某,诉讼请求:1.判令肖某与周某之间的《产品购销合同》继续履行;2.判令周某向肖某支付货款67万余元和迟延履行违约金(以货款本金为计算基数,参照逾期罚息利息标准在全国银行间同业拆借中心公布的贷款市场报价利率的基础上上浮50%,自2020年5月12日起计算至实际履行之日止);3.判令周某在支付第2项诉讼请求金额后连同周某已支付的52万余元所对应的热风棉合计16044.2千克一次性自提。

2021年7月,一审法院立案受理了肖某诉周某买卖合同纠纷案,2021年9月,一审法院对深圳科某公司诉肖某买卖合同纠纷发回重审案立案,并追加周某作为第三人参加诉讼。因两案存在关联,一审法院根据周某的申请追加深圳科某公司为肖某诉周某买卖合同纠纷案的第三人,并裁定将该案并入深圳科某公司诉肖某买卖合同纠纷发回重审案适用普通程序一并审理。

重审一审诉讼期间,周某以"本案牵连到深圳科某公司与周某,如法院判定深圳科某公司和肖某之间不存在合同关系,则周某要求肖某承担涉案货款责任"为由在两案中向法院分别提出预备合并之诉及反诉,经一审法院释明并未准许。另周某向法院提出产品质量鉴定申请。肖某认为双方并未约定以GB2626—2006为产品质量标准,且周某现产品无法确定系由己方供应,产品的质量也受存放条件、时长等因素的影响,而肖某为避免损失扩大已将对方未提货物另行处理,质量鉴定不具备鉴定的客观条件和基础,不同意鉴定。

一审法院认为,综观整个交易过程,合同订立、货物交付、货款和有关质量问题的交涉均在周某与肖某之间进行,并无证据证明周某与深圳科某公司之间存在授权委托关系或职务代理关系,且周某亦从未向肖某披露所谓代理关系,故交易主体应为周某与肖某。肖某向周某发送《产品购销合同》文本后,周某已明确表示同意,即便周某未在合同文本上署名,亦应视为双方意思表示已达成一致,合同成立并合法有效。深圳科某公司并非合同当事人,无权向肖某主张合同权利。至于周某提出的反诉请求和所谓预备合并之诉,一审法院认为,周某如要基于案涉交易事实向肖某主张权利,应在法院对深圳科某公司与肖某之间是否成立合同关系作出生效判决后,另寻法律途径提出,不应在本案一并处理。周某主张因肖某供应的产品存在质量问题并未按约定期限交付,其于2020年5月26日已表明不再要货,合同已经解除。肖某认为自己并未违约,周某不享有约定或法定的合同解除权,主张继续履行合同。第一,关于产品质量问题。周某主张热风棉存在质量问题,应当就此提供证据。首先,周某在微信反映的粘刀与其他供应商供应的产品不一致等问题,并不能直接认定属于产品质量问题。其次,《产品购销合同》约定产品质量标准为"按样板标准"。虽然周某曾在微信提及其生产的口罩系以GB2626—2006为标准,要求肖某做好材料的质控,但该聊天内容并不代表双方一致同意将热风棉质量标准变更为GB2626—2006,周某主张以GB2626—2006作为产品质量标准,缺乏依据。至于质量鉴定的问题,周某以

GB2626—2006 作为鉴定标准,缺乏依据。双方并没有封存样板,所谓"样板标准"亦无法确定。而且从周某微信聊天的内容可知,在向肖某采购的同时,周某也有向其他供应商采购热风棉,其库存的热风棉是否系肖某所供应,无法区分、确定。此外,案涉热风棉交易距审理时已有近2年的时间,审理时鉴定并不能真实反映交易时产品的质量状况。故一审法院认为周某申请的质量鉴定缺乏客观条件,未予准许。第二,关于逾期供货的问题。合同约定的交货方式为自提,2020年5月11日交完。在实际履行过程中,系由采购员马某指定送货地址、数量、规格等,由肖某安排第三方送货,周某支付运费。在双方微信沟通过程中,马某没有提出过有关逾期供货的异议。由此,周某主张肖某逾期供货,同样缺乏证据支持,故肖某并不存在违约行为,周某主张解除合同缺乏法理依据。相反,周某终止采购属于单方面终止履行,构成违约,肖某依法有权要求周某继续履行合同。按《产品购销合同》的约定,周某应以150万元价格向肖某采购20吨的热风棉。现周某仅支付了82万余元货款、受领了3955.8公斤货物,肖某要求周某付清剩余的67万余元货款并在合理期限内受领余下的16044.2千克货物,有事实和法律依据,一审法院予以支持。

一审法院依据《民法典》第509条、第577条、第626条,《最高人民法院关于审理买卖合同纠纷案件适用法律问题的解释》第18条,《民事诉讼法》第67条的规定,判决:1.肖某与周某之间的《产品购销合同》继续履行;2.周某向肖某支付货款67万余元,并赔偿逾期付款利息损失;3.周某在付清货款67万余元后一次性从肖某处自提16044.2千克热风棉;4.驳回深圳科某公司的全部诉讼请求。

四、重审二审阶段:深圳科某公司、周某对一审判决书均不服提出上诉,并再次提出质量鉴定申请,以及现场勘查申请,各方在二审均补充提交部分证据。

二审法院认为,深圳科某公司、周某在二审对合同主体为周某与肖某且合同成立已不持异议,二审法院予以确认。对于合同价款及货物交付,肖某先发货的1.997吨虽与"4月16日起三天交2吨"的约定相差0.003吨,但周某已予接受并支付了其中0.997吨的货款7.47万元,周某等主张肖某违约在先没有事实依据。嗣后,反而是周某未按照合同约定的"提货付现金"以及双方微信确认的"出货后付现金"支付完实际成交3.9558吨货物的对价。对于热风棉的质量要求,经查,周某对肖某提供的样板并未予以直接确认,双方互有另找样品试机的意思表示;《产品购销合同》虽载有"按样板标准"字样,但对样板规格、标准机形制等未做进一步明确约定;肖某与周某及马某的微信沟通内容显示,双方明显对质量规格各持己见。故双方对买卖合同标的物即热风棉的质量约定不明,且无法达成补充协议,应根据在案其他证据探寻双方真实意思。经查,周某曾向肖某作出"之前比较乱的时候敢用,现在口罩品质要求高,不敢再用"的意思表示,证明周某对经其部分退货后的实际成交的 3.9558 吨货物质量是认可的,该部分货物扣除已支付其中 0.997 吨货款 7.47 万元后的剩余货款,经肖某催告,周某仍拒绝支付,已构成根本违约,作为违约一方,主张解除合同没有法律依据;肖某作为守约方,有权选择以继续履行的方式要求周某承担违约责任。需要说明的是,此继续履行行为是支付货款的金钱给付义务,不存在周某或深圳科某公司所称无法履行问题,其所担心的肖某无法交货、货物不合要求等问题系继续履行过程中的或然性问题,尚未实际发生,如发生后另有争议的,自可另寻法律途径解决。此外,周某还上诉主张肖某未于 2020 年 5 月 12 日交付剩余货款构成逾期。如前所述,该主张与双方合同约定的"提货付现金"不符,亦与实际履行中由马某向肖某发出要求并指定送货地址后方安排物流公司送货的提货方式不符,二审法院不予认可。至于周某认为原审法院未同意司法鉴定、现场勘查以及未受理反诉程序违法所提出的发回重审请求,原审已在判决中对相关理由及法律依据作出充分阐明和回应,且该请求不符合《民事诉讼法》第 177 条第 2 款不得再次发回重审的规定,亦与原审已追加周某为第三人后对两案合并审理保障其诉权的事实不符,二审法院认定一审法院的理由,对其二审复行申请亦不予认可。此外,对周某、深圳科某公司及其代理人有关肖某"欺诈""哄抬物价""三无产品""黑作坊"以及原审法院"颠倒黑白""牛头不对马嘴"等情绪性语言及道德评价相关内容部分,已超出本案买卖合同纠纷的审理范围,二审法院不予审查,依法记录在案。原审法院根据双方在案证据及陈述,在依法查明案件事实的基础上,判令合同继续履行,系一审法院在分配举证责任与认定案件事实过程中正确适用法律的结果。周某及深圳科某公司所补强的证据不足以推翻原审判决的事实认定,且缺乏法律依据,二审法院不予支持。

裁判要旨

买卖双方对质量标准仅约定"按样板标准",但对样板规格、标准机形制等未做进一步约定,属于约定不明。在双方没有封存样板的情况下,所谓"样板标准"亦无法确定。买方申请质量鉴定并不能真实反映当时交易时的质量状况，故缺乏鉴定客观条件。买方经卖方催告后仍拒绝支付剩余货款并提货已构成根本违约，作为违约一方，主张解除合同没有法律依据，守约方有权选择继续履行。继续履行行为是支付货款的金钱给付义务，不存在无法履行问题，买方所担心的无法交货、货物不合要求等问题系继续履行过程中的或然性问题，如发生后另有争议可另寻法律途径解决。

裁判结论

二审法院依据《民事诉讼法》第 177 条第 1 款第 1 项规定，判决：驳回上诉，维持原判。

代理要点

一、买卖合同纠纷因遵循合同相对性的基本原则。合同洽谈、缔约、付款、履约、对账等各个交易环节均证实合同交易主体为周某与肖某，深圳科某公司并非适格诉讼主体，其不仅无证据证明周某系其股东，亦无证据证明与周某构成委托代理关系，且周某亦从未向肖某披露过深圳科某公司系交易委托人。

二、案涉热风棉不存在质量问题，否则不可能仅有库存中的热风棉存在质量问题而其余已交付的热风棉却能够正常使用。周某在交易过程中对肖某提供的由第三方检测机构出具的检测报告不仅无异议，而且还另行转发给其客户以证明质量合格。周某虽前后多次提出质量异议，但始终无证据证实，反而在提出质量异议后仍持续指令肖某将货物交付给其指定客户。周某虽主张热风棉存在无法切断、粘刀、收卷不紧等问题，但肖某从生产线现场拍摄的视频却显示切割干净利落，周某未对视频提出过质疑。

三、周某申请质量鉴定已不具有鉴定基础与客观条件。其一，周某主张依据 GB2626—2006 标准进行鉴定，并无合同依据，且该标准在申请鉴定当时已废止。其二，周某主张的鉴定标准系适用于口罩机呼吸器产品，并不适用于热风棉。其三，周某申请鉴定时距离货物交付已近两年之久，鉴定已无法客观真实地反映最初交易时的状态。其四，鉴定检材无法确认是否系肖某交付的产品，且热风棉的质量会受到人为、光照、湿度、仓储条件和环境因素等各方面的影响而发生改变。

四、周某主张肖某逾期交货不符合事实。周某在交易过程中从未以逾期交货提出异议而直至防疫物资市场价格骤降后为转嫁商业风险,方才以此为借口企图单方面毁约。合同履行过程中肖某完全系根据周某的提货指令在指定日期向其指定主体交付指定数量的货物,交货时间与交货数量已随合同实际履行情况而发生实质性变化,肖某从未拒绝交货,相反的是,周某在肖某催告提货仍拒不提货,已构成根本违约,其作为违约方无权主张单方合同解除权。

五、肖某作为守约方有权主张继续履行。肖某为履行买卖合同曾高价抢购原材料,且生产完毕后催告周某提货,却遭到周某拒绝,其违约行为致使肖某不惜以高价购买的热风棉原材料亦因此被迫囤积仓库,造成严重经济损失。而现如今热风棉价格早已今非昔比,但罪魁祸首本就是周某违约所致,后果本就应由周某承担。

六、周某以毫无关联的深圳科某公司的名义向法院起诉致使案涉纠纷久拖不决,肖某为避免热风棉长期囤放造成损失扩大或带来不必要的风险,不得不另行低价处置,但肖某一直从事热风棉的生产,随时可以按照合同要求重新生产热风棉继续交付,不存在无法继续履行的任何障碍。

代理思路

本案总体归纳成四个争议焦点:1.买卖合同关系的交易主体;2.案涉产品是否存在周某主张的质量问题;3.肖某是否存在逾期交货的违约行为;4.肖某主张继续履行是否依据充分。

针对焦点1,原一审法院仅凭送货单显示的收货人与经手人判断实际交易主体为深圳科某公司显然过于片面,与基本事实相差甚远。为此,本代理律师重点从交易双方在合同洽谈、缔约、付款、对账等实际履行过程中所形成的证据进行充分论证,并且根据周某在微信聊天记录及其个人名片上记载的多家企业,通过查询企业工商登记信息发现周某与深圳科某公司并无任职或投资关联。

针对焦点2,周某作为质量异议主张一方,依法应对质量问题承担举证责任,否则应由其承担举证不能的法律后果。为此,本代理律师重点针对周某的在案证据进行有针对性的反驳与抗辩,并提供质量不存在问题的有利证据进一步印证己方观点。

针对焦点3,针对周某以肖某未按买卖合同约定期限交货为由主张逾期交货的问题,本代理律师重点从交货方式已随实际履行的变化而发生变化的角度,提交有关双方联系具体送货事宜、派车、支付运费等相关证据予以证实。

针对焦点4,由于本案在发回重审期间,案涉交易已时隔一年有余,且热风棉的市场价格早已暴跌,如主张继续履行,周某势必会从公平合理的角度予以抗辩。本代理律师考虑到《产品购销合同》中并未明确约定违约责任,加之肖某本身系从事热风棉的生产商,随时可按合同约定供应热风棉,而其曾经在抢购原料时亦系以高价购买,即使现如今价格已出现暴跌,但该损失不应由守约方承担,否则对守约方而言显然不公平。同时本代理律师认为周某作为违约方并无合同解除权,而肖某作为守约方有权选择以继续履行,因此主张继续履行才是保障当事人合法权益的最正确的选择。

律师评析

本律师系代理本案肖某在原二审、重审(两案合并)一审、重审二审共三个阶段的诉讼代理人。本案自2020年7月起至2023年6月止历经了整整三年,从原一审的败诉局面,到原二审裁定发回重审,再到发回重审后对两案合并的一审全盘胜诉、二审维持原判,维权之路跌宕起伏、步步惊心,可谓力挽狂澜,着实大快人心。

本案系典型的涉疫买卖合同纠纷,新冠疫情暴发初期,因防疫物资价格水涨船高,市场上发生大量原材料高涨、防疫物资被哄抢、防疫物价被哄抬等极端现象,直至2020年中旬开始因供需过剩、价格骤跌等因素,此类涉疫纠纷集中暴发,因疫情衍生的防疫"商机"稍纵即逝,绝大多数交易双方为抓住机遇而不同程度地忽略了规范经营的重要性,从而在陷入诉讼旋涡时因证据不足或举证不能而出现被动局面。

具体到本案,周某与肖某虽以《产品购销合同》达成热风棉的买卖合意,但合同条款过于简单,以至于未明确约定产品质量标准而仅约定为"按样板标准",实际履行过程中又未对样板进行共同封存封样。周某在交易过程中虽多次主张产品存在质量问题,但其不仅未第一时间或在合理期限内与肖某共同委托或由其自行单方委托第三方鉴定机构进行产品质量鉴定,而且亦无其他客观证据能够充分证实产品存在严重质量问题足以达到合同无法继续履行的根本违约程度。而其虽主张肖某逾期交货,但从合同约定为"提货付现金"以及实际履行过程中由肖某按照周某的具体指示交付第三方并由周某承担运费的事实,证实肖某未逾期交货反而是周某违约未提货未付款。另外,周某本可以在原一审期间尽快申请质量鉴定,但却直至发回重审后的一审期间才首次提出,但已距离货物交付长达一年有余之久,造成时间过长,丧失鉴定客观条件,最终承担败诉后果。

反观作为卖方的肖某,同样存在一定的商业与法律风险,尤其实际履约过程中并未严格按照《产品购销合同》约定的交货期为"4月16日起三天交2吨,5—11日交完"履约,在面对买方以"逾期交货"为由主张解除合同时存在较大的诉讼风险。但肖某在发现周某存在以质量问题为借口拒不提货、拒绝继续履行的情形下,及时向周某催告提货并发函催告继续履约,并保存交易过程中形成的如微信聊天记录、质量合格报告、口罩机切割热风棉视频等有利证据,具有一定的法律意识,为诉讼转败为胜奠定了基础。

本案另外值得探讨和研习的是双方代理律师的诉讼策略与诉讼方案。周某的代理律师最初选择以深圳科某公司为原告主体发起诉讼显然并非明智之举,而其在发回重审一审时才选择申请产品质量鉴定显然已为时已晚,同时其作为周某的诉讼代理人向法院提出的所谓预备合并之诉亦依据不足。本律师作为肖某的诉讼代理人,在时隔一年有余、防疫市场行情早已今非昔比的情况下,仍在发回重审期间另辟蹊径起诉周某继续履行并申请财产保全,也可谓"勇气可嘉"。

法律依据

1.《中华人民共和国民法典》第509条、第577条、第626条

2.《最高人民法院关于审理买卖合同纠纷案件适用法律问题的解释》第18条

3.《中华人民共和国民事诉讼法》第67条、第177条第1款第1项

注:本案例以邹湘雩律师代理的真实案例为原型整理而成,基本案情及判决理由均有不同程度的删节和修改。

邹湘雯律师

现执业于北京市京师(深圳)律师事务所,系律所高级合伙人、执行业务专业委员会副主任、民商事争议解决法律事务部主任、业务指导委员会委员、京师律所(全国)合同法专业委员会理事、深圳市律师协会公司法律专业委员会委员、最高人民法院第一巡回法庭志愿律师、深圳市总工会入企服务律师。

邹湘雯律师作为年均办案百件的实战派律师,从事法律工作逾10年,曾多次荣获律所"卓越贡献奖""优秀律师奖",在民商事经济纠纷、公司治理与企业法律风险防控等法律领域具有丰富的实务经验,尤其对重大疑难复杂案件具有独到的分析处理能力,并为企业提供专业法律顾问服务。其一贯秉持精益求精的法律工匠精神,全力以赴维护当事人的合法权益,一度获得高度赞赏与深度好评。

食品标签瑕疵不能直接等同于食品安全存在问题，购买人仅以食品标签问题主张10倍惩罚性赔偿金，法院不予支持

——某某公司与朱某买卖合同纠纷案

赵琳琳

案情介绍

2019年7月初，朱某至某某公司处购买了10瓶即食燕窝，共支付9200元。案涉产品罐装瓶标注以下信息：品名，即食燕窝；制造商：某某食品厂；执行标准：Q/JQ××××××；食品生产许可证编号：QS××××××。

朱某购买案涉产品后以"该产品制造商为已注销企业，生产商无合法生产产品的资质以及生产许可证号未标注'SC'新标准"等理由主张案涉产品为假冒伪劣产品，不符合《食品安全法》相关规定提起诉讼，主张退还款项9200元，并依据《食品安全法》第148条主张某某公司支付价款10倍的赔偿金92000元。

在庭审举证环节，某某公司提交了该产品的进货记录、供应商和生产厂家的相关资质证明材料、已备案的企业执行标准、案涉产品的出厂检验报告等证据材料。

一审法院认为：案涉产品的食品标签虽存在瑕疵，但经某某市场监督管理局调查核实该产品系制造商某某食品有限公司生产，该公司成立于2015年10月，已取得"饮料、罐头"的食品生产许可证。且某某公司在本案庭审中提交的证据可以证明案涉产品经出厂检验，各检验标准符合技术要求。朱某未能提交证据证明案涉产品对其人身、财产造成损害或对其造成误导消费，故朱某主张案涉产

品存在食品安全问题的证据不足,一审法院对于其请求支付价款 10 倍赔偿金的诉讼请求不予支持。

朱某不服提起上诉,二审法院认为案涉产品外包装所标注的产品制造商、执行标准、生产许可编号信息涉及虚假标注,且未标识营养成分表,违反了食品安全法的相关规定。二审法院认为案涉产品系某某公司委托他人生产,由某某公司承担相应的法律责任,因此某某公司应对生产不符合食品安全标准的食品承担赔偿责任,故改判支持了 10 倍赔偿金的诉讼请求。某某公司不服二审判决,提出再审申请。

裁判要旨

经营者能够证明案涉产品有生产许可且经出厂检验合格的情形下,购买人负有对案涉产品存在对其人身、财产造成损害或标签瑕疵问题对其造成误导消费的举证责任,购买人无法就食品存在安全问题或就标签瑕疵存在误导其消费提供证据的,仅以食品标签不符合相关规定以此主张 10 倍惩罚性赔偿的,不予支持。

裁判结论

一审法院依照《食品安全法》第 53 条第 1 款、第 136 条、第 148 条第 2 款、第 150 条第 2 款之规定,判决:驳回朱某请求支付价款 10 倍赔偿金的诉讼请求。判决后,朱某提起上诉。二审法院改判支持了朱某请求支付价款 10 倍赔偿金的诉讼请求。

某某公司不服申请再审,再审法院最终撤销了二审判决,维持了一审判决,驳回了朱某请求支付价款 10 倍赔偿金的诉讼请求。

代理要点

一、二审判决没有进行实质性审查,直接将食品安全标准和食品标签违法的行为进行简单对比就去判断是否适用惩罚性赔偿,司法公正性未得以实现,有违公平原则,使得惩罚性赔偿制度出现威慑过度,矫枉过正,对待生产经营者"显失公平"的负面影响。

1. 标签违法行为不必然导致涉案商品不符合食品安全标准并适用惩罚性赔偿。

2.本案属于标签存在漏标、错标等标签瑕疵情形,不会也没有对食品安全造成影响,也没有构成对消费者的误导。

二、案涉标签的不合格属于标签瑕疵,不属于主观故意,不构成重大过失。本案的标签没有让消费者对商品的实质产生误解,即没有对食品的性能、功能、产地、用途、质量、规格、价格、有效期限、销售状况、曾获荣誉信息有误解,不属于对购买行为有实质性影响的标签违法行为,且案涉产品不存在食品安全问题,不应适用10倍惩罚性赔偿。

代理思路

一、通过对案涉产品的进货记录、供应商和生产厂家的相关资质证明材料、已备案的企业执行标准、案涉产品的出厂检验报告等证据的互相印证,证明案涉产品无毒、无害,符合应有的营养要求,不会对人体健康造成任何急性、亚急性、慢性危害。

二、通过对案涉产品标签问题的具体分析,论证朱某在购买产品时并不会因为该产品的制造商标注是"某某食品厂"或者因为许可证编号标注的是旧版"QS"标志而造成误导消费,陷入错误的意思表示。案涉标签错误标注的问题并没有夸大和虚构案涉产品的优势,也不存在冒用知名制造商等行为提高产品市场竞争力的情形,更没有利用字号大小或者色差误导朱某购买,以此证明本案的标签错误不会误导消费者,更不会因标注错误而产生提高消费者购买可能性的结果。因此朱某的购买行为与案涉标签问题不存在因果关系。

三、通过当庭询问朱某,明确其购买案涉产品后并未打开,没有食用的事实,从而进一步证明案涉产品没有对朱某造成人身、财产的损害。

律师评析

《食品安全法》第148条中有关10倍惩罚性赔偿的规定是消费者可以突破实际受损部分获取商品价款10倍之高的赔偿金,远超民事赔偿责任固有的"补偿"范围,对于经营者具有威慑和惩戒作用。但该10倍惩罚性赔偿条款的适用一直争议较大,虽然该条第2款中规定了"但是,食品的标签、说明书存在不影响食品安全且不会对消费者造成误导的瑕疵的除外"的但书条款,但司法实践中对于哪种情形属于标签瑕疵、哪种情形不应支持10

倍赔偿等问题存在法律适用不统一的现实情况。

结合《食品安全法》第 150 条第 2 款"食品安全,指食品无毒、无害,符合应当有的营养要求,对人体健康不造成任何急性、亚急性、慢性危害"的规定,在判断案件是否适用 10 倍惩罚性赔偿时应当同时采取实质性标准,即需要认定食品实质上是否符合食品安全标准,食品标签瑕疵不能直接等同于食品安全存在问题。

具体到本案,在经营者能够证明案涉产品有生产许可且经出厂检验合格的情形下,购买人应负有对案涉产品存在对其人身、财产造成损害或标签标注错误对其造成误导消费的举证责任,购买人无法就食品存在安全问题或就标签存在误导其消费提供证据的,应承担举证不能的不利后果。购买人仅以食品标签或食品外包装标注不符合相关规定以此主张食品存在安全问题继而主张价款 10 倍的赔偿金的,应不予支持。

法律依据

《食品安全法》第 53 条第 1 款、第 136 条、第 148 条第 2 款、第 150 条第 2 款

注:本案例以赵琳琳律师代理的真实案例为原型整理而成,基本案情及判决理由均有不同程度的删节和修改。

赵琳琳律师

中共党员,中国政法大学民商法硕士。现执业于北京市京师(深圳)律师事务所,AC 律师团队首席律师,曾就职于国土资源部门,具有丰富的办案经验、较强的诉讼业务能力,掌握诉讼证据的搜集使用、庭审应对及辩论技巧,多年来致力于处理和研究涉及合同纠纷、公司股权、合资合作、房产土地、经济纠纷等重大民事诉讼和仲裁案件,同时长期致力于公司治理、企业初创、企业投融资项目等非诉专项法律服务,特别在股权转让、股权代持、股权让与担保、明股实债、股权对赌与回购等专业领域具有丰富的理论以及司法实践和项目设计经验,有丰富的企业风险管控、企业投融资并购经验。非诉服务范围包括项目谈判、交易架构方案制定和设计、尽职调查、交易风险评估、交易文件起草、出具法律意见书等。

形式发票记载签约方和收款方不一致由实际履约义务人承担返还货款责任

——西班牙某公司与深圳市某光电
有限公司买卖合同纠纷案

赵宝莲

---------------- 案 情 介 绍 ----------------

原告是一家在西班牙注册成立的企业法人，2020年原告通过阿里巴巴网站线上搜索中国生产LED显示屏的厂家，随后选定被告为供货商。

2020年2月，原告向被告订购了一批LED显示屏组件模块及系列配件，2020年2月10日由被告发给原告形式发票，记载拟购买LED组件的内容，其中《形式发票》的抬头是深圳市某光电有限公司，英文名字为"Shenzhen RGX E×××Co., Ltd."，英名名字对应中国公司名称为深圳市瑞某电子有限公司，但订单末尾指示收款银行信中收款名称为：SHENZHEN RGX E×××CO., LIMITED，到款银行指示为位于香港的大新银行。从表面上，签约方英文名字和收款方英文名字完全相同，但中文名字并不相同，因为原告不懂中文，所以认为收款方和签约方为同样的公司。原告在签约后按照合同支付了第一笔款项，收款方为香港的公司，款项性质在合同中显示英文字样为"deposit"，并且双方约定销售产品中关键零部件需要选用中国品牌"国星"的灯珠，生产厂家为佛山市国星光电股份有限公司。被告向原告发出组件样品同时提供了国星原厂出具的检测报告，证明其提供的样品模块主要构成部件为国星原厂的灯珠，原告遂同意进行批量生产。但过后原告自行联系国星将被告发来的样品发回原厂检测，发现样品报告并非国星灯珠,也就是样品的报告和实际样品并不相符,被告提供了虚假的检测报告来骗取原告对产品质量的信任。原告遂要求解除合同并要求退款,但被告借口已为原告选购产品,无法退款。遂成诉。

法院经审理查明以下事实:

"对于双方争议的合同交易的相对人的身份问题,本院作以下分析:第一,深圳瑞某的网址为 www.Rgx×××.com,而品某的网址为 www.Szpj×××.com,两者从汉语拼音上较易识别。两家公司的名称、地址、股权结构等信息均不相同。第二,原告从阿里巴巴找到的网址系 www.Rgx×××.com,在此双方邮件的沟通中,反复出现的也是该网址。第三,在形式发票中,除了一行中文字样指向品某之外,发票的英文名称、所附的付款银行的公司名称均是指向深圳瑞某(或香港瑞某)。第四,在与原告沟通的人员 Wendy 和 Bill 所使用的邮件尾缀亦属于深圳瑞某。第五,虽然在深圳瑞某的网站的宣传资料中出现了品某的内容,但这只能证明深圳瑞某利用了品某的名义进行宣传,并不足以证明品某对此知情,也不能证明品某授权深圳瑞某对外招揽业务。结合雷某曾担任品某的法定代表人仍然是品某股东的事实,瑞某公司可能在对外宣传存在故意使用品某的名义来误导消费者的情况。综上,本院认定与原告发生交易的相对方为深圳瑞某,而非品某。

香港瑞某是独立的法人,其未与原告建立合同关系,其在本案中只是深圳瑞某指定的收款人,代替深圳瑞某收取货款。原告要求香港瑞某及香港瑞某的股东雷某承担还款义务有违合同相对性的原理,本院不予支持。

从双方的邮件可以看出,原告与卖方对于合同交易的产品的品牌有明确的约定。卖方在最初发送的样品中提供了样品的检测报告,取得原告的信任。但原告在后续交易的过程中产生怀疑,经过原厂检测,原告发现该产品不是双方约定的产品。卖方的行为构成欺诈,原告要求解除合同有理。深圳瑞某应将收取原告的费用予以退回,并赔偿原告因此发生的损失。

对于原告的请求,本院逐一分析如下:1.对于双倍返还定金以用以返还预付款的问题。原告支付了17226.75 美元。在付款时,虽然在形式发票中出现了"deposit"的字样,但该单词与中文的定金并非一一对应的关系。在不同的语境下,该单词有定金、存款、保证金、预付款等多种含义。双方并未约定如果收款方存在违约需要双倍返还。因此,不能推定该款具有我国《担保法》的相关法律规定的定金性质。故原告要求双倍返还没有法律依据。被告应返还原告货款17226.75元及利息(利息以应返还的货款为基数,按照全国银行间同业拆借中心公布的贷款市场报价利率计算,从支付日2020年2月25日起算计至实际返还日)。2.对于原告的律师费的请求。综观本案,标的虽然不大,但是案情却很复杂。深圳瑞某存在多种不正当的商业行为,比如:在宣传资料中将深圳瑞某与品某两家公司混淆,虚假宣传,有意误导;在交易过程中,先通过交付样品的检测报告取得对方的信任,却在后续过程中交付不符合约定品牌的产品,欺诈意图明显;在付款过程中称此前报价不含税,要求将款项付至香港,否则便要涨价10%等。基于本案的具体情况,原告作为境外的公司,如果没有专业的律师服务,很难维护自己的合法权益。原告主张的律师费数额亦不属畸高。综上,对于律师费的请求,本院按照发票的金额予以支持1300美元。3.对于原告主张的原告代表从西班牙到中国参加诉讼的费用(以实际发生机票及住宿费为准)的请求,由于未能提供上述费用发生的证据,本院不予支持。4.原告支付的公证认证费、邮寄费用、翻译费系原告因本案诉讼产生的必要费用,属于因被告违约产生的损失,本院予以支持。5.原告主张的样品寄送费用合计人民币805.9元符合实际情况,本院对此请求亦予以支持。6.原告请求被告支付因追加香港瑞某而产生的查档费。由于香港瑞某并非本案交易合同相对人,无须承担合同责任,追加本无必要,故本院对此请求不予支持。"

裁判要旨

解除原被告之间买卖合同,判决被告返还货款及承担原告损失。

裁判结论

一、解除原告西班牙某公司与被告深圳市瑞某公司签订的买卖合同;

二、被告深圳市瑞某公司应于本判决发生法律效力之日起3日内向原告西班牙某公司返还货款17226.75美元及利息(利息以未返还的货款为基数,按照全国银行间同业拆借中心公布的贷款市场报价利率,从2020年2月25日起,计至实际返还之日止);

三、被告深圳市瑞某公司应于本判决发生法律效力之日起3日内向原告西班牙某公司赔偿律师费1300美元;

四、被告深圳市瑞某公司应于本判决发生法律效力之日起3日内向原告西班牙某公司赔偿公证认证费、邮寄费、翻译费、寄送样品产生的费用合计人民币7988.33元；

五、驳回原告西班牙某公司的其他诉讼请求。

代理要点

一、本案适格被告应当为深圳市品某公司以及深圳瑞某，这两家公司的英文名称和位于香港的账户的公司名称基本上一样，唯一区分为英文中limited和简写Ltd.，无法让原告区分同一张形式发票上出现了两家位于不同地区、不同法域的公司。被告从一开始就存在对原告虚假引导的故意，而且被告提供样品为假货的行为，违反了《产品质量法》第5条规定：禁止在生产、销售产品中掺杂、掺假、以假充真、以次充好。据以上事实，根据《合同法》第54条规定，被告以欺诈手段签署合同，原告要求依法撤销合同，同时要求被告返还原告为实现利益而付出的合理支出。同时根据《担保法》规定，原告支付的17226.75美元中合同金额20%部分为定金11484.5美元，其余5782.25美元可以认定为预付款，原告要求被告双倍返还定金22969美元，以及预付款项。

二、本案争讼的标的为样品买卖，在样品买卖中，出卖交付的标的物应当与样品及其说明的质量相同。

本案中，原告在合同合意达成后，按照合同的约定支付了款项，根据《合同法》第62条及第168条的规定，对质量要求按照通常标准或者符合合同目的的特定标准执行；样品买卖中，出卖交付的标的物应当与样品及其说明的质量相同。被告伪造了样品的质检报告，让原告误认为其交付的样品为合同中约定的"国星"品牌的灯珠组装的成品。在这种情况下，不能认为原告认可被告的样品，就是认可了被告样品的质量，被告批量生产的货物质量虽然和样品相符，但并非原告要求的"国星"品牌。本案中，被告欺诈在先，使得原告随后的认可均基于一个伪造的事实，即便被告后来为批量生产做了实际准备，依然不能改变被告违约的事实。

三、被告要求原告支付预付款到香港的支付方式违反了《税收征收管理法》的相关规定。

代理思路

本案的案情事实清晰,援引法律也并无难点,难点体现在证据方面。本案的关键点是如何证明原告获知被告提供了假冒的质量检测报告的事实,被告方自始至终没有承认其伪造了质量检测报告。被告提供的样品从中国寄到西班牙,又从西班牙寄回中国,并申请第三方国星原厂家进行检测,要证明检测的样品就是被告发到西班牙的产品,这一系列事实形成证据链并不容易。原告通过样品上的特殊标记追踪发货图片、装箱图片等并结合实物证据当庭进行比对的方式对案件代证事实进行还原,让法官从现有的证据链中认可被告从一开始存在欺诈原告的故意,从而支持原告诉求。本案还有一个细节,当境外公司要求开具发票时,被告提出要求加价10%,这个细节显现出被告设立了香港公司和深圳公司同样的名字,并从香港账户收款的情况下,习惯上并未考虑在国内缴纳所得税,而本案也可以从税务局入手启动对被告的调查。

律师评析

一、本案系涉外买卖合同纠纷。双方未约定适用何地法律,根据《涉外民事关系法律适用法》第41条规定:当事人可以协议选择合同适用的法律。当事人没有选择的,适用履行义务最能体现该合同特征的一方当事人经常居所地法律或者其他与该合同有最密切联系的法律。根据本案案情,本案应以中华人民共和国的法律作为准据法。

二、本案属于原告行使不安抗辩权在实践中的运用,虽然原、被告双方签署协议中选定国际贸易术语FOB(指定装运港船上交货)条款,FOB贸易术语是指由买方负责派船接运货物,卖方应在合同规定的装运港和规定的期限内,将货物装上买方指定的船只,并及时通知买方。货物在装船时越过船舷,风险即由卖方转移至买方。本案中原告并未等到被告交付即提出解除买卖合同,理由是被告提供的样品并非双方约定的品牌配件,而被告提供了虚假的样品检测报告,被告有欺诈的故意,原告有理由相信被告正在生产的批量产品和样品相同质量,而产品质量不符合双方合同约定。

三、本案中争议焦点之一是应当由哪一家公司承担违约责任的问题,原告是境外公司,并不具备查询中国及香港公司营业执照及辨别公司名称真伪的能力。本案出现了多个被告主体,深圳市瑞某公司、SHENZHEN RGX E×××CO. LIMITED 和深圳市品某公司,形式发票的抬头深圳品某公司,英文名字为深圳市瑞某公司的英文名,而最后收款方为香港注册的"深圳市瑞某公司",其中英文名字极具混淆性,股东也有交叉,网站宣传也有相同的图片和描述,对于一个境外采购商来讲,无法确定这些公司之间联系。虽然律师主观上认为这些公司实际控制方相同,也提供了相关的证据,但是法庭最后根据网站名称结合邮件沟通记录的邮箱尾缀及联系人自称为深圳市瑞某公司员工这些痕迹确认了最终违约实体为深圳市瑞某公司。

法律依据

1.《中华人民共和国涉外民事关系法律适用法》第41条
2.《中华人民共和国合同法》第54条、第61条、第107条、第111条、第155条
3.《中华人民共和国民事诉讼法》第64条

赵宝莲律师

法律硕士。现执业于北京市京师(深圳)律师事务所,系律所进出口法律事务部主任。

赵宝莲律师曾在大型国企工作过13年,随后由国企派驻至其投资的澳大利亚企业中担任资源经理7年,对跨国公司外贸业务流程非常熟悉,丰富的工作经验为律师执业提供了充分的知识储备。2017年后专职从事律师工作,主要执业为商法领域,着重于合同法、公司法的研究和实践,外商投资及国内企业对外投资法律事务、国内公司治理日常法律事务,外贸业务法务支撑等。凭借深圳对外窗口的地缘优势,赵宝莲律师以流利的英语沟通能力,承办了多起涉外诉讼与仲裁,具有十分丰富的涉外商事案件办案经验。

出口智利产品质量纠纷运用线上勘验方式查明案情

——深圳市外某有限公司与绍兴夏某公司国际货物买卖合同纠纷案

赵宝莲

---------------- 案情介绍 ----------------

原告是一家智利股东全资投资的中国深圳市外某公司,主要业务集中于为智利投资方在中国采购产品。被告是注册在浙江绍兴的夏某公司,主要从事外贸业务。2020年7月疫情期间,原告拟向被告购买一次性使用PVC手套,被告向原告发出样品,原告予以确认样品质量,其符合通常使用标准。随后原告拟向被告购买与样品质量相同的手套。双方通过微信等方式联系达成合意,合同约定EXW交货并由第三方检测机构到达工厂验货后视为交付。被告向原告发出形式发票签署了合同,原告支付了合同项下全部款项,共计240462美元。被告在合同约定的时间点临时更换了四次发货地点,通过变换交货地而使得原告无法在约定的工厂验货,货物没有质量检验的情况下已经装箱在途。在原告强烈要求下,第三方检测机构拦截装有手套集装箱的卡车,打开集装箱对第一批发出的货物进行开箱质量检验,检查结果发现在集装箱内交付的手套数量不及合同约定的1/4,经过抽检发现大部分产品为不同尺寸、不同颜色,有污迹及水渍,一些产品上有破洞,检测结果为产品不合格,货物无法正常使用。这些手套因此并未送达海关,也没有上船运走,因为不知道从哪一个工厂发运而被告拒绝接受已经交付给承运人货物,原告只能将这些货物暂时存在当地仓库等待处理。原告

要求退货而被告认为他们已经交货,是原告拦截造成货物无法正常发运转船,而并非他们没有交货。双方因此成讼。

法院经过审理后认为,原告与被告之间的买卖合同关系,由原告提供的证据证明,系双方真实意思表示,且未违反国家强制性法律规定,本院依法予以确认。原告已按约支付了全部货款,被告已经提供的部分产品质量无法达到正常使用的标准,显属违约,故对于原告要求解除全部合同、退还货款、赔偿利息、检验费的请求,法院予以支持。因原告支付给被告的货款系通过美元支付,双方在庭审中对于汇率结算日期无法达成一致,故法院依法确定以原告起诉之日结算汇率。原告关于仓储费、物流费的主张,虽然原告的证据不足以证明其支出的仓储费用,但讼争产品从2020年9月至今一直存放于原告仓库,仓储费损失亦是客观存在的,故本院依法酌定被告应赔偿原告仓储费2万元。另查明,原告为检验讼争产品支出检验费1960元。

裁判要旨

解除原被告之间的买卖合同,被告绍兴夏某公司返还原告深圳市外某有限公司货款240462美元并赔偿原告检验费1960元、仓储费2万元等实际损失。

裁判结论

一、解除原告深圳市外某有限公司与被告绍兴夏某公司之间关于PVC手套的买卖合同;

二、被告绍兴夏某公司于本判决生效之日起10日内返还原告深圳市外某有限公司货款240462美元(以2020年11月27日美元兑人民币中间汇率折算人民币),并支付该款自2020年8月5日起至实际款项之日止按全国银行间同业拆借中心公布的贷款市场报价利率计算的利息;

三、被告绍兴夏某公司于本判决生效之日起10日内赔偿原告深圳市外某有限公司检验费1960元、仓储费2万元;

四、被告绍兴夏某公司于本判决生效之日起10日内取回存放于原告深圳市外某有限公司处的1200箱PVC手套;

五、驳回原告深圳市外某有限公司的其他诉讼请求。

代理要点

一、本案为国际货物买卖合同,质量要求基于被告提供的样品,并未约定质量标准。但被告实际提供的样品为外观良好的正品,但实际交付却是使用后破损污秽的废品,产品情况可以通过肉眼观察到。根据《民法典》第635条,凭样品买卖的当事人应当封存样品,并可以对样品质量予以说明,出卖人交付的标的物应当与样品及其说明的质量相同。本案中被告明知货物有质量问题,却以多次更改交货地点的方式逃避原告的质检,故意违约欺诈原告,应当对原告承担退还货款、赔偿利息、检验费以及造成的损失承担清偿责任。

二、被告将货物交给第一承运人不能认定为合同中的交付。原告和被告协商交货方式为工厂交货,同时约定安排第三方到工厂进行质量检测,但被告违反约定,多次更换地点将原告检测人员摆脱这种行为本身已经构成违约。被告声称的其已经完成交付,风险和所有权转移均不能成立。

三、本案关键的质量检测报告,虽为原告单方委托第三方机构做出,但该检验报告中描述的质量问题与法院通过现场连线勘验时发现的问题基本一致,佐证第三方检测机构做出的报告为产品真实情况。

代理思路

本案开庭三次,主要争议的焦点是如何证明原告处储存的货物就是被告交付的,以及第三方检测机构的报告是否真实的问题。对质量检验结果的判定方式,双方存在争议。虽然原告向法庭提供了被告交付产品的一些样品,但是少量的样品无法代表整批产品的质量。同时,原告向法庭提交了第三方检测机构出具的检验报告,由于检测机构为境外公司,并非法院认可的检测机构,检测报告的合法性存疑。在这种情况下,原告律师申请现场勘验以获取物证直接证明案件事实,法官通过视频异地连线到储存货物的现场仓库,以随机抽查的方式由原告配合从代验产品中抽取货物开包查验,视频中明显能看到被告交付的产品外观破损污秽,明显为使用过的废品,据此法官最后判定质量不合格的依据为法庭勘验的结果,支持原告的诉讼请求。

律师评析

一、本案为国际货物买卖合同,双方的争议发生在货物交付期间,且签约的主体均为境内成立的公司,原告虽应被告要求将货款支付到其新加坡的账户,但通过微信确认款项已经付至其新加坡账户,可以认定为被告收到了原告的款项,虽然双方并没有约定由中国法院管辖,但按照最密切原则,在被告所在地基层人民法院提取诉讼并依照中国法律处理。

二、本案属于在国际贸易术语EXW工厂交货条款下签署的国际货物买卖合同。EXW贸易术语是指当卖方在其所在地或其他指定的地点(如工场、工厂或仓库)将货物交给买方处置时,即完成交货,卖方不办理出口清关手续或将货物装上任何运输工具,该术语是卖方承担责任最小的术语,买方必须承担在卖方所在地受领货物的全部费用和风险。本案中虽然双方对交货方式明确约定,约定了在卖方提供的工厂经过第三方检验合格后交付货物。但是在实际操作中,被告担心原告发现其交付产品存在质量严重瑕疵而多次转移交货工厂地点,其目的就是让原告无法验货而货物通过海上运输到达智利,货物质量更加无法证明从而非法占有原告的货款。本案中被告即使将货物交给承运人并托运在途,其行为也不能算作合同约定交付,货物所有权和风险并未转移,因此原告解除合同,退还货款,赔偿利息、检验费的请求均得到绍兴市柯桥区人民法院支持。

法律依据

1.《最高人民法院关于适用〈中华人民共和国民法典〉时间效力的若干规定》第1条

2.原《中华人民共和国合同法》第97条、第107条、第130条、第148条

赵宝莲律师

法律硕士。现执业于北京市京师(深圳)律师事务所,系律所进出口法律事务部主任。

赵宝莲律师曾在大型国企工作过13年,随后由国企派驻至其投资的澳大利亚企业中担任资源经理7年,对跨国公司外贸业务流程非常熟悉,丰富的工作经验为律师执业提供了充分的知识储备。2017年后专职从事律师工作,主要执业为商法领域,着重于合同法、公司法的研究和实践,外商投资及国内企业对外投资法律事务、国内公司治理日常法律事务,外贸业务法务支撑等。凭借深圳对外窗口的地缘优势,赵宝莲律师以流利的英语沟通能力,承办了多起涉外诉讼与仲裁,具有十分丰富的涉外商事案件办案经验。

间接证据构成完整证据链条则可以被法院采信
——深圳某公司与东莞某公司、陆某买卖合同纠纷一案

蒋歆迪

案情介绍

2020年4月10日和17日,原告深圳某公司与被告东莞某公司签订了两份订购合同,约定东莞某公司分别向深圳某公司订购模具5套和2套,每套单价9万元,支付30%定金后生效。2020年5月6日,深圳某公司通过微信向被告陆某发送对账单,对账单载明交付6套,其中5套按9万元计,1套按11万元计,货款56万元,已收款38万元,尚欠货款18万元。2020年5月24日,原告深圳某公司再次将对账单发送被告陆某,载明已付模具7套,6套9万元计,1套11万元计,货款65万元,减去已付货款38万元,尚欠货款27万元。

诉讼中,两被告共同对原告提出反诉,主张已付款项中包含后一份合同约定的定金5万元,双方已协议将该款抵作前一份合同5台模具的货款,要求原告双倍返还定金10万元,但因两被告经合法传唤未到庭应诉,则按撤诉处理。

裁判要旨

合同的履行是买卖合同纠纷的重要焦点,如履行方式、内容等。其中,出卖人将标的物交付给买受人时,需双方同时做好确认工作,但在实际交易过程中大多数都以简单、快捷的方式处理问题,导致在发生纠纷时,加大了守约方的取证

难度。因此，法院在审理本案过程中，通过原、被告双方的微信聊天的往来，结合提交的全部证据并通过日常经验判断，认定两被告对账单涉及的金额、提供货物数量是确定的。

裁判结论

法院判决：限被告东莞某公司、陆某于本判决发生法律效力之日起15日内，向原告深圳某公司支付货款27万元。判决后，两被告均向法院提起上诉，最终达成民事调解。

代理要点

两被告拒不承认已签收7台模具的客观事实却利用疫情期间物资紧张、时间紧凑、原告送货时疏忽大意未进行书面确认供货情况的漏洞，反诬原告仅提供了5台模具并恶意虚假反诉、混淆视听。所以本案重点是需要确定原告向被告交付7套模具并且确定尚欠货款27万元。

代理思路

因本案缺乏书面确认供货情况的直接证据，所以需要靠大量的间接证据予以证明实际的交付情况，尽可能地让本案的客观事实结合提交的证据材料能够形成一个完整的证据链条。结合案件情况，先后向法院提交《证人出庭申请书》《追加第三人申请书》《证据保全申请书》《送货清单》《情况说明》及原告在被告所在地拍摄的视频，并提交原告与被告陆某的微信聊天记录及电话录音作为本案证据，以证明原告已经完全履行交付7套模具的义务，且被告尚欠原告货款27万元的事实。

律师评析

本案为买卖合同纠纷，一般情况下法院审理该类案件均应当遵循两点：一是结合提交的证据与经验法则全面审查案件争议焦点并处理；二是不轻易否定合同效力，审慎处理合同解除及违约的归责问题。此类案件在通常情况下，原告向法院提交《买卖合同》《交付清单》及《对账单》等作为证据，便能形成一个较为完整的证据链条。

  本案的难点在于原告的疏忽大意未与被告进行书面确认供货情况,导致在诉讼过程中加大了原告举证责任的难度。对此,代理人需要通过更多的间接证据予以还原案件的客观情况,帮助法官捋清案件脉络,如微信聊天记录、每台货物的最终用户和去向说明、现场拍摄视频等,最终法院以代理人的观点为依据进行裁决支持了原告的诉讼请求。

法律依据

1.《中华人民共和国民法典》第 577 条、第 579 条
2.《中华人民共和国民事诉讼法》第 144 条

  注:本案例以蒋歆迪律师代理的真实案例为原型整理而成,基本案情及判决理由均有不同程度的删节和修改。

蒋歆迪律师

  现执业于北京市京师(深圳)律师事务所,系律所民商事纠纷与执行法律事务部副主任。曾任某法院执行局书记员,负责执行工作;曾任梧州市某小额贷款股份有限公司法务,负责公司日常法律维护,合同审查,案件诉讼与执行;曾参与广西梧州某有限公司强制清算工作,负责接收公司移交材料,实地核实公司情况,制作工作日志等事务;曾参与广西壮族自治区某进出口梧州公司破产清算工作,为该破产清算管理人成员之一。在民商事诉讼纠纷、股权纠纷处理领域积累了丰富的实务经验。参与出版著作有《细说股权——股东权益的实现与维护》。

开发商与购房者约定补偿费抵扣物业费后未履约导致物业公司向购房者追偿物业费,开发商对此应承担违约责任

——李某与 Z 房产开发有限公司房屋买卖合同纠纷案

高羽凤

案情介绍

2019 年 9 月,李某与 Z 房产开发有限公司(以下简称"Z 公司")就李某购买由 Z 公司开发的位于某市某开发区某项目某栋某房(以下简称"该物业")签订《商品房买卖合同》并支付了购房款。2020 年 8 月 30 日,为解决该物业建筑面积差及红线内外涉及事宜,李某与 Z 公司签订《补充协议》,约定为一揽子妥善解决该物业的建筑面积差异和红线内外涉及所有事宜,Z 公司同意补偿李某 11533.61 元,同时约定前述补偿用以抵扣该物业的物业费,在抵扣完前述 11533.61 元补偿费之前,李某无须另行缴纳物业费。但此后李某频繁收到 Y 物业公司措辞严厉的催缴物业费通知,方知 Z 公司承诺的补偿费至今仍未实际抵扣物业费。李某随后发函要求 Z 公司支付补偿费并赔偿资金占用利息,Z 公司于 2023 年 1 月 9 日收到该函但未作出回应,李某遂将 Z 公司诉至法院。

法院审理认为:李某与 Z 公司签订的《补充协议》是双方当事人的真实意思表示,内容没有违反法律、行政法规的强制性规定,合法有效,双方均应恪守履行。签订《补充协议》后,Z 公司并未按约将补偿费抵扣物业费,导致 Y 物业公司向李某进行追偿。Z 公司迟迟未按约定履行支付义务,应承担相应的违约责任。李某诉请 Z 公司支付补偿费 11533.61 元,理据正当充分,本院予以支持。

裁判要旨

补充协议约定将补偿费抵扣物业费是双方当事人的真实意思表示,内容没有违反法律、行政法规的强制性规定,合法有效,双方均应恪守履行。Z公司迟迟未按补充协议约定履行支付义务,导致Y物业公司向李某进行追偿,应承担违约责任。

裁判结论

法院判决Z公司于判决生效之日起7日内向原告李某支付补偿费11533.61元及利息(以11533.61元为基数,自2023年1月9日起,按全国银行间同业拆借中心公布的贷款市场报价利率计算至全部清偿之日止)。

代理要点

一、《补充协议》合法有效。
二、Z公司未按生效补充协议约定履行支付义务应承担违约责任。

代理思路

一、《补充协议》合法有效

Z公司与李某约定将补偿费抵扣物业费是双方当事人的真实意思表示,内容没有违反法律、行政法规的强制性规定,合法有效。

二、Z公司未按生效补充协议约定履行支付义务应承担违约责任

Z公司未按补充协议约定履行支付义务,导致Y物业公司向李某进行追偿,Z公司应承担违约责任。

律师评析

本案中,Z公司与Y物业公司系不同的独立民事主体,Z公司迟迟未按补充协议约定履行支付义务,导致Y物业公司向李某进行追偿,Z公司对此应承担相应的违约责任。

实践中,购房者与开发商之间形成的是房屋买卖合同关系,购房者与物业公司之间形成的是物业服务合同关系。房屋买卖合同关系与物业服务合同关系是两个完全不同的民事法律关系,若开发商与物业公司为不同的民事主体,在未获得物业公司授权委托的情况下,开发商无权擅自处分物业公司收取物业费的权利,无权在《补充协议》中就补偿款抵扣物业费对购房者做出承诺,该承诺行为在未经物业公司追认的情况下对物业公司并不产生法律约束力,此时物业公司有权要求购房者及时缴纳物业费,购房者应及时向开发商主张要求支付补偿款并赔偿由此造成的其他损失。

法律依据

1.《最高人民法院关于适用〈中华人民共和国民法典〉时间效力的若干规定》第1条第2款

2.《中华人民共和国合同法》第60条、第107条

高羽凤律师

2017年毕业于西南政法大学,现执业于北京市京师(深圳)律师事务所。

高羽凤律师曾在大型央企担任公司法务,熟悉建设工程领域常见争议纠纷处理。从事律师执业工作以来,先后为多家行政单位、科技公司、地产投资公司等各类主体提供法律服务,在行政法律事务、公司合规、民商事争议解决方面积累了丰富的经验。

当事人应对自身虚假陈述行为承担法律后果
——李某与刘某房屋买卖合同纠纷案

兰达鹏

案情介绍

本案为房屋买卖合同纠纷,李某和刘某双方于2017年10月作为房屋买卖双方、某辉公司作为经纪人签订了《房屋买卖合同》,约定李某购买刘某房屋,李某于2017年10月向刘某支付了首付款和定金,向某辉公司支付了中介费。后房屋被法院另案判给了第三人龙某所有(龙某与刘某于2016年9月签订了《房屋买卖合同(编号1)》),刘某于起诉前向李某退还了首付款、定金和乙方按自身过错责任承担的损失金额(66000元),李某认为金额太少而起诉至法院,提出如下诉讼请求:1.判令双方解除《房屋买卖合同(编号2)》;2.判令刘某向李某返还购房首期款35万元;3.判令刘某向李某支付双倍定金10万元;4.判令刘某向李某支付逾期履行的利息(从2017年10月21日起,以40万元为本金按同期贷款利率计算至付清之日止);5.判令刘某向李某支付李某中介费损失34500元;6.判令刘某向李某支付违约金23万元;7.判令刘某赔偿李某律师费损失22000元、诉讼保全担保费1500元;以上第2—7项款项合计788076.71元,刘某已经支付466000元;8.刘某承担诉讼费、保全费。

本所律师代理本案刘某出庭应诉,本案法庭归纳的争议焦点为三点:1.涉案房屋买卖合同是否有效;2.房屋买卖合同是否解除;3.房屋买卖合同无法履行后的责任划分。

裁判要旨

当事人在其他案件审判中,已将本案涉案证据提交法院作为虚假证据,企图损害第三人的合法权益的。不论当事人是基于何种原因作出上述行为,其客观上已向法院提交了虚假证据,进行了虚假陈述,妨碍法院审理案件,其应当为自己妨碍司法的行为负责,并对由此造成的法律后果承担相应的责任。

裁判结论

原、被告签订的《房屋买卖合同(编号2)》真实有效;因《房屋买卖合同(编号2)》不再具备继续履行条件,应予以解除;李某在其他案件的诉讼中已将本案涉案证据提交法院作为虚假证据,企图损害第三人的合法权益,妨碍法院审理案件,其应当为自己妨碍司法的行为负责;对于李某的诉讼请求,法院全部不予支持。

代理要点

一、原、被告于2017年10月签订案涉《房屋买卖合同(编号1)》,后在某辉公司的组织下于2018年3月原、被告倒签的《二手房屋合同》,该两份合同均为原、被告与某辉公司三方恶意串通,企图损害案外人龙某的利益,应认定为无效合同。李某将倒签的《二手房屋合同》提交法院作为其他案件的证据,该行为是错误的。

二、某辉公司一直作为刘某的房产经纪公司,有书证证明某辉公司对于刘某房屋情况是完全知情的。

三、刘某已返还李某支付的合同款40万元,并已就李某提出的20万元损失,按原、被告和某辉公司三方过错比例承担了1/3的责任,向李某支付了66000元,剩余损失应由李某自行承担或要求其他过错方承担。

代理思路

一、刘某对于房屋实际情况是一定知情的,某辉公司也有书证证明其对房屋一房二卖情况知情,刘某没有直接证据证明李某对其房屋情况知情,所以需要间接证据证明李某具体是在什么时间点对房屋具体情况知情。

二、本案代理人拟通过原、被告于2018年3月倒签的《二手房屋合同》侵害第三人龙某的合法权益的行为证明李某此时已知情房屋实际情况。且第二份合同为第一份合同的延续与变更，那么合同应为无效；即使合同还是有效，此时李某将该份虚假证据提交法院，也应该承担相应法律后果。

律师评析

本案中，代理人明面上全程围绕李某涉嫌虚假诉讼伪造合同参与另一案庭审并导致法院据此错误判决（案外人提起上诉后改判）而组织攻防，暗线上（实际）刘某一直欲证明的是原被告签订的第一份合同与原被告为争夺涉案房屋而后伪造的合同是同一份合同，如果能证明第一份合同签订时刘某知情一房二卖最好，不知情的话则要证明第二份合同为第一份合同的延续与变更。最终法院也以代理人明面的观点为依据进行裁决驳回了李某全部诉求。

而李某对于本案一直没有正确的认识，在李某已提供虚假证据且有证据证明某辉公司对房屋一房二卖情况完全知情的前提下，李某应准确划分三方责任，在本案中，某辉公司作为专业房地产经纪公司，其在法律和专业知识方面比原被告具有更为明显的优势，对一房二卖行为的法律后果也应当有更清楚的认识，在这种情况下仍然为原被告提出了非法建议，且未充分向原被告揭示一房二卖可能导致的后果和风险，并收取了居间服务费，其过错应当较原被告更为严重，其过错程度的比例也更大。基于此，法院判例也支持判决房地产经纪公司承担更重责任。

所以，律师在代理这一类有多个主体的案件时，一定要准确划分各诉讼参与人的诉讼地位，分清各诉讼参与人的权责比例，避免出现错划、漏划的情形。同时案件代理思路一定要清晰，并保持冷静，不要被其他诉讼参与人错带节奏。

法律依据

1.《中华人民共和国合同法》第58条、第59条、第94条、第424条、第425条

2.《中华人民共和国民事诉讼法》第 64 条、第 142 条

3.《最高人民法院关于适用〈中华人民共和国民事诉讼法〉的解释》第 90 条

注:本案例以兰达鹏律师代理的真实案例为原型整理而成,基本案情及判决理由均有不同程度的删节和修改。

兰达鹏律师

　　心理学学士、法学学士。现执业于北京市京师(深圳)律师事务所,系律所心理健康中心主任。

　　兰达鹏律师执业 6 年多已代理过上千起诉讼案件,成功维护了当事人的合法权益,并担任多家企业的常年法律顾问,受到常法顾问单位的一致好评。主要业务范围为企业法律顾问、复杂民商事诉讼、企业刑事合规。

预售商品房买受人居住感受不能达到合同预期，法院判决解除合同

——李某与广西某置业有限公司商品房预售合同纠纷案

王 昉

案情介绍

2018年9月25日，广西某置业有限公司（出卖人）与李某（买受人）签订《南宁市商品房买卖合同》，约定李某购买广西某置业有限公司开发建设的位于南宁市某区某大道某号某楼盘3号楼1单元二层201号房，房屋总价为1119518元。李某于当日一次性支付了全部房款1119518元、装修款425850元、维修基金10930元和不动产登记费80元。2019年4月17日，广西某置业有限公司与李某办理收房手续。收房时李某发现案涉房屋南面外部为较开阔的平台，平台下方为海绵工程构筑物，房屋南面景观大阳台与该平台之间仅有为排水设置的微小地坪高差；从房屋北面看，房屋位于二层，一层为架空层。李某认为案涉房屋虽名为二楼，但南面的居住感受实际与一楼无异，经与广西某置业有限公司多次协商退房无果后起诉，诉讼请求为：1.解除原告李某与被告广西某置业有限公司签订的《南宁市商品房买卖合同》；2.被告广西某置业有限公司返还原告李某已付购房款1119518元及资金占用利息；3.被告广西某置业有限公司返还原告李某已付装修款425850元及资金占用利息；4.依法判决被告广西某置业有限公司返还原告李某维修基金10930元及资金占用利息，并返还不动产登记费80元；5.被告广西某置业有限公司赔偿原告李某契税损失21324.15元或协助原告办理退税手续；6.被告广西某置业赔偿原告李某房价增值损失75000元。一审

法院判决驳回了李某的全部诉讼请求,李某不服提起上诉,二审法院改判支持了李某的诉讼请求。

裁判要旨

商品房所在楼层对房屋的通风、采光、噪声、隐私保护等居住感受具有较大影响,在一定程度上影响了商品房定价和购房人的购买意愿,现阶段购房人选购商品房的目的除满足基本居住功能外,还包括合同约定商品房所应具备的居住品质,出卖人所交付的房屋不能达到买受人购房时的预期,致使买受人合同目的无法实现,买受人行使单方解除权符合法律规定,应予以支持。合同解除后,双方因该合同取得的财产应予以返还,造成买受人利息损失及可得利益损失,应予以赔偿。

裁判结论

一、撤销一审民事判决;

二、上诉人李某与被上诉人广西某置业有限公司于2018年9月25日签订的《南宁市商品房买卖合同》于2021年3月1日解除;

三、被上诉人广西某置业有限公司向上诉人李某返还购房款1119518元、装修款425850元、维修基金10930元和不动产登记费80元;

四、被上诉人广西某置业有限公司向上诉人李某支付资金占用利息;

五、被上诉人广西某置业有限公司协助上诉人李某办理契税退税手续;

六、上诉人李某将南宁市某区某大道某号某楼盘3号楼1单元二层201号房返还被上诉人广西某置业有限公司,并协助被上诉人广西某置业有限公司办理撤销合同备案等相关退房手续;

七、被上诉人广西某置业有限公司赔偿上诉人李某可得利益损失5万元。

代理要点

本案的重点也是难点,即证明买受人李某的实际居住感受与其签订合同时预期的差异,而导致此差异出现的根本原因是出卖人广西某置业有限公司的违约行为,从而实现买受人的法定合同解除权,达到退房以及求偿的目的。

代理思路

一、本案证据收集和整理阶段，代理律师收集了出卖人广西某置业有限公司的宣传彩页和沙盘照片，同时向相关档案管理部门申请调取了存档图纸，研读了案涉房屋所在楼盘的规划总图、鸟瞰效果图、竖向分析图、总平面图、剖面图、立面图以及案涉房屋阳台外的构筑物平台的设计方案等。

二、一审庭审中，代理人主张出卖人构成根本违约，法律依据是《商品房销售管理办法》第 24 条规定的"房地产开发企业应当按照批准的规划、设计建设商品房。商品房销售后，房地产开发企业不得擅自变更规划、设计。经规划部门批准的规划变更、设计单位同意的设计变更导致商品房的结构形式、户型、空间尺寸、朝向变化，以及出现合同当事人约定的其他影响商品房质量或者使用功能情形的，房地产开发企业应当在变更确立之日起 10 日内，书面通知买受人"，主张"房地产开发企业未在规定时限内通知买受人的，买受人有权退房；买受人退房的，由房地产开发企业承担违约责任"。

三、一审判决虽认定"案涉房屋南面的实际情况与通常理解的'二层'并不相符，广西某置业有限公司未能证明其就该特殊情况已在销售房屋时告知李某，或者在订立合同后告知并取得李某认可，应认定广西某置业有限公司交付的房屋状况与合同约定不完全相符，构成违约"，但同时认定"一方面，房屋的用途在于居住，房屋南面'二层变一层'对使用感受确有一定影响，但并不影响房屋使用功能，故广西某置业有限公司的违约行为未造成合同目的不能实现，不构成根本违约；另一方面，房屋与合同约定不相符的情形，不在合同约定的买受人可以解除的范围内"，驳回了李某的全部诉讼请求。

四、本案二审阶段，上诉人未提交新证据，代理人的诉讼策略为，认可一审判决中查明的事实及出卖人违约的认定，在此基础上，强调违约的性质为根本违约，而不是一般违约。庭审中，代理人结合案涉楼盘的宣传及当地房价的具体情况，着重阐述因出卖人的违约行为导致买受人居住感受与预期的落差，重点强调广西某置业有限公司所交付的房屋南侧外为用作绿化的平台，旁人可随意进出，与通常理解的"二层"房屋确实不符，且根据双方在一审中提供的设计图，被上诉人广西某置业有限公司在签订合同前应当知晓案涉房屋的实际情况，在订立合同时被上诉人广西某置业有限公司未将此情况明确告知上诉人李某，构成根本违约。

 律师评析

　　本案非常有难度,败诉风险很大。代理律师评估认为,双方签订的《南宁市商品房买卖合同》是双方意思表示真实,且不违反法律、行政法规的强制性规定,为合法有效的合同,另外,本案的情形既不符合双方合同中约定的买受人可以解除合同的情形,也不符合《最高人民法院关于审理商品房买卖合同纠纷案件适用法律若干问题的解释》第9条"因房屋主体结构质量不合格不能交付使用,或者房屋交付使用后,房屋主体结构质量经核验确属不合格"、第10条"因房屋质量问题严重影响正常居住使用"或第11条"根据民法典第五百六十三条的规定,出卖人迟延交付房屋或者买受人迟延支付购房款,经催告后在三个月的合理期限内仍未履行"的情形。代理律师认为最合适的思路是主张出卖人构成根本违约,导致买受人合同目的无法实现,依据《合同法》第94条规定的"当事人一方迟延履行债务或者有其他违约行为致使不能实现合同目的"情形,行使合同的法定解除权。本案对代理律师的举证能力和庭审辩论专业技巧要求很高。

法律依据

《中华人民共和国合同法》第94条、第113条

王昉律师

　　现执业于北京市京师(深圳)律师事务所。王昉律师具有多年外商独资企业工作经验,熟悉企业运作模式和企业经营者心理,擅长商务谈判,具有丰富的诉讼和商事仲裁案件办理经验,善于应对复杂庭审情况,尤其对企业间买卖合同纠纷、复杂股权纠纷、房屋买卖合同纠纷、大标的金额的离婚纠纷等诉讼案件具有独到的见解。

夫妻一方擅自将夫妻共同财产赠与第三者，另一方向第三者主张全部返还，法院判决予以支持
——左某与李某赠与合同纠纷案

刘运娇

案情介绍

左某与贺某系夫妻，在婚姻关系存续期间，贺某与李某相识并发展成情人关系，2005年贺某与李某非婚生育一子贺某1。2019年，贺某用夫妻共同财产购买汽车一辆（总价30万元），登记在李某名下并供李某接送非婚生子上学使用，2021年贺某突发疾病去世。左某在办理贺某遗产继承过程中，发现上述事实，遂向法院起诉，要求撤销贺某对被告李某的赠与并由李某向左某返还全部购车款。

裁判要旨

夫或妻在处理夫妻共同财产上的权利是平等的。因日常生活需要而处理夫妻共同财产的，任何一方均有权决定。夫或妻非因日常生活需要对夫妻共同财产做重要处理决定，夫妻双方应当平等协商，取得一致意见。他人有理由相信其为夫妻双方共同意思表示的，另一方不得以不同意或不知道为由对抗善意第三人。本案中，李某与贺某系情人关系，并共同生育了非婚生子贺某1，贺某使用与原告左某共同所有的夫妻共同财产购买涉案车辆并登记在被告李某名下，在权利外观上该车辆属于被告李某单独所有，贺某擅自处分其与原告的夫妻共同

财产用于购车并赠予被告李某,系无权处分。原告左某起诉要求撤销贺某对被告李某的赠与,并由被告李某向左某返还购车款30万元,有事实及法律依据,应予支持。

裁判结论

深圳市福田区人民法院依照《民法典》第153条、第157条、第1062条,《民事诉讼法》第64条、第142条的规定,判决李某向左某返还30万元。

代理要点

一、一方擅自用夫妻共同财产购买车辆赠与情人是全部无效还是部分无效。

二、原告是主张返还购车款还是主张返还车辆。

代理思路

一、首先要证明贺某与李某系情人关系且贺某擅自将夫妻共同所有的财产赠与李某:

1. 指导原告收集被告李某与贺某存在情人关系的证据,证明被告无偿接受赠与车辆,非善意取得;

2. 通过打印贺某银行流水,了解清楚贺某的资金去向;

3. 查询贺某名下购车同期有无办理机动车权属登记,同时查询李某名下持有机动车辆的情况,李某名下车辆是否与贺某购买车辆匹配。

二、针对被告的答辩事由进行回应和反驳。

三、根据庭审情况和开庭时双方举证质证意见及时向法官提交代理意见再次表明我方诉请和所依据的事实和法律。

律师评析

本案是赠与纠纷诉讼,双方争议焦点有三个:

一、贺某赠与李某财产的定性问题,该赠与是贺某履行对非婚生子的抚养义务还是对情人的赠与?

二、贺某的赠与是部分无效还是全部无效?

三、赠与合同被认定无效后,李某是向左某返还车辆还是购车款项?

关于第一个争议焦点,贺某在左某不知情的情况下,擅自将夫妻共同财产赠与婚外情人李某,虽然李某答辩贺某未支付非婚生子生活费,购买车辆是为了接送孩子上学使用。但车辆的用途,不能改变李某作为贺某情人,无偿接受贺某赠与,违背公序良俗,侵犯了合法配偶左某对夫妻共同财产的所有权这一违法事实。李某认为贺某未履行对非婚生子的抚养义务,是另一法律关系,非婚生子需要生父支付抚养费的,可另行起诉主张。

关于第二个争议焦点,代理律师认为贺某对李某的赠与应全部无效。理由是贺某和李某在婚姻关系存续期间,未签订夫妻财产协议对婚内财产的归属进行约定,无约定则从法定。依据《民法典》第1062条:"夫妻在婚姻关系存续期间所得的财产,为夫妻的共同财产,归夫妻共同所有。夫妻对共同财产,有平等的处理权。"《民法典》第299条:"共同共有人对共有的不动产或者动产共同享有所有权。"《民法典》第301条:"处分共有的不动产或者动产以及对共有的不动产或者动产作重大修缮、变更性质或者用途的,应当经占份额三分之二以上的按份共有人或者全体共同共有人同意,但是共有人之间另有约定的除外。"我国的夫妻共同财产制是共同共有而非按份共有,处分共同共有的不动产或动产,应经全体共同共有人同意。故贺某未经配偶左某同意,擅自将夫妻共同财产赠与李某,是无权处分,应当全部无效。

关于第三个争议焦点,李某答辩就算赠与无效,其应当返还的是车辆而不是购车款。原告代理律师认为,车辆已经登记在李某名下,物权属于李某,而赠与合同纠纷是债权纠纷,属于另一法律关系。依据《民法典》第155条:"无效的或者被撤销的民事法律行为自始没有法律约束力。"《民法典》第157条:"民事法律行为无效、被撤销或者确定不发生效力后,行为人因该行为取得的财产,应当予以返还;不能返还或者没有必要返还的,应当折价补偿。"李某应当向左某返还购车的款项30万元。

本案拓展

因在本案之外当事人之间还有一个继承纠纷诉讼,贺某与李某所生的非婚生子依法享有继承权,确定贺某遗产的范围必将成为继承纠纷案件的争议焦点。

本案赠与合同被确认为无效，法院判决李某向左某返还全部受赠财产后，该部分财产50%的份额是否属于贺某的遗产由法定继承人进行继承？这在法律上没有明确的规定，但是从立法的本意来理解，笔者认为不应当作为被继承人的遗产。理由是，如果将返还的财产又列为夫妻共同财产，在继承前进行析产，实际上是变相承认赠与部分有效而不是全部无效，不利于保护合法配偶的权益。被告认为购车款的50%应当作为贺某遗产由其非婚生子按照法定继承分得相应继承份额的答辩，原告代理律师在本案中以公序良俗、公平原则为辩点进行回应，结合赠与人长期每月固定提取较大金额的现金，而原告作为妻子并不知道现金的去向，且赠与人去世前在被告家中居住等事实，让法官确信夫妻一方赠与情人的绝不只是一辆车，从而做出有利于原告的判决。在继承纠纷案件中，也未将返还的赠与款项的一半列入被继承人的遗产。

本案主要风险点在于：擅自处分夫妻共同财产的一方已经去世，夫妻另一方首先要举证证明赠与已完成，受赠人是恶意接受赠与，再主张赠与无效才能获得法院支持，本案中很多的现金赠与，原告就没办法证明是用于与被告的共同生活或者消费支出，现金部分就没有得到法院支持。

法律依据

1.《中华人民共和国民法典》第153条、第157条、第1062条
2.《中华人民共和国民事诉讼法》第64条、第142条

刘运娇律师

法学学士、中共党员。现执业于北京市京师（深圳）律师事务所，系律所联合创始人、家族事务管理法律专业委员会主任；任广东省律协婚姻家事法律专业委员会委员，深圳市律协家族财富管理法律专业委员会副主任，深圳市司法局法律援助案件质量评估专家。

刘运娇律师执业10多年来，专注于婚姻、继承诉讼与非诉讼业务，精通商业人寿保险和保险金信托，熟悉家事与财富传承相关的各类公证业务，熟悉城市更新中各类房产的搬迁补偿法律程序，擅长针对客户不同类型的家庭资产，综合运用各类财富管理与财富传承法律工具，提供不同的家庭财富保护与传承规划。

夫妻一方在婚姻关系存续期内擅自向存在不正当男女关系的他人赠与财产，违背公序良俗，其赠与行为无效

——周某与被告曹某、第三人黄某赠与合同纠纷案

齐青杰

案情介绍

周某与黄某系夫妻关系，二人于2004年2月27日登记结婚。2019年9月，黄某与曹某相识，并发展为婚外男女朋友关系，直至2021年8月分手。自2019年11月3日起至2021年8月14日期间，黄某通过微信、支付宝合计向曹某转款105582元。黄某向××妇幼保健医院支付曹某医疗费3019.03元，黄某向旅游公司支付其与曹某共同旅游费3800元，曹某支取黄某银行卡款1800元，共计114201.03元。其中，105582元转款中可以确定名目的有医疗费27180.26元、房租15200元（包含押金）、民宿住宿费700元、水电费600元，以及其他没有名目的款项61901.74元。

一审认为，本案争议的焦点：1.黄某向曹某的转款是否属于赠与，其行为效力如何定性。《民法典》第8条规定"民事主体从事民事活动，不得违反法律，不得违背公序良俗"；《民法典》第153条第2款规定"违背公序良俗的民事法律行为无效"。黄某在婚姻关系存续期内与曹某发展为不正当男女关系并擅自向曹某赠与财产，有损社会公共道德，违背了社会善良风俗，其赠与行为无效。2.曹某是否应当向周某返还相关款项，返还的款项数额如何认定。按照法律规定，夫妻对共同财产有平等的处理权，但这并不意味着夫妻各自对共同财产享有半数

的份额,夫妻在婚姻关系存续期内对共同财产属于共同共有而非按份共有,该共有财产未经司法程序或者行政程序确认不可分割,夫妻一方擅自将共同财产赠与他人的行为应为全部无效行为。根据《民法典》第157条的规定,民事法律行为无效后,行为人因该行为取得的财产应当予以返还。本案中,曹某接受黄某赠与财产的行因违背公序良俗而无效,周某作为财产的共有人有权要求曹某全部返还受赠财产。

裁判要旨

赠与合同是双方法律行为的一种,即从赠与人方面来说,需作出自愿将其财产无偿给予受赠人的意思表示;从受赠人方面来说,需表示愿意接受其财产。亦即双方当事人的意思表示达成一致的,赠与合同这种双方民事法律行为才成立。违背公序良俗的民事法律行为无效。

裁判结论

荆门市某某区人民法院根据《民法典》第8条、第153条第2款、第157条的规定,判决:一、曹某于判决生效之日起10日内返还周某104101.03元;二、驳回周某的其他诉讼请求。

判决后,曹某提起上诉。二审法院认为,医疗费、租赁房屋款、民宿住宿费、银行卡套现款项、旅游费不属于赠予性质,不应当返还。湖北省荆门市中级人民法院作出民事判决:一、撤销荆门市某某区人民法院一审民事判决;二、曹某于本判决生效后10日内返还周某61901.74元;三、驳回周某的其他诉讼请求。

代理要点

一、本案的基础法律关系为赠与合同法律关系。
二、黄某的赠予违背公序良俗,赠与行为无效。
三、黄某非法赠与曹某的财产应全部返还。

代理思路

一、黄某向曹某的转款行为应当认定为赠与合同法律关系。黄某在婚姻关系存续期内与曹某发展为不正当关系,并向曹某转款,这些无明确转款目的和用途的款项,并不存在借款或其他双务民事法律关系,可以确定均属于黄某对曹某的无偿赠与,故本案的基础法律关系为赠与合同法律关系。

二、黄某的赠与行为无效。《民法典》第8条规定"民事主体从事民事活动,不得违反法律,不得违背公序良俗";《民法典》第153条第2款规定"违背公序良俗的民事法律行为无效"。黄某在婚姻关系存续期内与曹某发展为不正当男女关系并擅自向曹某赠与财产,有损社会公共道德,违背了社会善良风俗,其赠与行为无效。

三、黄某非法赠与曹某的财产应全部返还。夫妻在婚姻关系存续期内对共同财产属于共同共有而非按份共有,该共有财产未经司法程序或者行政程序确认不可分割,夫妻一方擅自将共同财产赠与他人的行为应为全部无效行为。根据《民法典》第157条的规定,民事法律行为无效后,行为人因该行为取得的财产应当予以返还。

律师评析

本案中,黄某在婚姻存续期间,擅自将夫妻共同财产赠与婚外情人曹某,其行为不仅违背了夫妻忠诚义务,也违背了公序良俗,侵犯了周某的财产权利,该赠与行为无效,夫妻中的受害一方有权以侵犯共有财产权为由请求婚外情人予以返还。被告曹某明知黄某有家室仍与其保持不当关系,同时接受男方的财物,有悖公序良俗,所取得的利益为不当得利,依法应当返还。

《民法典》第1062条规定,夫妻在婚姻存续期间所取得的财产,为夫妻共同财产,归夫妻共同所有。夫妻共同财产包括工资、奖金、劳务报酬、生产经营、投资收益等。在婚姻关系存续期间,夫妻双方对共同财产具有平等的处理权利。所谓平等处理权,是指夫或妻在处理夫妻共同财产上的权利是平等的。因日常生活需要而处理夫妻共同财产的,任何一方均有权决定。如果不是因为日常生活需要而对夫妻共同财产做重要处理决定的,夫妻双方应当平等协商,取得一致意见。无偿赠与"第三者"财产属于非因日常生活需要处理共同财产,未取得一致意见(也不可能取得一致意见),损害了另一方财产权益。而且由于第三者是无偿取得财产,不符合"善意取得"的构成要件,多数情况下这种赠与是违反公序良俗、挑战道德底线、需要谴责的行为。因此,赠与"第三者"的财产行为应当认定无效。夫妻一方擅自处理夫妻共同财产的行为,应为无效行为。婚姻关系存续期间,对于共同所有的财产,在夫妻关系没有解除的情况下,一般是不应该被分割的,对于出轨方擅自处理夫妻共同财产的行为,是无效的。所以,无过错配偶方完全有理由要求"第三者"返还受赠的全部财产,以维护自己的合法权益,人民法院应当予以支持。

法律依据

《中华人民共和国民法典》第8条、第153条、第1062条

齐青杰律师

中共党员。现执业于北京市京师(深圳)律师事务所,深圳市律师协会涉军服务法律专业委员会委员,河南省郑州市城市管理局法律顾问、中国人民解放军32143部队法律顾问。1998年毕业于工程兵指挥学院,先后在团、旅、集团军、军区政治机关工作。从军24载,培养了忠诚、担当、勤奋、敬业的工作作风,这也成为其鲜明的执业风格。他长期从事综合行政执法法律服务工作,善于研究和解决行政执法疑难问题,具有丰富的实务经验,著有《城市管理与综合行政执法100问》。

私募投资中"名投资实借贷"纠纷的认定及责任承担主体的追索

——刘某与某资产管理公司、某城市建设公司、某控股公司、某信息咨询公司及童某民间借贷纠纷案

付伟蒙

案情介绍

2018年4月26日,原告刘某作为投资人、被告某资产管理公司作为基金管理人、某银行股份有限公司作为托管人签订《××××城市更新股权投资私募基金基金合同》(以下简称《基金合同》)一份,合同约定:"基金管理人为某资产管理公司,基金原则上封闭式运作,基金投资范围:本基金投资于某城市建设公司的股权。闲置资金可投资于银行存款、商业银行理财产品、货币型基金等现金管理工具。基金存续期限1年,管理人有权根据实际运作情况延期3个月或者提前结束。基金存续期间不进行收益分配,于基金清算日分配本基金及其收益。基金收益分配方案由管理人拟定,由托管人复核,由管理人向投资人进行公告。"《基金合同》同时载明了当事人的权利义务、私募基金的信息披露与报告、违约责任等条款。

同日,某控股公司作为回购方、刘某作为被回购方签订《××××城市更新股权投资私募基金回购协议》(以下简称《回购协议》)一份,约定某控股公司回购的标的为原告持有的×××城市更新股权投资私募基金份额(该基金份额刘某实缴300万元)及应计收益,回购受让标的价值计算方法为:预约受让价格=原告实际出资额+原告应得预期收益-原告已从本基金获得的任何分配款。其

中原告应得的预期收益标准为：实缴金额大于等于300万元小于500万元时，预期年化收益率为11.5%。在本基金合同所指的投资项目投资期满后的10个工作日内，本基金未按合同协议的约定向原告分配出资及全部收益的，原告有权要求回购方进行回购。

2018年4月28日，原告刘某向协议约定的基金托管账户转账300万元。同日，被告某资产管理公司向原告出具契约基金财务通知书，确认原告出资300万元，按照11.5%的年化收益率计算；投资期限为12个月，起息日为2018年4月29日，被告某资产管理公司承诺自2018年5月20日至2019年5月20日，在每月的20日向原告付息。

2018年5月21日至2019年5月20日，原告刘某自认某信息咨询公司按照契约基金财务通知书约定的时间和金额通过转账方式支付了上述期间的利息。2019年8月20日、2019年11月30日，被告童某分别向原告转账支付逾期利息37500元、37500元。2020年4月14日、2020年6月1日，被告童某分别向原告偿还本金30万元、10万元。

另外，原告提供由托管人某银行股份有限公司出具的《××××城市更新股权投资私募基金投资情况说明》，说明上述基金存续期限为1年，产品存续期间内，共产生7笔投资，投资用于购买某城市建设公司的股权，投资款金额合计1942万元，均在2018年1月至2018年6月分七笔转账支付至某城市建设公司的上海浦东发展银行账户内（账户尾号为001154）。

通过工商信息查询，某控股公司是被告某城市建设公司的唯一股东，也是某信息咨询公司的唯一股东。2017年9月22日至2018年9月14日，某信息咨询公司为被告某资产管理公司的股东之一，持股比例30%。

通过中国证券投资基金业协会官网查询，被告某资产管理公司2017年7月12日在中国证券投资基金业协会办理了基金管理人登记；2018年1月24日，涉案××××城市更新股权投资私募基金在上述协会办理了备案登记。

裁判要旨

投资人投资私募公司理财产品，与私募公司签订合伙等协议，投资资金被实际控制人童某转入关联公司之后部分用于个人对外借款，部分用于关联公司对外投资，在关联主体、实控人未签署任何书面文件的情况下，私募公司、关联公司及实控人承担共同还款责任。

裁判结论

某某区人民法院依照《合同法》第60条、第107条、第206条、第207条,《最高人民法院关于审理民间借贷案件适用法律若干问题的规定》第10条、第25条、第28条,《民事诉讼法》第64条、第147条的规定,判决:被告某资产管理公司、某城市建设公司、某信息咨询公司、童某于本判决生效之日起7日内向原告刘某返还借款本金2877531元,并支付逾期付款利息(逾期付款利息以未返还的本金为基数,按照年利率11.5%,从2020年6月1日起计算至本金实际返还之日止)。判决作出后,被告未提起上诉,该判决已生效。

法院意见

首先,刘某与某资产管理公司虽签订了《基金合同》,但实际并未按照《基金合同》的约定履行。上述合同约定在基金存续期间不进行收益分配,于基金清算日分配本基金及其收益。但某资产管理公司在2018年4月28日向原告出具契约基金财务通知书,确认固定年化收益率为年11.5%,每月20日按固定金额支付收益,并确定每期收益支付的时间、金额。《基金合同》签订当日,某控股公司与原告签订《回购协议》,约定确保本金及固定收益。其次,《基金合同》约定涉案基金投资某城市建设公司股权,但某资产管理公司向某城市建设公司支付款项后,某城市建设公司股权并未实际发生变更,基金到期后,双方并未就股权投资事宜进行清算,也未采取回购股权或者办理股权过户等措施将投资款项返还给基金管理人;基金管理人也未在基金到期后对基金财产进行清算并对投资人进行分配。最后,从某资产管理公司、某城市建设公司、某控股公司的持股情况来看,三被告公司为持股关联公司,并且根据本院作出的民事判决书,认定上述三被告公司实际控制人均为被告童某。结合上述事实,可以认定,双方之间的实际关系为:由原告向某资产管理公司提供资金,某资产管理公司及其关联公司以签订《基金合同》《回购协议》的方式向原告承诺对原告出借的款项保底加固定收益,交由关联公司某城市建设公司实际用款,又由实际控制人童某以及关联公司按月支付利息、偿还部分本金,符合民间借贷法律关系特征,因此本案名为基金合同,实为借款合同关系。原告与被告某资产管理公司签订了《基金合同》，原告与某控股公司签订了《回购协议》；某控股公司在 2019 年 7 月 30 日出具了《承诺优先支付函》；被告某城市建设公司虽未与原告签订书面合同，根据《基金合同》的约定，原告向被告某资产管理公司支付的借款的用途对象包含投资某城市建设公司股权，实际上涉案投资款也支付给了某城市建设公司，被告某城市建设公司是民间借贷关系的实际用款人，应承担共同还款责任。再基于各被告之间的持股关联关系，应认定原告与本案四被告存在共同借款关系，四被告应向原告共同承担还款责任。

代理要点

一、四被告均为关联主体。

二、涉案产品的实质并非投资，而是违反基金业协会规定的保本保收益产品，实质是实控人控制的自融自用行为。

三、某资产管理公司、某城市建设公司应与原告成立共同借款关系，向原告承担还款责任。

四、某信息咨询公司无论是基于与某城市建设公司人格混同，还是就其参与对原告的侵权角度，均应与某城市建设公司、某资产管理公司对原告承担连带还款责任。

五、童某作为实控人和向上穿透的自然人股东，个人财产与公司财产混同，挪用基金财产，侵犯投资人合法权益，无论是基于公司人格否认还是基于侵权责任，均应与其他被告共同向原告承担还款责任，赔偿原告损失。

代理思路

律师接受本案原告刘某委托之后，本案的签约主体仅有某资产管理公司，通过工商信息查询某资产管理公司已被纳入失信被执行人，律师为最大程度维护当事人利益，通过以下途径寻找案件线索，将本案的关联主体列为共同被告，提高回款概率。

一、律师通过中国裁判文书网，找到同一公司同一产品的其他投资人诉讼案件（但该案件未能将按月支付收益的关联方某信息咨询公司和实际控制人童某列为被告，仅有某资产管理公司和某城市建设公司作为共同被告）了解到原告部分投资款的最终去向。

二、律师通过合伙协议中托管人某银行股份公司预留的联系方式与托管行取得联系,获取涉案私募产品的投资数据,用于证明原告投资款进入某资产管理公司后被划转至某城市建设公司名下,但实际未办理股权工商变更登记。

三、通过工商档案查询,了解到某资产管理公司与投资标的某城市建设公司及按月付息主体某信息咨询公司均是实控人童某控制的公司。

四、通过中国裁判文书网查询到实控人童某于其他案件裁判文书中在介绍案情时提及本案涉案产品,用于证明童某将本案涉案产品募集资金以个人名义用于对外出借。

五、四被告为关联公司,某资产管理公司作为私募管理人发行产品、募集资金与原告刘某签订合伙协议等投资合同,投向关联方某城市建设公司股权,再以关联方某控股公司回购(原告与某控股公司签订的回购协议中约定了仲裁条款,因此,原告与某控股公司的纠纷须通过仲裁程序解决),关联方某信息咨询公司按月支付固定收益,资金被实控人童某实际支配使用并部分用于个人对外出借,故涉案产品虽名为私募投资,但双方实为借贷的法律关系。

律师评析

鉴别该类纠纷属于委托理财合同纠纷还是民间借贷纠纷的关键在于投资人是否承担投资风险,如果投资期限内,管理人无需向投资人进行信息披露,仅需按约定支付固定收益、到期回本,则该投资纠纷属于名投资实借贷的法律关系。这类案件往往签约的兑付主体均是空壳公司,诉讼时如何将实控人列为共同被告则是办理该类案件的关键。实践中,或以共同借款或以侵权责任为名将实控人列为共同被告;法理中,通常也存在实控人过度控制,公司沦为实控人支配的工具,实控人与公司人格混同的情形,但实践中,引用人格混同,判决实控人承担赔偿责任的案例相对少见。

法律依据

1.《中华人民共和国合同法》第 60 条、第 107 条、第 206 条、第 207 条

2.《最高人民法院关于审理民间借贷案件适用法律若干问题的规定》第 10 条、第 25 条、第 28 条

付伟蒙律师

　　南昌大学法学本科毕业,现执业于北京市京师(深圳)律师事务所,系律所合伙人。任广东省律师协会私募基金和股权投资法律专业委员会委员,深圳市律师协会数据合规委员会委员,深圳市消费者委员会邮政快递物流专业委员会主任,北海国际仲裁院调解员。

　　付伟蒙律师工作经验有12年,其中有5年上市证券公司、私募基金及互联网金融企业法务经验,熟悉私募基金募、投、管、退全流程业务,目前主要业务范围为各类委托理财合同纠纷、私募基金领域诉讼及非诉业务、公司法律事务以及其他民商事争议解决。

售后回租型汽车融资租赁"名租实贷"的判断

——苑某与某公司、某融资租赁公司融资租赁合同纠纷案

唐泽栋

案情介绍

苑某在网上看到某公司发布招聘司机的信息,月收入不低于1万元。

2019年2月28日,苑某与某公司签订《定车单》,约定苑某购买货车一台,签订之日苑某向某公司支付8000元定金,后续苑某向某公司支付首付尾款。

2019年3月5日,某某银行股份有限公司作为贷款人与苑某作为借款人签订《个人借款合同》,约定借款金额54420元,用途为支付租车款项,苑某授权银行将贷款支付至指定的某融资租赁公司账户。同日,苑某与某融资租赁公司签订《融资租赁合同》(回租),约定某融资租赁公司向苑某以售后回租型融资租赁方式租赁车辆,苑某同意将租赁车销售价中的19800元作为融资租赁的首付款,剩余57120元融资款委托某融资租赁公司支付至汽车经销商账户。某公司与某融资租赁公司签订《融资租赁车辆抵押合同》,约定某公司将上述合同约定的租赁车辆抵押给某融资租赁公司。苑某与某公司签订《挂靠协议》,将车辆登记在某公司名下。

2019年3月16日,苑某与某公司签订《合作协议》。

2019年4月9日,苑某向某融资租赁公司支付一期租金,后未再支付租金。2019年6月20日,车辆被某融资租赁公司收走。

苑某诉请法院解除与某公司的购车合同及合作协议、请求某公司返还购车

款,同时解除与某融资租赁公司签订的《融资租赁合同》,郑州某某区人民法院判决解除合同,并要求某公司退还苑某款项。

郑州中院认为,一、关于苑某与某融资租赁公司之间法律关系的性质、效力及法律后果。融资租赁具有融资和融物双重功能。具体表现为:出租人出资,根据承租人需要和指定,购买符合承租人使用要求的租赁物供承租人使用。本案《融资租赁合同》约定的租赁类型为售后回租,从合同签订的前提来看,合同签订时,苑某还没有购买车辆,不可能向某融资租赁公司出售车辆,不具备以车辆换取融资的条件。从合同内容来看,合同约定,作为买受人的某融资租赁公司无需向苑某支付转让款而取得转让物的所有权,而后向苑某收取租金。从合同的实际履行来看,苑某从某某银行取得贷款,转给某融资租赁公司,由某融资租赁公司将款项转给垫付车款的汽车经销商账户,购车款实际由苑某自己支付。某融资租赁公司代苑某支付购车款,但没有向苑某支付车辆转让款。总之,从合同订立的前提、双方意思表示及合同签订后行为等方面分析,案涉《融资租赁合同》不具备融资租赁合同成立要件,双方之间不成立融资租赁合同关系。由于主合同不成立,该合同对应抵押合同、保证合同均无效。案涉车辆所有权属于苑某,某融资租赁公司无权取回、占有。故苑某要求解除《融资租赁合同》,其主张不成立,本院不予支持。原审判决解除合同不当,应予以纠正。虽然某融资租赁公司上诉理由不成立,但其上诉请求驳回苑某解除《融资租赁合同》诉请成立,本院予以支持。

二、苑某与某公司签订的《定车单》没有约定车辆价格,缺少车辆买卖合同的主要条款。约定的购车方式为贷款购车,苑某贷款后,没有将款项转给某公司,而是转给某融资租赁公司,由某融资租赁公司将购车款支付给汽车销售公司,结合双方的挂靠协议、加盟协议的内容可知,双方形成委托购买车辆的法律关系,即为加盟某公司从事货物运输,苑某委托某公司购买车辆。某公司已从汽车销售公司购买案涉车辆,并交付给苑某实际营运。委托义务已经实际履行,《定车单》对应的合同权利义务已经终止。故苑某主张其与某公司之间存在购车合同关系并应予以解除,与事实相悖,不能成立,本院不予支持。某公司关于《定车单》的上诉请求成立,本院予以支持。

三、苑某与某公司签订的《挂靠协议》《加盟协议》合法有效。从协议内容来看,两份协议属于无名合同,应当根据合同法总则及协议内容,确定双方的权利义务。《加盟协议》约定,某公司优先为苑某提供有偿货运信息及货源,积极协助苑某搞好车辆经营,且某公司其加盟宣传中包含加盟司机营运收入等内容。某公司没有提供证据证明其履行了上述主要义务,致使苑某加盟、挂靠目的不能实现,某公司构成根本违约,应当承担赔偿损失等违约责任。苑某作为守约方,其诉请解除《合作协议》,应予以支持。某公司上诉称,原审判令解除《合作协议》系适用法律错误。其主张没有事实和法律依据,本院不予支持。

裁判要旨

售后回租型汽车融资租赁合同法律关系的成立,需要从合同订立的前提、双方意思表示及合同签订后行为等方面分析,如果合同双方签订的《融资租赁合同》不具备融资租赁合同成立要件,双方则不成立融资租赁合同关系,而应认定"名租实贷"的法律关系。

裁判结论

郑州某某区人民法院依照《合同法》第92条、第94条、第97条的规定,判决:一、解除苑某与某公司签订的订车单、车辆加盟合作协议;二、解除苑某与某公司、某融资租赁有限公司签订的《融资租赁合同》;三、某公司于本判决生效后10日内退还苑某59268元。某公司、某融资租赁公司上诉。

郑州市中级人民法院判决:一、变更第一项为"解除苑某与某公司签订的《合作协议》";二、变更第三项为"某公司于本判决生效后10日内退还苑某31747.1元";三、撤销第二项。

代理要点

一、案件涉及多重法律关系,需要说服法院在一个案件中处理;
二、确认某公司的行为构成违约,解除苑某与某公司相关的合同;
三、确认苑某与某融资租赁公司之间签订的《融资租赁合同》不成立;
四、要求某融资租赁公司向苑某返还从银行取得的款项。

代理思路

一、案件涉及多重法律关系,需要说服法院在一个案件中处理。

案件中所涉及的《定车单》《挂靠协议》《合作协议》《融资租赁合同》,单独来看,均为合法有效的合同。从苑某与某融资租赁公司签订的《融资租赁合同》(回租)来看,苑某将车辆出卖给某融资租赁公司,某融资租赁公司再将车辆租给苑某,此时车辆的所有权人为某融资租赁公司,如果分别起诉要求解除各合同,苑某只能要求退还款项,但以自己名义贷的款项仍需按时还款。只有将整个事情作为一个整体处理,方能从根本上解决问题。

二、确认某公司的行为构成违约,解除苑某与某公司相关的合同。

一开始,苑某本意是应聘司机,基于此购买涉案车辆并在某公司安排下签署各种协议,形成多个法律关系,上述合同也并非原告的真实意思表示,且涉案车辆已被收回,后续也不存在继续履行合同的可能,合同目的无法实现,故请求解除合同。在实践中,存在另一种情况,某融资租赁公司并未将车辆收走,但某公司并未按照《合作协议》的约定给司机提供订单,此时的合同目的也无法实现,可以请求解除合同。

三、确认苑某与某融资租赁公司之间签订的《融资租赁合同》不成立。

在本案中,苑某与某融资租赁公司之间签订的《融资租赁合同》效力的认定是非常关键的,如果认定该合同有效,车辆所有权人则为某融资租赁公司,苑某作为承租人仍需按月还款。只有认定《融资租赁合同》不成立,双方之间只是"名租实贷"的关系,那么苑某才无需向某融资租赁公司按月还款。

四、要求某融资租赁公司向苑某返还从银行取得的款项。

在本案中,原告苑某并未提出该项诉讼请求,但该项诉求是非常关键的。苑某以自己的名义从银行取得贷款,将取得的贷款转给某融资租赁公司。根据第三点分析,如苑某与某融资租赁公司的《融资租赁合同》不成立,某融资租赁公司取得该款项无法律和事实上的基础,构成不当得利,应当向苑某返还该笔款项。

 律师评析

近年来,一些所谓的物流公司打着高薪招聘名义广招货车司机,实则利

用"以租代购"租车合同布置陷阱,向求职者收取高额租车或购车费用,甚至诱导其背上贷款。当求职者成为货车司机后,物流公司先前的高薪承诺却不复存在,这时的求职者往往会面临巨大的经济压力。

对于本案中所涉及的售后回租型汽车融资租赁合同效力应当如何认定,其判断核心应在于几个方面:(1)订立合同时双方的意思表示;(2)购买环节的支付对象;(3)是否办理抵押登记。

《民法典》第735条规定了融资租赁合同的基本模式,即出租人根据承租人对出卖人、租赁物的选择,向出卖人购买租赁物,提供给承租人使用,承租人支付租金的合同。而售后回租作为融资租赁合同的一种新模式,在结构上又与基本型融资租赁存在一定差异。根据《金融租赁公司管理办法》第5条规定,售后回租业务是指承租人将自有物件出卖给出租人,同时与出租人签订融资租赁合同,再将该物件从出租人处租回的融资租赁形式。

本案中,苑某从银行取得贷款,转给某融资租赁公司,由某融资租赁公司将款项转给垫付车款的汽车经销商账户,购车款实际由苑某自己支付。某融资租赁公司既代苑某支付购车款,也没有向苑某支付车辆转让款。而且车辆办理抵押登记,抵押权人为某融资租赁公司。从合同外观上来看,双方构成售后回租法律关系,但实质上,某融资租赁公司将款项支付给汽车经销商账户,并在车辆上设定抵押,该合同本身应属抵押借款合同,属于民间借贷法律关系。

在这种售后回租的融资租赁中,承租人向出租人购买租赁物是认定双方关系的重要因素。其中"实际购买租赁物"环节,应当在于强调双方真实的资金往来与租赁物转移,如果出租人的支付对象不为承租人时,则可能会影响到对该种交易性质的判断。

此类案件从当事人诉求来看,一方面是要求汽车销售公司退还已支付款项,另一方面是要避免继续还款。因此,在一个案件中对两个及两个以上的法律关系审理是十分必要的,如认定案件属于"名租实贷",融资租赁合同则不成立。

代理此类案件最难的一点在于,很多法院可能认为,案件涉及多个法律关系,应当分案起诉。

> **法律依据**

《最高人民法院关于审理融资租赁合同纠纷案件适用法律问题的解释》第1条

唐泽栋律师

　　法学学士,现执业于北京市京师(深圳)律师事务所,系律所合伙人。执业领域民商事争议解决,细分领域是公司争议解决、合同等相关疑难复杂案件,在民商事领域具备丰富的法律服务经验,擅长大数据分析,善于用多元化纠纷机制解决问题。

审计部门无正当理由长期未出具审计结论，人民法院可以通过司法鉴定方式确定工程价款
——黄某某与某某市发展投资集团有限公司建设工程施工合同纠纷案

秦文涛

---- 案情介绍 ----

2010年4月26日，黄某某、湖南华某建设工程(集团)有限公司(以下简称"华某公司")、湖南格某建筑工程有限公司(以下简称"格某公司")签订协议，约定由华某公司、格某公司组成联合体公司，投标S湖、W湖提质建设工程项目(以下简称"两湖建设项目")，资金投入、实际施工等均由黄某某负担和实施，实际权益由黄某某享有，联合体公司中标后两公司收取黄某某管理费。

2010年9月20日，中标的联合体公司与某投公司签订《施工合同》，主要内容为：联合体公司承建两湖建设项目，合同价款为624.1765562万元；项目完工后，发包人承诺回购BT(Build Transfer，建设移交)项目的所有权，回购期限为3年，分期付款；工程实行按实结算，结算造价以某某市政府审计部门按合同约定并根据省政府第192号文件规定的期限内完成审核确定的结算数额为准。

2013年1月16日，联合体公司与某投公司签订《S湖、W湖提质改造工程补充协议》，约定：结算方式为按原合同约定的结算方式结算，即按实结算；增加工程总造价以施工单位报某某市审计部门审核为准。

2011年1月8日S湖项目开工建设，2014年4月2日通过综合竣工验收；

2011年3月28日W湖项目开工建设,2013年11月20日通过综合竣工验收。联合体公司向某投公司递交工程结算书,结算金额为27119.1122136万元。2014年1月7日,某投公司向某某市审计局出具《关于某某市S湖、W湖项目竣工结算报送审计的函》,该函显示审定金额为24390.062733万元,请求审计。

2017年4月26日,某投公司、华某公司、格某公司及监理单位参加某某市审计局召开的会议,并形成《某某市"三湖"及某书院提质建设工程W湖和S湖建设工程竣工结算审计交换意见会议纪要》,明确施工单位同意两湖工程材料价格的计取方式。黄某某同意相关计取原则,但不同意按上述原则计算的审计结果。

因此产生争议,黄某某向法院提起诉讼,请求法院判决某投公司支付拖欠的工程款、回购期利息、违约金等。审理过程中,黄某某申请工程造价鉴定,经法院依法委托,鉴定机构经鉴定出具了鉴定意见。

案件诉讼中,2018年2月2日,某某市审计局出具两湖建设项目竣工结算某审报〔2018〕××号审计报告。该报告主要内容包括:人工工资。施工单位送审人工工资是依据2010年9月20日签订的施工合同所约定的市场工资标准计算的。审计依据2012年12月4日某某市人民政府办公室《关于市城区政府投资BT项目竣工结算审计有关问题的会议备忘录》的规定,按施工同期最低人工工资标准计取。按最低工资标准计取比按市场工资标准少597.55万元,施工单位对此持不同意见。此时距项目送审693天,距项目开工时间已达6年之久。《湖南省建设工程造价管理办法》(湖南省人民政府令第192号,以下简称"第192号文件")规定,1亿元以上的工程项目,工程造价咨询机构应当于收到发包人交付的全部竣工结算文件之日起90日内完成审核。

一审法院认为,《施工合同》虽然约定以某某市政府审计部门审核确定的数额进行结算,但同时约定审计应当按照合同的约定进行。而〔2018〕××号审计报告并未完全依据合同约定的计价方式进行审计,本案如依据审计报告结算将违反合同约定,故对某投公司要求按照审计结论结算不予支持。本案司法鉴定由黄某某申请,经法院依法委托,程序合法,鉴定意见书翔实、客观,案涉鉴定意见书应作为本案工程结算的依据。

裁判要旨

一般而言，当事人约定以审计部门的审计结果作为工程款结算依据的，应当按照约定处理。但审计部门无正当理由长期未出具审计结论，经当事人申请，且符合具备进行司法鉴定条件的，人民法院可以通过司法鉴定方式确定工程价款。

裁判结论

一审法院判决某投公司向黄某某支付欠付工程款、利息、鉴定费等。判决后，黄某某和某投公司都不服一审判决，均提起上诉。

二审法院认为，一般而言，当事人约定以审计部门的审计结果作为工程款结算依据的，应当按照约定处理。但审计部门无正当理由长期未出具审计结论，经当事人申请，且符合具备进行司法鉴定条件的，人民法院可以通过司法鉴定方式确定工程价款。二审法院判决驳回上诉，维持原判。

代理要点

一、审计部门无正当理由长期未出具审计结论，不符合第192号文件的规定；

二、审计报告不是按照合同约定作出。

代理思路

一、审计部门无正当理由长期未出具审计结论，有违诚信原则；

二、在诉讼中请求法院依法委托鉴定机构进行工程造价鉴定；

三、审计报告既不符合第192号文件的规定，也不是按照合同约定作出，应当排除适用；

四、经法院依法委托的鉴定机构出具的鉴定意见书应作为工程结算的依据。

律师评析

一、拖欠工程款

拖欠工程款是指在建设工程中，发包方不按合同约定或结算报告支付工程款，导致拖欠承包方工程款，而承包方又拖欠分包商等一系列债务。拖欠工程款是我国建筑工程行业的痼疾,建设单位拖欠工程款的主要原因有:一是建设单位自身资金不足,工程预算不准确;二是市场因素,工程启动后原材料涨价导致预算增加;三是原设计方案变更,造成预算追加;四是工程审计逾期。

二、审计的性质

审计是由国家授权或接受委托的专职机构和人员,依照国家法规、审计准则和会计理论,运用专门的方法,对被审计单位的财政、财务收支、经营管理活动及其相关资料的真实性、正确性、合规性、合法性、效益性进行审查和监督。财政部门或审计部门对工程款的审计,是监控财政拨款与使用的行政措施,其效力只及被审计单位,对被审计单位的民事合同相对方不具有法律约束力。

三、审减

工程竣工后,施工单位要进行竣工结算。工程结算审计,指审计机构以发包方提交的工程竣工资料为依据,对承包方编制的工程结算的真实性及合法性进行全面的审查,核实工程造价。实践中普遍存在施工单位上报的工程造价要比经审计的工程结算多一些,审计部门经审核减掉一些工程款也是普遍现象。为防止高估、冒算,审计部门需要对每一项工程内容进行审核,审计是必要的,合理的审减是一种监督。当然,依据客观公正、实事求是的审计准则,如果工程实际造价的确高于预算,也应当审增,只是比较少见。

四、审计监督

为了保护国有资产不流失、监督财政资金合理使用,地方条例规定政府投资和以政府投资为主的建设项目"以审计结果作为工程竣工结算依据",建设单位作为强势一方,在总承包合同中亦约定以审计结果作为工程竣工结算的依据,这就为后面拖欠工程款埋下了隐患。

五、自愿原则及全面履行原则

《民法典》第5条规定,民事主体从事民事活动,应当遵循自愿原则,按照自己的意思设立、变更、终止民事法律关系。即各民事主体可以根据其意志自主形成法律关系的原则。民法领域遵循约定优先,当事人在法律允许的范围内,可以按照自己的意志从事民事活动,创设自己的权利和义务,任何单位和个人不得非法干预。本案中,当事人约定以审计部门的审计结果为结算依据合法有效。

根据《民法典》第465条和第509条的相关规定,依法成立的合同受法律保护,当事人应当按照约定全面履行自己的义务。双方当事人对工程计价标准或计价方法已有约定的情况下,应当尊重当事人的意思自治。工程结算,应当以按照合同约定的实际完成的工程量,结合合同约定的结算条件进行。本案中,审计部门并未按合同约定的审计依据和政府规章规定的期限进行。因此,虽然当事人约定的以审计结果为结算依据合法有效,但因审计结果既不符合合同的约定,也不符合政府规章的规定,法院可以排除适用审计结果。

六、法院可以排除适用审计结果的情况

1. 发包人怠于启动政府审计程序

发包人怠于启动审计程序,并以未完成审计、支付工程款的条件不成就为由拒付工程款,损害了承包人的利益,法院可以依照当事人的申请启动司法鉴定程序,以鉴定报告作为认定涉案工程造价的依据。

2. 审计部门无正当理由长期不出具审计结果

本案就属于此种情况,从送审至出具报告达693天之久,严重超出90日内出报告的规定,且案件审理时尚未出具报告,长期拖欠工程款严重损害了承包人的利益,法院可以据此排除适用审计结果,采用鉴定报告结论。

3. 审计结果与客观实际情况不符

人民法院审理案件的首要职责是查清事实,做到认定事实清楚,证据充分,才能作出正确的判决。审计结果如果与客观情况不符,人民法院当然不能将审计结果作为判案的依据。本案审计结论中未包括双方明确约定的停工损失等费用,审计结论反映的工程总价款与客观实际情况不符。

4. 审计结果与合同约定不符

本案中,结算造价采用审计结论的前提,一是审计部门按合同约定进行审计,二是根据湖南省政府第192号文件规定的90日期限内完成审核。合同约定采用市场工资标准计算,而审计报告采用同期最低人工工资标准计取,审计部门既未按照合同的约定进行审计,也没有在送审后90日内完成审计,审计结果与合同约定不符,人民法院当然可以对审计结果不予采纳。

七、以审计结果作为结算依据将成为历史

1. 2013 年,27 家行业协会两次向全国人大常委会申请对规定"以审计结果作为工程竣工结算依据"的地方性法规进行立法审查,并建议予以撤销。

2. 2017 年 2 月 22 日,全国人大常委会法工委印发《对地方性法规中以审计结果作为政府投资建设项目竣工结算依据有关规定的研究意见》,要求各省、自治区、直辖市人大常委会对所制定或者批准的与审计相关的地方性法规开展自查,对有关条款进行清理纠正。

3. 2017 年 6 月 5 日,全国人大常委会法工委《关于对地方性法规中以审计结果作为政府投资建设项目竣工结算依据有关规定提出的审查建议的复函》(法工备函〔2017〕22 号)明确指出:"地方性法规中直接以审计结果作为竣工结算依据和应当在招标文件中载明或者在合同中约定以审计结果作为竣工结算依据的规定,限制了民事权利,超越了地方立法权限,应当予以纠正。"随后,全国各地相继对相关条例或办法进行了修改。

4. 2020 年 2 月 26 日,住建部办公厅下发《关于加强新冠肺炎疫情防控有序推动企业开复工工作的通知》,该通知明确要求:规范工程价款结算,政府和国有投资工程不得以审计机关的审计结论作为工程结算依据,建设单位不得以未完成决算审计为由,拒绝或拖延办理工程结算和工程款支付。

八、防范措施

签订合同时,尽量避免约定"以审计部门的审计结果作为工程结算的依据"条款。如果不得不接受该条款,切记要对审计结果完成的期限作出约定,并且还要约定如果未按期出具审计结果,承包人有权申请司法鉴定,以司法鉴定结论作为双方的结算依据。

工程完工后及时向发包方提交全部竣工结算文件,要让对方签收并出具已收到结算文件的交接单。

跟进审计进度,及时发函跟催。如果发包人故意拖延审计,或故意迟延向审计部门报送竣工结算文件,或未按合同约定期限完成审计,承包人就要及时向发包人发送审计催告函,经催告仍不进行审计或严重超期,承包人有权申请司法鉴定,并以造价鉴定结论确定工程价款。

如发包人拒收结算资料,或恶意迟延报送结算文件,或拒绝、阻碍、不配

合审计部门审计的,承包人要及时启动诉讼程序,向法院提出工程造价鉴定申请。

法律依据

1.《中华人民共和国民法典》第5条、第465条、第509条
2.《中华人民共和国民事诉讼法》第64条

秦文涛律师

现执业于北京市京师(深圳)律师事务所,系律所刑事法律业务中心委员;广东省律师协会建筑工程法律专业委员会委员,深圳市律师协会建设工程法律专业委员会委员;深圳市化解和代理涉法涉诉信访案律师库成员;最高人民法院第一巡回法庭志愿律师,深圳市人民检察院志愿律师。

秦文涛律师深耕于建设工程、房地产、公司纠纷及企业合规等领域。擅长处理建设工程纠纷,具有丰富的新能源(光伏)项目经验,对小产权房和军产房等特殊产权房屋疑难法律问题深有研究,具有10余年上市公司和房地产企业法律服务经验。

个人著作:《房屋租赁合同纠纷——疑难案例解析》。

构成表见代理的行为人代收款后出具借条视为债的加入，不予认定为民间借贷关系

——上海某消防公司与浙江某建设公司、徐某、金某春、金某忠、骆某建设工程施工合同纠纷案

邹湘雯

案情介绍

2014年11月，上海某消防公司南昌分公司某某办事处（简称"办事处"）与浙江某建设公司签署《消防工程承包合同书》，办事处时任负责人邱某、浙江某建设公司代表人徐某分别代表双方在合同上签名。合同约定开工日期为2014年11月30日，办事处确保在接到总承包单位进场通知后3天内组织人员进场施工，浙江某建设公司在超过约定时间后一周内不能如期开工，则无条件退回履约保证金。合同签署当日，邱某向徐某支付了300万元作为履约保证金，徐某以浙江某建设公司江西某分公司的名义出具"收到某消防工程合同订金300万元"的收款收据。同日，徐某以其个人名义向邱某出具了一张借条，内容为："今徐某向邱某借到现金叁佰万元，借款日期为6个月无息。"之后，由于发包方解除了与浙江某建设公司的发包合同，致使《消防工程承包合同书》无法履行。

办事处成立于2013年7月，类型为有限责任分公司，于2017年1月注销。浙江某建设公司江西分公司成立于2014年7月，类型为有限责任分公司，2014年10月前负责人为徐某，于2017年4月注销。金某春、金某忠系浙江某建设公司股东，金某春对浙江某建设公司存在抽逃出资1.05亿元，金某忠对浙江某建设公司存在抽逃出资1.35亿元。金某忠与骆某系夫妻关系，金某春系两人的

女儿。

上海某消防公司提起诉讼请求:1.判令解除《消防工程承包合同书》;2.判令浙江某建设公司、徐某共同向上海某消防公司退还工程履约保证金300万元并支付资金占用利息;3.判令金某春、金某忠对浙江某建设公司所负全部债务在抽逃出资本息范围内承担补充赔偿责任;4.判令骆某为金某忠所负全部债务承担连带清偿责任。

裁判要旨

施工方有理由相信行为人有权代理承包方签署施工合同,即使行为人没有代理权或超越代理权,合同仍有效约束承包方。行为人虽出具借条,但双方实际上并未形成民间借贷关系,该借条的出具应视为行为人对债的加入。股东未能提供已在抽逃出资本息范围内对公司债务承担了补充赔偿责任的相关证据,则应在各自抽逃出资本息范围内承担补充赔偿责任。

裁判结论

法院判决:1.上海某消防公司与浙江某建设公司之间的《消防工程承包合同书》于2021年8月5日解除;2.浙江某建设公司与徐某共同向上海某消防公司退还工程履约保证金300万元并支付资金占用利息;3.金某春在抽逃出资1.05亿元本息范围内、金某忠在抽逃出资1.35亿元本息范围内对上述款项承担补充赔偿责任;4.驳回上海某消防公司的其他诉讼请求。

法院认为:办事处与浙江某建设公司签署《消防工程承包合同书》,因办事处属领取了营业执照的分公司,其有权在授权范围内对外从事经营活动,徐某作为浙江某建设公司代表在该合同书签名,合同上盖有浙江某建设公司印章,徐某在2014年10月之前系浙江某建设公司江西分公司负责人,即使徐某对浙江某建设公司没有代理权或超越代理权,邱某也完全有理由相信徐某有权代理,且双方签订的合同内容没有违反法律及行政法规的强制性规定,合法有效。由于办事处已经注销,其相关权利义务由上海某消防公司继受,因浙江某建设公司存在根本违约致使不能实现合同目的,现上海某消防公司主张解除合同,本院予以支持,合同解除时间应为本院向各方送达副本日,即2021年8月5日。按照合同约定浙江某建设公司在2014年12月7日前不能如期开工,则无条件退回履约保证金约定,浙江某建设公司至今未退回,构成违约,应承担违约300万元履约保证金及2014年12月8日起支付资金占用利息的违约责任。徐某就该300万元履约保证金向邱某出具了一张300万元的借条,但双方实际上并未形成民间借贷关系,该借条的出具视为徐某个人愿意对300万元履约保证金承担退还的责任,应认定为债的加入。金某春、金某忠作为浙江某建设公司的股东,存在对公司抽逃出资的行为,庭审中金某春、金某忠未能提供已在抽逃出资本息范围内对浙江某建设公司的债务承担了补充赔偿责任的相关证据,故金某春、金某忠应在各自抽逃出资本息范围内对300万元履约保证金及资金占用利息承担补充赔偿责任。上海某消防公司主张金某忠对浙江某建设公司承担的债务属于夫妻共同债务,要求其配偶骆某承担连带清偿责任,无事实与法律依据,本院不予支持。金某忠、金某春、骆某辩称上海某消防公司要求返还300万元履约保证金的诉讼时效已过,与事实不符,本院不予采信。

代理要点

一、消防工程合同合法有效,浙江某建设公司违反合同约定致使合同目的无法实现且事实上已无法继续履行,构成根本违约,上海某消防公司有权单方行使合同约定解除权及法定解除权。

二、徐某作为浙江某建设公司的授权代表人在合同上签字并代为收款,但其另行出具借条的行为以及借条内容的意思表示可以证实其自愿加入本案债务,具有同意以其个人名义与浙江某建设公司共同偿还款项的意思表示。

三、金某春、金某忠作为浙江某建设公司的股东,存在实缴注册资本后抽逃出资2.4亿元的违法事实且至今未归还补足,依法应当在抽逃出资本息范围内对浙江某建设公司的债务承担补充赔偿责任。

四、浙江某建设公司实际属于家庭共同经营,其全部股权实质来源于同一财产权并为一个所有权共同享有和支配,股权主体具有利益的一致性和实质的单一性,与一人有限责任公司在主体构成和规范适用上具有高度相似性,应当参照一人有限责任公司的法律规定进行适用,骆某应当基于夫妻共同债务承担连带清偿责任。

五、合同未明确约定合同期限,争议产生后,各方均未明确发出解除合同的意思表示而直至本案诉讼。期间邱某曾以短信、电话、诉讼等多种形式进行催告、维权,已构成诉讼时效的有效中断,故本案诉讼时效并未经过。

代理思路

本案梳理争议焦点如下:

一、上海某消防公司是否属于适格诉讼主体,即上海某消防公司某地方办事处注销后,原告诉讼主体是邱某还是上海某消防公司南昌分公司,抑或上海某消防公司?

经查,办事处的工商登记信息中显示组织类型为有限责任分公司,总公司为上海某消防公司,尽管办事处全名为"上海某消防公司南昌分公司某某办事处",但办事处并不属于南昌分公司的地方办事处,而系与"南昌分公司"同为上海某消防公司的分公司地位,因此在办事处注销后,权利义务应由总公司继受。

二、《消防工程承包合同书》的法律效力如何?

《最高人民法院关于审理建设工程施工合同纠纷案件适用法律问题的解释(一)》第1条规定:"建设工程施工合同具有下列情形之一的,应当根据中华人民共和国民法典第一百五十三条第一款的规定,认定无效:(一)承包人未取得建筑施工企业资质或者超越资质等级的;(二)没有资质的实际施工人借用有资质的建筑施工企业名义的;(三)建设工程必须进行招标而未招标或者中标无效的。"经查,本案诉讼双方均具有相应建筑工程资质,不存在上述司法解释规定的无效情形,加之从诉讼策略的角度而言,主张合同无效只能要求退还履约保证金本金,且可能存在法院根据各方对合同无效的过错程度酌定各方自担部分损失而不予支持利息损失的风险,因此并非诉讼良策。

三、诉讼时效是否经过?

首先,证据显示邱某曾多次以电话、短信形式催告,具有有效中断诉讼时效的法律效力。其次,证据显示邱某曾经以民间借贷纠纷为由对徐某、浙江某建设公司提起诉讼,但因浙江某建设公司提出管辖权异议,该案在移送至有管辖权法院后,因未缴纳诉讼费而被法院作自动撤诉处理,因此亦构成诉讼时效中断。最后,浙江某建设公司虽未依约如期开工并通知进场施工,但各方在此后均未向对方明确通知解除合同直至本案诉讼。因此诉讼时效并未经过。

四、法律关系是民间借贷关系还是建设工程施工合同关系?

尽管徐某以个人名义向邱某出具借条,但从徐某在《消防工程承包合同书》

作为浙江某建设公司的"代表人"身份签名并加盖浙江某建设公司的公章可以看出,徐某虽以其个人私账收款,但由浙江某建设公司江西分公司出具的收款收据明确记载了款项用途为消防工程订金,由此可以证实徐某虽出具借条,但双方之间并无民间借贷合意,未形成民间借贷关系。更何况从诉讼策略角度而言,主张民间借贷关系存在难以追究部分债务人、无法主张利息损失的诉讼风险。

五、上海某消防公司是否有权行使合同解除权?若有,主张约定解除权还是法定解除权?

如前所述,合同有效,浙江某建设公司并无证据证明其已履行合同义务,且事实上已无法履行,已违反合同约定,合同约定解除条件已成就,同时亦符合法定解除条件,故上海某消防公司无论是基于合同约定解除权抑或法定解除权,均有权主张解除合同。

六、上海某消防公司请求浙江某建设公司承担责任是否有充分依据?

浙江某建设公司在《消防工程承包合同书》中明确加盖公章,加之浙江某建设公司江西分公司出具收款收据,可以证实系浙江某建设公司的真实意思表示。尽管徐某在当时已不是浙江某建设公司江西分公司的负责人,但前后相距时间仅一个月,邱某完全有理由相信徐某系浙江某建设公司的授权代表人,徐某构成表见代理,浙江某建设公司应承担本案债务。

七、徐某是否应承担责任?

从徐某在浙江某建设公司江西分公司已出具收款收据之外另行以自身名义出具借条的行为,以及借条内容进行判断,可以证实徐某具有个人自愿加入债务的意思表示,因此徐某理应作为浙江某建设公司的共同债务人承担清偿债务。

八、上海某消防公司主张金某春、金某忠、骆某承担法律责任的依据是否充分?

关于金某春、金某忠抽逃出资的事实,已通过检索生效裁判文书的方式证实,在两人无证据证实已将抽逃出资的款项返还浙江某建设公司,且无证据证明其已在抽逃出资本息范围内对浙江某建设公司的其他债务承担了补充赔偿责任的情况下,应在抽逃出资本息范围内对浙江某建设公司的本案债务承担补充赔偿责任。关于骆某是否应对金某忠在本案的债务承担连带清偿责任,关键在于金某忠在本案的债务是否属于夫妻共同债务,否则该主张难以成立。

构成表见代理的行为人代收款后出具借条视为债的加入,不予认定为民间借贷关系

律师评析

所谓表见代理,即行为人没有代理权、超越代理权或者代理权终止后,仍然实施代理行为,相对人有理由相信行为人有代理权的,代理行为有效。本案中,徐某在《消防工程承包合同书》签署之前曾经系浙江某建设公司江西分公司的负责人,但在浙江某建设公司在《消防工程承包合同书》加盖公章的情况下,邱某有理由相信徐某有代理权,徐某即使当时已没有代理权、超越代理权或者代理权终止,仍构成表见代理,《消防工程承包合同书》仍对浙江某建设公司具有约束力。

根据《最高人民法院关于审理民间借贷案件适用法律若干问题的规定》的相关规定,一方依据基础法律关系主张债权并提供证据证明债权纠纷非民间借贷行为引起的,另一方以借据、收据、欠条等债权凭证为依据主张民间借贷法律关系的,人民法院应当依据查明的案件事实按照基础法律关系审理。具体到本案,徐某在收到邱某支付的300万元款项后向邱某出具借条,表面上看形成的是民间借贷法律关系,但上海某消防公司提供的《消防工程承包合同书》及由浙江某建设公司江西分公司出具的收款收据等证据相互佐证,可以证实徐某实为代浙江某建设公司收取建设工程相关款项,其与邱某之间并无民间借贷合意,由此判断本案基础法律关系为建设工程施工合同关系。

作为上海某消防公司的代理律师,起诉前通过检索债务人涉诉生效裁判文书发现,浙江某建设公司的股东金某春、金某忠曾经将已出资的2.4亿元通过分别向案外多家企业转出并随即将收款的企业注销,以此金蝉脱壳,两股东的行为已被另案生效裁判文书认定为抽逃出资,根据《最高人民法院关于适用〈中华人民共和国公司法〉若干问题的规定(三)》第14条第2款规定:"公司债权人请求抽逃出资的股东在抽逃出资本息范围内对公司债务不能清偿的部分承担补充赔偿责任、协助抽逃出资的其他股东、董事、高级管理人员或者实际控制人对此承担连带责任的,人民法院应予支持……"因此,本案判令金某春、金某忠在抽逃出资本息范围内承担法律责任具有事实与法律依据。

律师风险提示

本案案情虽不复杂,但因本案从纠纷发生至起诉之日,期间已经过近8年时间,极易使诉讼时效经过、证据灭失、送达难、执行难等诉讼风险增大,加之办事处、浙江某建设公司江西分公司的主体均已先后注销,致使维权难度进一步增加,因此代理律师必须设置最优、最合理的诉讼请求以最大限度地增加胜算,以求最大限度维护当事人合法权益,做到"知己知彼",全面考量诉讼利弊与可能存在的诉讼风险,同时需从最有利于判决生效后的债权实现、执行效果等角度,搜集、补强、梳理证据,并制定最优诉讼策略与方案,从事实、证据、法律关系、法律适用等方面多维度分析论证。但从另一个角度而言,如此势必也增加了维权成本及工作量。因此,假设当事人在纠纷发生后能够尽早提起诉讼,无论是从诉讼风险、维权难易程度、诉讼成本抑或债权实现效果,必将更有利于当事人。

法律依据

1.《最高人民法院关于适用〈中华人民共和国民法典〉时间效力的若干规定》第1条第2款

2.《中华人民共和国合同法》第60条、第94条第4项、第97条

3.《最高人民法院关于适用〈中华人民共和国公司法〉若干问题的规定(三)》第14条第2款

4.《中华人民共和国民法总则》第188条、第195条

5.《中华人民共和国民事诉讼法》第144条

注:本案例以邹湘雩律师代理的真实案例为原型整理而成,基本案情及判决理由均有不同程度的删节和修改。

邹湘雩律师

现执业于北京市京师(深圳)律师事务所,系律所高级合伙人、执行业务专业委员会副主任、民商事争议解决法律事务部主任、业务指导委员会委员、京师律所(全国)合同法专业委员会理事、深圳市律师协会公司法律专业委员会委员、最高人民法院第一巡回法庭志愿律师、深圳市总工会入企服务律师。

邹湘雩律师作为年均办案百件的实战派律师,从事法律工作逾10年,曾多次荣获律所"卓越贡献奖""优秀律师奖",在民商事经济纠纷、公司治理与企业法律风险防控等法律领域具有丰富的实务经验,尤其对重大疑难复杂案件具有独到的分析处理能力,并为企业提供专业法律顾问服务。其一贯秉持精益求精的法律工匠精神,全力以赴维护当事人的合法权益,一度获得高度赞赏与深度好评。

建设工程施工合同无效且工程不合格造成的损失，应根据双方的过程分担责任

——俄木某某与某村委会建设工程施工合同纠纷案

甘伍叶

------------------------------ **案情介绍** ------------------------------

2017年9月25日，俄木某某与某村委会签订《工程承包合同》，约定俄木某某承包某村某组村通公路硬化工程，约定工程款为93万元，前期支付30%工程款，余款待完工并经验收合格后支付。

工程完工后，乡人民政府委托县农村公路检测试验室对案涉工程水泥混凝土劈裂抗拉强度进行检测，检测结论为不合格。因此，县交通局发出《关于某村村道加宽硬化工程返工整改的通知》，该通知载明因该案涉工程路面强度检测结果不合格，须进行整改，否则不予划拨工程款，并将剩余70%工程款收回财政。

2019年8月2日双方由乡政府组织召开道路整改协调会，会议要求工程须按县上要求整改到位，不合格的都需要加厚10厘米。发包方和乡政府均承认前期系因运输材料占用案涉公路未动工，后延迟到2019年7月1日，但又因破旧房改造占用案涉公路未动工。现必须动工，并要求9月前完工，承包人表示同意。

后因附近乐某高速公路的项目部和仁某新高速的采砂场在案涉公路末端，两条高速公路建设施工单位的大型重型材料和砂石车辆借用案涉公路，导致案涉工程被大型重车来回碾压彻底遭到破坏，无法再进行整改。2020年5月9日

俄木某某、村委会对案涉工程有关质量及责任问题进行沟通磋商。双方确认,该公路确实存在质量不合格的问题,同时双方均认可对此负有责任,认为村委会和承包人俄木某某均应承担相应责任,并确认工程损失不需要鉴定和评估,但发包人拒不支持工程余款。

江西某桥公司系仁某新高速公司××标段施工单位,四川某桥公司系乐某高速公司××标段施工单位。2019年10月26日乡人民政府与四川某桥公司签订《借用通村道路协议书》,约定案涉公路由四川某桥公司乐某高速××标段项目部借用,该项目竣工撤场后由其修复交付给发包人某村委会。

2020年5月18日,发包人某村委会诉至法院,请求判令承包人俄木某某与庄某村委会签订的《工程承包合同》无效,并由承包人俄木某某返还已支付的工程款279000元、整改差价11625元及资金占用利息。该案在审理中,承包人俄木某某提起反诉,请求某村委会支付欠付工程款50万元,嗣后俄木某某因觉得理由不充分,没有恰当的诉讼策略,撤回反诉。

此后,承包人俄木某某经他人介绍找到同样来自当地的彝族同胞律师,将本案委托由该律师代理,将发包人村委会、监督人乡人民政府、侵权方即两家高速公路建设方一并起诉至县人民法院。

一审法院认为:依照《最高人民法院关于审理建设工程施工合同纠纷案件适用法律问题的解释》第3条"因建设工程不合格造成的损失,发包人有过错的,也应承担相应的民事责任"之规定,本案中,案涉建设工程施工合同已被生效裁判文书确认为无效合同,工程质量也被生效裁判文书确认为不合格。案涉工程于2017年7月开始施工,2018年6月发现了质量不合格,发包方和主管部门多次要求承包人俄木某某修复。但其未及时整改。直至2019年10月26日,因乐某高速公路的修建案涉公路被占用,乐某高速公司承建方与乡人民政府签订了借用通村道路协议,客观上造成了不能修复的结果,亦无修复的必要。因此,认为承包人俄木某某怠于修复,导致案涉工程未能竣工验收,也错失整改修复的机会。故俄木某某请求庄某村委会支付工程款尾款及利息,于法无据,不予支持。

一审法院还认为,案涉工程被生效裁判文书确认为质量不合格,且俄木某某、某村委会确认案涉工程质量不合格后,发包方已充分给予俄木某某整改修复时间和机会,但其未整改修复,而案涉工程系通村组公路,属于当地老百姓生产生活必经之路,不能任由俄木某某借整改修复名义停止使用,长期影响当地老百姓正常的生产生活,故某村使用案涉工程并不属于擅自使用。从2018年8月以来,案涉工程发包方和主管部门多次要求俄木某某整改修复,但其怠于整改修复,导致因其他客观原因错失整改修复机会,也无修复的必要。故并不存在修复责任转移至某村委会,也非擅自使用的情形。因此,俄木某某的该辩解理由不成立,该院不予采纳。俄木某某不服,提起上诉。

二审法院经审理认为:承包人俄木某某作为自然人,不具备公路施工资质而承包案涉工程,一审法院虽认定村委会与俄木某某签订的案涉工程承包合同无效是正确的。然而,村委会在选择合同相对方时,明知俄木某某无建设工程施工资质,仍与其签订合同,而承包人俄木某某明知自己没有建设工程施工资质,却承包案涉工程并进行施工,双方对案涉工程承包合同无效均存在过失,均应承担相应责任。

而且通村公路的建设施工质量事关广大人民群众的生命财产安全,涉及公共利益,其质量要求除需符合双方当事人约定以外,还应符合政府相关部门的要求。本案中,县人民政府办公室印发的《通村、通组公路建设及资金管理办法(试行)》载明的通村公路技术标准除路面宽度原则上不低于4.5米、水泥混凝土路面厚度不低于20厘米以外,还要求强度等级不低于4.0兆帕,前述技术标准均应遵守。承包人俄木某某承包施工建设的案涉通村公路除路面强度未达到要求,因此,案涉工程质量应确定为不合格。

关于案涉工程质量不合格的原因在于:某村委会作为发包人,对通村公路建设标准不熟知,在承包合同中未就路面强度作出明确要求,也未提供相关设计图纸和文件,对于工程质量监督又流于形式,未能把好质量关;俄木某某作为自然人,自身缺乏施工资质,无视当地政府作出的通村公路技术标准。由此认为,俄木某某承包修建案涉通村公路,其支出的原材料、人工费等均已物化至公路中,无法返还,只能折价补偿。根据检测报告显示,案涉通村公路属于不合格产品,在交通局发出整改通知以后,俄木某某怠于组织整改,而原乡人民政府又因破旧房改造等车辆需在案涉公路上通行,整改未能及时进行不能完全归责于俄木某某,至2019年10月四川某桥公司、江西某桥公司因高速路修建借用案涉公路,四川某桥公司承诺在工程结束后对案涉公路进行修复,因此,俄木某某对尚未整改的公路实施整改已无必要。由于本案中对案涉公路的整改工作未实际进行,也无鉴定的必要,损失大小无法确定,俄木某某请求参照合同约定确定其损失为尚未取得的剩余工程款651000元具有合理性。

因此,根据《最高人民法院关于审理建设工程施工合同纠纷案件适用法律问题的解释》第3条第2款规定"因建设工程不合格造成的损失,发包人有过错的,也应承担相应的民事责任",第11条规定"因承包人的过错造成建设工程质量不符合约定,承包人拒绝修理、返工或者改建,发包人请求减少支付工程价款的,应予支持",结合前段分析,某村委会、俄木某某对案涉公路质量不合格均有过错,考虑本案的实际情况,二审法院酌情确定由双方各自承担50%的责任,即由某村委会承担325500元,其余50%的损失由俄木某某自行承担。

裁判要旨

因发包人在选择承包人的时候存在选任过错,承包人无相应资质,导致建设工程施工合同无效,进而导致建设工程经验收不合格,又因双方均存在过错导致工程无法整改修复或不再具备整改修复之必要的,应认定为双方均存在过错,根据双方的过错程度,对因此造成的损失分担责任。

裁判结论

一、一审裁判结论

一审法院未考虑发包方在承包人的选任、签订合同、工程监督以及工程被检测不合格、不合格后的整改修复等全过程均存在过错的事实,仅以工程不合格后承包人怠于整改修复并导致错失整改机会为由,判决驳回承包人俄木某某的诉讼请求。俄木某某不服,向市中级人民法院提起上诉。

二、二审裁判结论

二审法院认为一审法院认定案涉工程承包合同无效是正确的,但工程无效、工程不合格以及第三人使用案涉工程导致不能整改等原因,不能完全归责于承包人。因此,判决撤销一审判决,改判发包人某村委会对由此造成的承包人的损失,承担50%的责任。

代理要点

一、发包人某村委会与承包人俄木某某签订的《建设工程承包》合同无效,

双方均有过错,而且村委会应负有更大的责任;

二、工程经检测不合格后,发包方将其投入使用,乡政府还协议将案涉公路出借给附近高速公路建设工程,客观上破坏了案涉工程,也导致案涉工程无法整改修复,责任在于发包方;

三、作为直接的加害方,高速公路建设单位的大型重型货车在案涉村通公路来回碾压,导致公路遭受严重破坏,客观上已经无法修复,且已无修复的必要;

四、高速公路建设方在协议中承诺,完工后将对案涉公路进行修复后交付村委会,由此村委会的损失得以弥补,然而,从公平公益的角度看,承包人的损失也应得到弥补。

代理思路

代理人经与团队律师和其他同事反复研讨分析认为,首先,本案因承包人无资质,合同无效是铁板钉钉的事实。但合同无效不能完全归责于承包人,承包人俄木某某系当地农村的农民,小学文化,且系首次承包类似工程,没有能力也不可能认识到承包工程需要什么资质。相对而言,某村委会作为发包人,更有能力知晓工程承包人应具备相应的资质要求,其在该承包方的选任上明显存在过错。而且其对通村公路建设标准应更加熟悉,然而却在承包合同中未就路面强度作出明确要求,也未提供相关设计图纸和文件,对于工程质量监督又流于形式,未能把好质量关,其责任更大。

其次,当地乡政府作为项目指导和监督管理人,未尽到监督指导职责,且后续工程被检测不合格被要求整改期间,也系由其将案涉工程强行投入使用,还专门签署协议将案涉公路出借给了高速项目部和采砂场使用,导致案涉公路无法断道施工整改和修复,其负有不可推卸的责任。乐某高速项目部和仁某新高速采砂场作为案涉公路的侵权方,也应当承担相应的赔偿责任。

律师评析

本案双方签订合同无效,以及工程不合格需要整改的事实并无争议。但发包方将未经竣工验收的工程擅自投入使用,还出借给高速公路建设方使用,导致公路不再具备整改的条件,因此,本案发包方确实存在未经竣工验收擅自使用案涉工程的情形,发包方在会议记录、会谈纪要、另案的《调解笔录》和《判决书》、本案《一审判决书》中均承认了"前期未整改的原因系高速材料运输、破旧房改造、易地扶贫搬迁"而使用案涉工程，也致使案涉工程无法断道施工，另外，发包方授权两家高速公路建设公司材料运输车辆通行是最主要的原因，且该原因仍在持续，从未消除，两家高速公路的大型重型材料运输车仍在案涉工程上来回通行。

因此，律师认为，《民法典》第799条、《建筑法》第61条规定建筑工程未经验收或者验收不合格的，不得交付使用。《最高人民法院关于审理建设工程施工合同纠纷案件适用法律问题的解释》第13条规定建设工程未经竣工验收，发包人擅自使用后，又以使用部分质量不符合约定为由主张权利的，人民法院不予支持。因此即使案涉工程承包合同无效，且案涉工程经验收不合格，也应根据这一司法解释的规定视为合格并支付工程款。

本案之所以被判各承担一部分责任，主要在于承包方收到不合格及其整改通知后，有一段时间实无法证明系发包方和第三方的原因未整改。因此二审法院最终认为合同的签订、履行、工程监督管理、整改等整个过程，双方均存在过错，进而认定承包人工程余款损失，双方各承担一半。对于发包方来说，虽然二审判决挽回了一些损失，但远不足以弥补其实际发生的损失，但无奈也只能接受后果。

因此，律师认为，自然人不具备重要建设工程的施工资质，在承包相关工程项目的时候，应谨慎对待。无视相关法律规定签署的工程承包合同，极有可能被认定无效，并由此可能会承担相应的重大法律责任。所以，无资质不应承包需要具备资质才能施工的工程。而且签署承包合同的时候，需要明确具体的工程质量和验收标准。对于发包方来讲，承包人的选任显得尤为重要，因选任不当导致的合同无效、工程不符合要求等问题，极有可能都需要承担相应的责任。

法律依据

1.《中华人民共和国合同法》第52条、第58条

2.《最高人民法院关于审理建设工程施工合同纠纷案件适用法律问题的规定》第1条、第11条第17款、第18条

甘伍叶律师

彝族人,现执业于北京市京师(深圳)律师事务所,系律所高级合伙人、业务指导委员会副主任、民商合同法律事务部主任,少数民族法律服务中心主任;深圳市律师协会企业法律顾问专业委员会副主任、广东省律师协会企业法律顾问专业委员会委员、深圳市民族团结发展促进会理事、深圳市福田区民族团结发展促进会监事、深圳市人民检察院人民监督员。

甘伍叶律师执业9年多以来,主要业务范围为民商合同纠纷、企业法律顾问服务、企业合规领域,办理了大量的民商事合同纠纷、劳动合同纠纷、房屋买卖和建设工程合同纠纷案件。

建设工程合同纠纷中约定"背靠背"条款，法院认定该条款具有法律效力

——A 公司与 B 公司、C 公司建设工程合同纠纷案

杨正华

案情介绍

2019 年 A 公司、B 公司、D 公司、E 公司签订了《四方合作协议》，约定 A 公司作为联合体成员中标后分包承担某项目部分园林景观工程的施工。2019 年 1 月 A、B、D、E 四家公司又签订了《联合体协议书》，明确约定 B 公司作为联合体牵头单位，负责本项目施工总承包工作、A 公司负责部分景观工程的施工。2019 年 2 月，河北省某区管理委员会发布招标文件，就本工程项目进行公开招标，A、B、D、E 四家公司成立的联合体 C 公司进行投标。C 公司中标后，按照联合体成员在投标之前的主合同约定，与 B 公司签订《总承包合同》。2019 年 7 月，A 公司与 B 公司签署了《标段 B 施工合同》，由 A 公司承包本项目工程标段 B。合同签订后，A 公司按照合同约定对项目工程进行施工，B 公司依据《四方合作协议》《标段 B 施工合同》等相关约定，向 A 公司支付相应的工程款。后 A 公司主张 B 公司未足额支付工程款，将 B 公司、C 公司诉至法院。

诉讼中，A 公司主张涉案项目已于 2019 年 8 月 28 日建成并投入运营，2019 年 8 月 29 日正式向民众开放，该工程已经视为竣工验收合格，但 B 公司仍欠 A 公司大量工程款，且 A 公司多次向 B 公司催要剩余工程款，B 公司均以尚未进行财政审评为由拒不办理结算，无限拖延支付。但 A 公司未提供证据证明 B 公司在该过程中存在故意拖延、拖欠工程款等行为。

邢台市中级人民法院认为，首先，B公司与A公司签订的《标段B施工合同》是双方的真实意思表示，合同内容不违反国家禁止性规定，合法有效，双方应当按照合同约定履行。其次，《标段B施工合同》约定，最终结算依据项目公司、实施机构和市政府审计部门对本项目审计中确认的建安工程费，按本合同原则办理结算。目前，B公司已经向C公司提交了结算材料，C公司验收后也已经将结算材料提交给了河北省某区经济管理局，河北省某区管理委员会已经完成初步审核将全部结算资料提交给河北省某市财政局进行结算评审，河北省某市财政局通过招投标的方式选定了评审机构，评审机构正在评审中，A公司也没有证据证明B公司在该过程中存在故意拖延等行为，不能据此认定B公司存在违约行为。因此，法院对A公司不按照合同约定要求B公司与其另行结算并支付工程款及违约金的主张不予支持。

裁判要旨

在建设工程合同纠纷中，建设工程施工合同及相关分包合同有效的情形下，签署的合同系双方当事人真实意思表示，合同中约定的"背靠背条款"不违反国家禁止性规定，应合法有效，双方当事人应当按照合同约定履行义务。

裁判结论

邢台市中级人民法院依据《民法典》第509条、第577条的规定，判决：驳回A公司要求B公司支付剩余工程款及违约金的诉讼请求。

代理要点

一、案涉《标段B施工合同》为合法有效的合同；

二、案涉工程的结算条件、付款条件尚未成就；

三、B公司作为代表总包方已按合同约定履行义务。

> **代理思路**

一、本案 B 公司与 A 公司就案涉工程的结算条件尚未成就,付款条件也未成就

案涉《标段 B 施工合同》以及其他相关协议均对 A 公司与 B 公司的结算、付款条件约定了"背对背条款",即各方应在实施机构及相关部门确认 C 公司结算审核结果后 1 个月内对 A 公司提交的竣工结算申请进行确认。另案涉相关协议均为各方当事人真实意思表示,并未违反国家禁止性规定,属于合法有效合同,合同各方当事人应当依约履行合同义务。现实施机构及相关部门尚未确认 C 公司结算审核结果,案涉工程项目的结算条件尚未成就,付款条件也未成就。

同时,因 A 公司为案涉工程项目的联合体成员之一,与 B 公司均系联合体施工,在案涉相关协议均明确约定了案涉工程的结算、付款条件是以政府相关部门审定的结果来定的情况下,A 公司要求 B 公司提前垫付工程款,违反了相关合同的约定,B 公司没有义务提前垫付工程款给 A 公司。

二、B 公司作为总包方已经尽到了协助验收、协助结算、协助催款的义务

案涉项目的结算材料已由 B 公司依据相关合同约定提交给了 C 公司,且 C 公司也已将结算材料提交给了河北省某区管理委员会,B 公司与 C 公司就办理结算以及付款等事宜,均已向义务方进行了多次催告,B 公司与 C 公司不存在故意拖延等行为。故本案 B 公司作为总包方已尽到协助验收、协助结算、协助催款的义务。

三、B 公司已按照案涉合同约定履行义务,不存在任何拖欠事实

关于本案案涉工程款,B 公司已按照案涉合同进度款相关约定全部支付给了 A 公司,不存在任何拖欠的事实,A 公司主张毫无事实依据。

> **律师评析**

基于私法自治原则,当事人有权依其自主的意思缔结契约,建设工程合同纠纷中约定的"背靠背条款",是当事人自行约定的履行付款义务的前提条件,在建设工程施工合同及分包合同有效的情形下,"背靠背条款"没有违反《民法典》以及相关法律、行政法规的强制性规定,亦不存在违背公序良俗、恶意串通损害他人合法权益等情形,原则上应认定有效。因为此种合同约定条款无明确的法律法规禁止性规定,只要是当事人之间的真实意思表示,应认定有效。

具体到本案,A公司与B公司签订的《标段B施工合同》以及《项目合同》等,均为各方当事人真实意思表示,属于合法有效的合同。A公司与B公司在合同中对案涉工程项目的结算、付款条件约定了"背靠背条款",此条款亦有效,即各方应按照约定在实施机构及相关部门确认C公司结算审核结果后1个月内对A公司提交的竣工结算申请进行确认。依据"背靠背"条款的约定,目前实施机构及相关部门尚未确认C公司结算审核结果,B公司与A公司结算确认的条件尚未成就,故A公司诉请要求办理结算并支付工程款并无事实依据。

法律依据

1.《中华人民共和国民法典》第509条、第577条
2.《中华人民共和国民事诉讼法》

杨正华律师

法学学士、中共党员。现执业于北京市京师(深圳)律师事务所,系律所高级合伙人;景德镇国际仲裁院仲裁员,广东省律师协会房产委和深圳市律师协会房产委委员。

杨正华律师执业12年多以来,主要业务范围为房地产业务,特别在建设工程领域长期致力于建设工程勘察合同纠纷、建设工程设计合同纠纷、建设工程施工合同纠纷、建设工程价款优先受偿权纠纷、建设工程分包合同纠纷、建设工程监理合同纠纷、装饰装修合同纠纷、农村建房施工合同纠纷及建设用地使用权合同纠纷、房地产开发经营合同纠纷等各类与工程有关案件的专业研究与实务,具有十分丰富的办案经验,在PPP项目、EPC等工程项目诉讼与非诉全部环节提供专项法律服务。

诉讼要切实考虑委托人执行风险才能避免赢了官司亏了钱财

——兰州某物资公司与天津某运输公司、第三人迟某运输合同纠纷案

张明利　陈学宏

案情介绍

原告兰州某物资公司从山东某化工厂购买了案涉36吨煅后焦粒，随后转售给四川某钛业公司。2022年5月5日，原告通过"某帮平台"与被告天津某运输公司、魏某签订了1488号运输合同，约定兰州某物资公司委托天津某运输公司承运案涉36吨煅后焦粒至山东某化工厂指定的宜宾仓库。5月6日，被告魏某将案涉36吨煅后焦粒装车承运。

在此期间，第三人迟某因1487号运输合同的押车费用与原告产生纠纷协商未果，遂指示受其雇佣的魏某将案涉36吨煅后焦粒运至山东冠县，此后再未返还。5月10日，第三人迟某通知原告需支付押车费、仓储费等后方可将案涉货物运走。原告遂在"某帮平台"上对魏某进行投诉，理由为"司机迟到/爽约"，后原告多次致电平台要求处理案涉纠纷。6月6日，原告向山东省某某县公安局报案，未能立案。原告因无法追回案涉货物，遂将被告诉至法院，为此支付律师费3万元整。

另，第三人迟某与冠县某运输公司签订有车辆挂靠协议，将运输案涉36吨煅后焦粒的车辆挂靠至冠县某运输公司名下。被告魏某与第三人迟某签订聘用协议，专为其从事货运工作。

裁判要旨

当事人之间运输合同合法有效,各方均应按约履行。运输合同的承运人实际是受第三人雇佣提供劳务,承运人因第三人的指示构成根本违约或侵权的,应由第三人承担违约或侵权责任。车辆挂靠单位对案涉车辆具有控制及支配权,需承担连带赔偿责任。

裁判结论

南京市某某区人民法院依照《民法典》第465条、第509条、第577条、第584条、第811条、第832条、第833条,《民事诉讼法》第67条、第147条之规定,判决如下:

一、第三人迟某于本判决生效之日起15日内返还原告兰州某物资公司36吨煅后焦粒至山东某化工厂,如第三人迟某逾期未返还,则向原告兰州某物资公司支付247211.5元;

二、被告天津某运输公司于本判决生效之日起10日内支付原告兰州某物资公司20000元;

三、第三人迟某于本判决生效之日起10日内支付原告兰州某物资公司10000元;

四、被告冠县某运输公司对上述第一项确定的第三人迟某的付款义务承担连带清偿责任;

五、驳回原告兰州某物资公司其他诉讼请求。

判决后,各方均未上诉。

代理要点

一、案涉1488号运输合同合法有效,送货重量、体积、时间等内容明确具体,作为承运人的被告天津某运输公司、魏某等应如约全面、及时、适当履行合同义务,但魏某受第三人迟某指示将案涉36吨煅后焦粒运至山东冠县后再未返还,致使原告的合同目的落空,已构成根本违约。

1488号运输合同中明确约定了原告具体联系姓名及方式、承运车辆车牌号、货物重量及体积,明确了承运人和实际承运人分别为天津某运输公司、魏某。

合同还明确约定装货时间、卸货时间分别为 2022 年 5 月 5 日 24 点前、5 月 7 日 24 点前,合同约定的装货地和卸货地则分别为山东某化工厂和宜宾仓库。同时,双方还约定在原告支付定金后,被告须到货后才有权收取案涉货物的全部运费。

据此,被告天津某运输公司、魏某应当在 2022 年 5 月 5 日 24 点前装货完成,5 月 7 日 24 点前卸货。但根据庭审中当事人陈述及有关证据证明被告天津某运输公司、魏某是在 5 月 6 日 11 点左右才装货完毕,其行为此时已初步违约。此后,案涉货物始终未承运到达目的地,原告分别于 5 月 13 日、5 月 16 日、5 月 24 日等多次联系"某帮平台"查询承运车辆行驶情况,发现案涉车辆却还一直停留在山东冠县,无法联系到魏某,平台让报案也追讨无果,仅得知第三人迟某非法扣押案涉货物。此时,下游购货商的生产经营受各种因素影响已处于停止经营状态,原告的合同目的彻底落空,损失巨大,各被告仍不管不顾,催告亦无果,被告天津某运输公司及魏某已构成根本违约,就应承担相应的违约责任。

二、被告构成根本违约后,原告有权主张解除合同并要求其返还案涉煅后焦粒,追究其违约责任并赔偿损失。

案涉 36 号煅后焦粒根据合同约定的单价计算货值为 247211.5 元。目前为止,原告始终未见到案涉货物,有无雨淋、变质、减损及丢失等均不得而知。被告天津某运输公司、魏某在确认合同解除后就应当返还原告全部货物至原装货地山东某化工厂。如不能返还,就应当进行相应货值的经济赔偿。如此,方能案结事了、减少讼累。

三、1488 号运输合同第 4.9 条关于被告天津某运输公司只承担 2 万元限额赔偿的约定属于格式条款,未尽到明确提示义务,且限制和剥夺了原告的正常财产权利主张,该部分约定应当无效。

本案为运输合同纠纷,承运货物并非交通事故等通常情况下的货损,根据原告后来从公安机关了解的情况和庭审确认才得知,是第三人迟某因 1487 号合同押车费用与魏某发生结算争议扣押所致。被告无权依据限制和剥夺原告财产权利条款主张免责或以 2 万元为限额进行赔偿,否则原告等众多货主的财产保障就岌岌可危。况且,被告天津某运输公司及其母公司江苏某公司并非只是平台经营方,被告天津某运输公司还是 1488 号运输合同明确的承运人,将案涉货物按时送到卸货地是其基本义务。

四、依据1488号运输合同约定,被告天津某运输公司、迟某赔偿损失的范围还应包括原告所花费的律师费30000元、差旅费4663.99元。

1488号运输合同第11.7条约定:"如果发生本协议第11.1至11.4条约定事项以外的违约情况,除本协议另有约定外,在遵守本协议其他约定的前提下,(1)守约方有权要求违约方在5日内进行补正;(2)如果违约方未能在限定期限内补正,则守约方有权解除本协议;(3)违约方应赔偿守约方因违约方的违约而给守约方直接或间接造成的一切索赔、损失、责任、赔偿、费用及开支;(4)违约方的违约行为给其他第三方造成损失的,亦应赔偿该等第三方因违约行为而直接或间接遭受的一切索赔、损失、责任、赔偿、费用及开支。"原告为追回货物支付的律师费、差旅费等均系被告天津某运输公司、魏某违约行为造成的损失和不得已开支,理应得到相应赔偿。

五、第三人迟某作为案涉车辆的车主及合同上实际承运人魏某的雇主,非法扣留案涉货物,系关键责任主体,应承担全部赔偿责任,其主张的留置权也并不成立。而其挂靠公司作为登记车主,对案涉车辆具有管理和控制权,应对第三人迟某承担连带清产责任。此外,江苏某运输公司作为天津某运输公司的唯一法人股东,不能证明其财务互相独立的,也应当对天津某运输公司债务承担连带清偿责任。

综上所述,原告的诉讼请求符合法律规定和具备事实依据,请求法院支持原告的全部诉讼请求。

代理思路

本案中,原告称其通过"某帮平台"下单托运案涉煅后焦粒,未曾想承运司机魏某与车主第三人迟某因其内部就前车费用结算问题发生争执,第三人迟某便将案涉价值近30万元的煅后焦粒擅自扣留,然后向原告索取与本案无关的运费并主张因其扣留而发生的装卸费、仓储费等。原告诉求主要是尽快追回案涉煅后焦粒、拒绝承担第三人主张费用并自愿承担装卸费、运费上门拉货。

代理人经过认真分析后,认为通常的诉请是解除合同、返还货物并主张资金占用利息等。照此思路,追回货物难以避免与第三人迟某进行交涉,仅主张资金占用利息又会面临其因诉讼成本低而恶意拖延诉讼周期的问题。并且,即使判决返还货物,也不排除执行阶段第三人迟某为获取小额利益串通他人以装卸费、仓储费等名义提出执行异议或其他阻却事由。如此,诉讼效果回归原点,争议仍然得不到妥善解决,还会失去原告对代理人的信赖。况且,原告自托运后再未见到案涉煅后焦粒,届时其是否还留在第三人迟某处,有无货损、雨淋、变质或掺杂等也有隐患。

鉴于此,原告代理人认为,为切实维护原告的合法利益,避免一纸空判,首先就要在诉讼请求的确立上动脑筋。本案主要是因第三人迟某索取三五千元的不当利益而引发,在不增长原告经济成本的情况下,充分考虑通过诉讼请求依法适度加大其承担责任的法律后果,使其充分认识到继续诉讼将无利可图。结合本案,代理人将第一项诉讼请求确立为:请求判令三被告及第三人立即返还原告36吨的煅后焦粒,若三被告及第三人迟某5天内仍不返还,则向原告支付247211.5元(36吨的煅后焦粒的货值)。如该项诉讼请求可以得到支持,不仅原告的诉求可以尽快实现,而且也能避免诉讼成本加大、回款周期变长及阻却事由层出不穷等问题。后该项诉请经过代理人的不断努力,最终获得支持,并由挂靠单位承担连带清偿责任。一审判决还未生效时,第三人迟某就已同意先返还货物再谈其他费用,原告也愿意自费找车上门拉货。代理人审时度势分析后,认为可待判决生效且确定的返还货物限期届满后再行考虑,这样第三人迟某将会面临更大的压力,原告无须自费找车上门拉货,也可免遭拒绝或承担不利条件。果然,第三人迟某最后未等判决生效就主动将案涉煅后焦粒如数返还到了原告指定的地点,且未再提及任何费用主张。后第三人迟某及被告虽提出了上诉但均因未交上诉费而失权,原告的主要诉求也得以实现,且判决了被告天津某运输公司、第三人迟某分别承担了2万元、1万元的赔偿。试想,当初若只诉求返还货物加少许赔偿等主张,或诉讼主体有所遗漏致其无所顾忌,案涉货物的返还及原告诉求的实现是否还会如此顺利……同时,考虑到大宗商品的价格波动、损失认定难度及诉前已有补货等因素,代理人在征求原告意见的基础上,未再主张货物贬值损失及间接利益损失。

但无论如何,作为代理人一旦选错了诉讼策略再行纠正就很难,或无法纠正,或不经济,乃至久拖不决,当事人的利益就难以维护!

律师评析

一般而言,诉讼请求必须明确、具体,才有可能会得到法院的支持。但本案"预备性诉讼请求"的确立及支持,离不开代理人积极争取和对将来诉讼、执行趋势的经验判断与正确选择。最终,原告不仅实现了诉讼目的,免遭执行难,也增加了对司法公信力的进一步信赖,实现了法律效果和社会效果的有机统一。

此外,合同有效,通常为继续履行,即将承运至合同目的地;返还货物的前提则是合同解除或终止。否则,仅从运输合同纠纷的案由选择而言,返还货物的逻辑前提就有所缺失。本案中,案涉货物能否找到并被返还或正常交付,诉讼时还难以判断。如继续履行,也不会选择案涉车辆,且诉讼中了解到购货厂家因生产经营停滞暂不需要案涉煅后焦粒。此时,继续履行交付购货厂家已无必要,要么变更运输目的地,要么解除合同、返还货物,一审法院对此分析处理有待完善。代理人结合原告实际需求,不仅明确了不返还的赔偿后果,促成被告或第三人积极履行,还明确了具体的返还地点,给后续执行减少了困惑,也避免了因此类拖延而被终结本次执行程序。

还需要明确的是,关于第三人迟某的留置权主张不仅缺乏事实基础,也不符合实现留置权的条件,其主张并不成立。第三人迟某并未与原告直接签订运输合同,押车费用系司机与雇主之间就另一运输合同发生的争执,与本案无关,且承运人在平台下单时本就具有相应选择权。依据合同,原告已先交付定金,待到货后再支付运费即可。若承运人未按约定将货物运输至指定地点,未到目的地就中途留置货物,或者留置尚未运输的货物的,可能会阻却留置权的成立,导致出现非法留置或侵占问题。留置权的成立须以债权已届清偿期,债务人未清偿债务为要件,如果债权尚未到清偿期,那么债务人则处于自觉履行合同的状态中,还不能判断出债务人到期能否清偿债务,所以这时留置权还不能成立。而且,留置货物价值近 30 万元,压车费才三五千元,两者明显不成比例,非法留置还会给收货方造成损失,这与安全、及时送达指定地点又存在矛盾。

总之,借助经验判断,早日实现当事人诉求,切实维护当事人的合法权益,就要想早想好,好的结果才不会停在纸面上!

法律依据

1.《中华人民共和国民法典》第 465 条、第 509 条、第 577 条、第 584 条、第 811 条、第 832 条、第 833 条

2.《中华人民共和国民事诉讼法》第 67 条、第 147 条

注:本案例以张明利、陈学宏律师代理的真实案例为原型整理而成,基本案情及判决理由均有不同程度的删节和修改。

张明利律师

自 1996 年 7 月起从事法律相关工作近 30 年,期间曾先后在公安、法律服务所、公证处、地市司法局、某中级人民法院、电力央企、证券公司、律师事务所等单位从事过协警、法律工作者、公证员、公务员、审判及执行法官、合同主管、证券经纪人、专业律师等岗位任职,现执业于北京市京师(深圳)律师事务所,另兼任深圳市前海合作区人民法院常驻特邀调解员、深圳律协商事仲裁法律专业委员会委员、广东律协公司法律专业委员会委员、两家仲裁委员会仲裁员、普法讲师团成员等。曾审理、执行及代理承办案件等数千件,主要涉及公司股权、委托理财、对赌争议解决、房屋买卖、建设工程、婚姻家事、不良资产处置、合同纠纷与证券金融等领域。

陈学宏律师

现执业于北京市京师(深圳)律师事务所,最高人民法院第一巡回法庭志愿律师,持有证券从业资格、基金从业资格、证券投资分析师等资格,具有"法律+金融"的从业背景。

陈学宏律师专注于商业地产、公司商事争议解决、合同纠纷诉讼的法律业务,主要业务范围包括有商业地产尽调、房屋租赁合同纠纷、买卖合同纠纷、股权转让纠纷、股东知情权纠纷等各类案件。服务客户包括有政府部门、高新技术企业、地产公司、大型连锁餐饮等。

梁某已完成了委托200万元投资某某公司事项。涂某作为委托方,应自行承担投资风险,梁某无需向涂某返还涉案200万元

——梁某与涂某合同纠纷一案

曾凡胜　徐　威

案情介绍

涂某于2015年10月12日、12月24日、2016年3月16日、8月3日分别向梁某转账50万元(附言:入资款定金)、150万元(附言:投资款)、200万元(附言:投资款)、10万元(附言:借款),合计410万元。涂某主张上述410万元转款,除附言为借款的10万元是借款外,其余均是涂某转给梁某,委托梁某进行投资的款项。梁某于2020年8月4日向涂某转款200万元。梁某称涂某转给梁某的400万元是投资两个项目:一个是投资某某公司股权项目,另一个是投资上海某某公司相关项目。其中投资上海某某公司相关项目款项已于2020年8月4日返还涂某,投资某某公司股权项目已实际投资,不存在返还问题。与本案投资款关联的案件"股权转让纠纷"中当事人许某某不认可投资行为,该案一审认定股权转让无效,二审认定股权转让有效,因此本案投资行为合法有效。

法院认为,该200万元系涂某分别于2015年10月12日、2015年12月24日向梁某转账支付的50万元、150万元,备注分别为入资款定金、投资款,而双方于2015年9月27日、10月11日曾就投资某某公司股权问题进行沟通,梁某亦于2015年12月24日向涂某发送"今天要把某某公司的认股资金尽快转给我了……",可见该200万元的支付时间、备注与短信聊天内容能够互相印证,梁某

梁某已完成了委托200万元投资某某公司事项。涂某作为委托方，应自行承担投资风险，梁某无需向涂某返还涉案200万元

所主张的事实具有高度盖然性，依法应认定双方就涉案200万元用于投资中视某某公司股权已达成合意。涂某未能提交反驳证据，其相关主张有悖于一般生活经验法则，本院不予采纳。梁某提交的证据亦能证明其收取款项后已实际投资某公司股权，并于2016年2月21日向涂某发送《协议书》，明确涂某投资的份额由梁某父亲梁某某代持，该行为亦属履行委托事务的内容。涂某收悉该协议书，虽未签名确认，亦未表示撤销已事实履行的委托合同，且梁某某为梁某父亲，涂某并无证据证明由梁某某代持股份损害其利益，故应认定梁某已完成了委托事项。涂某作为委托方，应自行承担投资风险，在梁某未取回相应投资款情况下，其诉请梁某退还该200万元，依据不足，一审认定及处理有误，法院予以纠正。另外，梁某作为被委托方，亦负有配合追回投资款的义务，涂某可另寻法律途径救济。

裁判要旨

200万元款项的支付时间、备注与短信聊天内容能够互相印证，梁某所主张的事实具有高度盖然性，依法应认定双方就涉案200万元用于投资某某公司股权已达成合意，涂某并无证据证明由梁某某代持股份损害其利益，故应认定梁某已完成了委托事项。涂某作为委托方，应自行承担投资风险，在梁某未取回相应投资款情况下，其诉请梁某退还该200万元不予支持。

裁判结论

梁某的上诉请求成立，法院予以支持。依照《最高人民法院关于适用〈中华人民共和国民法典〉时间效力的若干规定》第1条第2款，《合同法》第44条、第60条、第396条、第404条，《民事诉讼法》第177条第1款第(2)项之规定，判决如下：一、维持广东省深圳市某某区人民法院民事判决第二项；二、撤销广东省深圳市某某区人民法院民事判决第一、三项；三、驳回涂某的其他诉讼请求。

代理要点

一、原审法院认为上诉人在被上诉人转款之后仍有向被上诉人提供合同文本，要求被上诉人签署，而被上诉人未签署，即认定双方未达成委托投资的合意认定事实错误。

二、原审认为许某某并不认可该股权转让行为，已通过诉讼要求恢复其名下股权，目前许某某要求恢复其名下股权登记的诉讼已有一审判决支持。二审仍在审理中。如相关股权恢复原登记，相应的股权转让款也应当返还，原审法院认定事实错误。

代理思路

原审法院认为上诉人在被上诉人转款之后仍有向被上诉人提供合同文本，要求被上诉人签署，而被上诉人未签署，即认定双方未达成委托投资的合意认定事实错误。根据《民法典》第496条，当事人订立合同，可以采用书面形式、口头形式或者其他形式。委托合同是诺成性、不要式合同，一旦双方达成合意，合同即告成立，无须签订书面合同。在无书面合同的情况下，如何证明合同关系的存在。从现行法律的规定来看，主要有以下两种途径：一是证明合同成立的法律要件已经具备；二是证明合同已经履行且为相对人所接受。就途径一而言，在委托合同的语境下，因法律无形式上的强制要求，合同成立的要件即要约和承诺。根据《民法典》第480条承诺应当以通知的方式作出，但是，根据交易习惯或者要约表明可以通过行为作出承诺的除外。这里的行为主要指履行行为。关于途径二，根据《民法典》第490条当事人采用合同书形式订立合同的，自当事人均签名、盖章或者按指印时合同成立。在签名、盖章或者按指印之前，当事人一方已经履行主要义务，对方接受时，该合同成立。即使按照法定或者约定采用书面形式、合同书形式订立合同的，如果当事人一方已经履行主要义务且对方接受的，也应当认定为合同成立。虽然该规定针对的是需要采用书面形式而未采取的情形，但既然未按法定或约定形式订立的合同可以因为履行行为而认定成立，则本来就无特定形式要求的委托合同的成立自然也可以通过合同已经履行且为相对人所接受这一事实来证明。

根据本案2015年10月11日短信聊天记录，上诉人向被上诉人发送："比例等还是你拿主意吧，你们相互间比较了解，以做成为原则。第一单，信用最重要。"被上诉人回复："好。年化收益50%以内二八分，超过50%的那部分收益三七分，我这样和出资人沟通可以吗？"上诉人回复："好……"说明双方已经达成了投资收益分配约定。2015年12月24日短信聊天记录，上诉人向被上诉人发送："今天要把某某的认股资金尽快转给我了，××××2736，招商银行北京金融梁某已完成了委托 200 万元投资某某公司事项。涂某作为委托方，应自行承担投资风险，梁某无需向涂某返还涉案 200 万元

街支行。"被上诉人于 2015 年 10 月 12 日、2015 年 12 月 24 日分别转给上诉人 50 万元（附言：入资款定金）、150 万元（附言：投资款），上诉人于收到款的当天即将包括被上诉人款项在内的所有款项全部转给李某某，李某某是某某传媒的实际控制人，由她负责股权转让和过户事宜。聊天记录及转账记录可以证明 2015 年 10 月 12 日被上诉人有投资意向支付了 50 万元定金，2015 年 12 月 24 日上诉人让被上诉人支付某某公司的认股金，被上诉人当天就支付 150 万元，说明被上诉人同意委托投资某某公司，上诉人当天就将款项转给李某某，因此上诉人已经履行委托合同，上诉人后续也将代持协议通过邮件方式发送给被上诉人，被上诉人虽然未签约，也未表示撤销已事实履行的委托合同。而且在 2020 年之前被上诉人从未提出异议，若未投资 200 万元 4 年都未要回，也不符合常理。

二、原审认为许某某并不认可该股权转让行为，已通过诉讼要求恢复其名下股权，目前许某某要求恢复其名下股权登记的诉讼已有一审判决支持，二审仍在审理中。如相关股权恢复原登记，相应的股权转让款也应当返还，原审法院认定事实错误。被上诉人（原告）所持北京某某区相关判决并未发生法律效力，目前正在二审之中，被上诉人（原告）所提交的证据中其未签署的文件，并未当庭和上诉人（被告）质证，也并未告知上诉人（被告）有此证据，上诉人（被告）对此不认可，二审就算判决股权恢复原登记，但是投资款能否退还存在风险，上诉人只是按照被上诉人委托进行投资，未对投资进行保本承诺，上诉人与被上诉人投资某某公司的行为属共同投资行为，应当按照投资比例承担相应的投资风险。如果上诉人能够收回全部某某公司的投资款，上诉人全额退还被上诉人，如果只能部分收回某某公司的投资款，按照被上诉人投资某某公司的比例退还投资款。

律师评析

委托投资未签订合同存在一定的法律风险。没有签订合同，双方之间的权利和义务可能不明确，容易导致纠纷和争议。以下是一些可能的法律风险：

一、不明确的权利和义务：未签订合同可能导致投资者和受托人之间的权利和义务不明确。例如，投资者可能期望受托人按照特定的投资策略进行操作，但如果没有明确约定，受托人可能有自行决定的权利，这可能与投资者的期望不符。

二、争议解决困难：未签订合同可能导致在争议解决方面的困难。如果

双方发生分歧或纠纷,没有合同可以作为参考依据,解决争议可能更加困难和复杂。

三、证据问题:未签订合同可能导致证据问题。在法律纠纷中,合同通常被视为重要的证据。没有签订合同,投资者可能难以证明双方之间的约定和承诺,这可能对投资者的权益保护产生不利影响。

四、法律依据不足:未签订合同可能导致法律依据不足。合同通常是法律关系的基础,可以规定双方的权利和义务,并提供法律保护。没有签订合同,投资者可能难以依法主张自己的权益。

为了避免这些法律风险,委托投资双方应该尽量签订书面合同,明确双方的权利和义务,并确保合同内容充分、明确、具体。合同应该包括投资策略、投资目标、风险分担、报酬方式、争议解决机制等重要条款,以保护双方的权益并降低法律风险的发生。此外,双方还可以寻求专业法律意见,以确保合同的合法性和有效性。

法律依据

1.《最高人民法院关于适用〈中华人民共和国民法典〉时间效力的若干规定》第1条第2款

2.《中华人民共和国合同法》第44条、第60条、第396条、第404条

3.《中华人民共和国民事诉讼法》

曾凡胜律师

现执业于北京市京师(深圳)律师事务所,纵横法税律师团队负责人,致力于让法律思维和财税实践"无缝对接"的财税律师。毕业于复旦大学、上海财经大学,先后任职于人民银行、知名券商,曾任大型企业财务总监,拥有丰富的财税工作经验,善于把财税经验应用于诉讼业务中,达到诉讼目的。其税务咨询服务善于剖析税务法理,注重实操,兼具国际视野,多次受邀为权威部门提供法律意见。为多家高校的特邀讲师和2022年度深圳市注册会计师协会法律顾问。

梁某已完成了委托200万元投资某某公司事项。涂某作为委托方,应自行承担投资风险,梁某无需向涂某返还涉案200万元

徐威律师

现执业于北京市京师(深圳)律师事务所,纵横法税团队副主任,同时持有注册会计师、税务师证,致力于为企业提供复合型的法律财税增值服务。具备法律与财税的双重专业背景,具有知识结构与业务实践积淀的独特优势,在企业经营管理、商事活动、经济纠纷、资本运作等方面,以独特的财税律师视角和思维提供增值法律服务,兼顾企业经济事务的合法性和经济性,将法律与财税融合与对接,满足企业"合规与效益"的需求,10多年职业生涯,先后专兼职从事过会计、审计、律师工作,为上百家企业提供审计、顾问咨询、尽职调查、业务培训、经济合同管理、内控制度设计、节税交易模型及业务流程设计、股权架构设计、公司治理、投资融资、并购重组、税务争议解决、经济案件诉讼等全面的法律财税复合型服务。

一方签订入伙协议成为合伙企业的有限合伙人,但协议约定一方仅按照固定比例获取收益,不承担企业亏损风险,法院认定该合同属于"名为入伙,实为借贷",按照民间借贷纠纷审理

——某某与某某公司等人合伙协议纠纷案

赵琳琳

案情介绍

B公司作为A有限合伙企业的执行事务合伙人发起设立××管理计划,基于合伙协议约定,投资人认缴出资后成为有限合伙人加入有限合伙,投资人确定认购B级LP份额(期限3个月)。本协议生效之日起3日内,投资人将认缴出资汇入A合伙企业的账户。有限合伙人业绩比较基准根据投资期限分为1个月的业绩比较基准为7.5%、3个月的业绩比较基准为8.2%、6个月的业绩比较基准为9.5%、12个月的业绩比较基准为10%;本管理计划的期限分为1个月、3个月、6个月及12个月,到期完成本金及剩余收益兑付。B公司在普通合伙人落款处加盖公章,某某在投资人处签名。

2019年4月,某某向A合伙企业转账100万元。B公司当月向某某出具了《资金确认函》,载明:某某的投资资金已到账,将于2019年4月4日起息;投资期限3个月,于2019年7月3日到期,年化业绩比较基准为8.2%,到期一次性分配投资收益。后续B公司还向某某出具了《回款承诺书》,承诺如A合伙企业

> 一方签订入伙协议成为合伙企业的有限合伙人,但协议约定一方仅按照固定比例获取收益,不承担企业亏损风险,法院认定该合同属于"名为入伙,实为借贷",按照民间借贷纠纷审理

到期未按时兑付本金及收益,B公司将在到期后3个工作日内,以自有资金或指定第三方回购投资人的份额并签署份额转让协议,并在两个工作日内支付回购价款,回购价款的计算方式为:回购价款=投资本金+投资本金×对应的业绩比较基准×实际投资月数/12－已分配收益。

裁判要旨

根据双方签订的书面材料,一方交付资金后收取固定比例收益,不承担本金亏损的风险,应认定双方之间法律关系的性质为"名为入伙,实为借贷",本案案由应为民间借贷纠纷。B公司出具相关函件自愿加入债务的履行,为案涉债务承担还款责任。C公司系B公司的唯一股东,没有证据显示B公司资产独立于股东自己的财产,C公司对B公司的上述债务承担连带清偿责任。

裁判结论

一审法院认为:根据入伙协议以及资金确认函的内容,投资人支付资金后收取固定收益,但不承担本金亏损的风险,上述合同属于"名为入伙,实为借贷",故本案案由应为民间借贷纠纷。双方约定的本金及利息偿还期限已届满,A合伙企业应返还本金并按合同约定的年利率8.2%支付借款期限内的利息。根据资金确认函及回购承诺书,B公司自愿加入债务的履行,应与A企业共同承担还款责任。C公司系B公司的唯一股东,没有证据显示B公司资产独立于股东自己的资产,根据《公司法》第63条,C应当对上述债务承担连带清偿责任。一审判决:A、B于判决生效之日起10日内向某某支付借款本金及利息,并支付逾期还款利息,C对B的上述债务承担连带清偿责任。

代理要点

一、B公司作为A企业的执行事务合伙人,是以A企业的名义与某某签署《入伙协议》,是以A企业的名义向某某出具《资金确认函》,上述合同的签署主体系A与某某,合同约定了固定比例的收益,是双方基于真实意思表示签署,合法有效,对签署主体具有约束力。

二、B公司作为A企业的普通合伙人,向某某出具《回购承诺书》,视为其自愿加入债务,应对涉案款项承担共同清偿责任。

三、B 公司是一人有限公司(法人独资),且 B 公司与其股东 C 公司存在财产混同,C 公司应为 B 公司的上述债务承担连带清偿责任。

代理思路

通过对涉案合同的签署主体和签署内容,结合相应法律规定,精准锁定本案多名被告以及具体诉讼请求。涉案合同明确约定认缴资金按照固定比例获取收益,涉案合同合法有效,故约定条款对签署主体具有约束力。本案还存在多名被告为涉案款项共同承担清偿责任的请求权基础。

律师评析

当事人之间虽然签订入伙协议、合伙协议,但由于不具有共同经营、共享收益、共担风险的合伙特征,而是约定无论合伙企业经营如何,均按照固定比例核算并支付收益。该种模式下,双方法律关系具有借款特征,性质上属于"名为入伙、实为借贷",应按照实际法律关系进行审理。按照民间借贷的利率保护标准,若约定的利息计算标准明显过高,过高的部分不受法律保护。

具体到本案,司法机关将案由从合伙协议纠纷纠正为民间借贷纠纷,按照民间借贷相关规定来审查并依法裁判。对于某某主张的期限届满后要求被告方支付本金、收益(未超过民间借贷的利率保护上限)、逾期还款利息的诉讼请求予以支持。

律师在此提醒当事人,在签署合同时应当探究内心真实的交易目的。若只是出借款项,建议直接签署借款协议,约定借款期限和利率,以便出现纠纷时更精准锁定法律关系和正确适用法律。若存在合伙关系,应当具备共担经营风险、共负盈亏的合伙关系法律特征,而不是每个月固定分红或收益。

法律依据

1.《中华人民共和国合同法》第 205 条、第 206 条、第 207 条
2.《最高人民法院关于审理民间借贷案件适用法律若干问题的规定》第

一方签订入伙协议成为合伙企业的有限合伙人,但协议约定一方仅按照固定比例获取收益,不承担企业亏损风险,法院认定该合同属于"名为入伙,实为借贷",按照民间借贷纠纷审理

26 条

3.《中华人民共和国公司法》第 63 条

注:本案例以赵琳琳律师代理的真实案例为原型整理而成,基本案情及判决理由均有不同程度的删节和修改。

赵琳琳律师

中共党员,中国政法大学民商法硕士。现执业于北京市京师(深圳)律师事务所,AC 律师团队首席律师,曾就职于国土资源部门,具有丰富的办案经验、较强的诉讼业务能力,掌握诉讼证据的搜集使用、庭审应对及辩论技巧,多年来致力于处理和研究涉及合同纠纷、公司股权、合资合作、房产土地、经济纠纷等重大民商事诉讼和仲裁案件,同时长期致力于公司治理、企业初创、企业投融资项目等非诉专项法律服务,特别在股权转让、股权代持、股权让与担保、明股实债、股权对赌与回购等专业领域具有丰富的理论以及司法实践和项目设计经验,有丰富的企业风险管控、企业投融资并购经验。非诉服务范围包括项目谈判、交易架构方案制定和设计、尽职调查、交易风险评估、交易文件起草、出具法律意见书等。

网络主播违约合同纠纷违约金裁判标准：
以主播实际收益为基础，结合平台投入、平台流量、主播商业价值等因素合理酌定

——熊某公司与李某、播某某公司合同纠纷案

杨艺奇

---------- **案 情 介 绍** ----------

被告李某原为原告熊某公司创办的熊某直播平台游戏主播，被告播某某公司为李某的经纪公司。2018年2月28日，熊某公司、播某某公司及李某签订《主播独家合作协议》，约定李某在熊某直播平台独家进行游戏直播和游戏解说。该协议违约条款中约定，协议有效期内，播某某公司或李某未经熊某公司同意，擅自终止本协议或在直播竞品平台上进行相同或类似合作，或将已在熊某直播上发布的直播视频授权给任何第三方使用的，构成根本性违约，播某某公司应向熊某直播平台支付如下赔偿金：(1)本协议及本协议签订前李某因与熊某直播平台开展直播合作熊某公司累计支付的合作费用；(2)5000万元人民币；(3)熊某公司为李某投入的培训费和推广资源费。主播李某对此向熊某公司承担连带责任。合同约定的合作期限为1年，从2018年3月1日至2019年2月28日。

2018年6月1日，播某某公司向熊某公司发出主播催款单，催讨欠付李某的两个月合作费用。截至2018年6月4日，熊某公司为李某直播累计支付2017年2月至2018年3月的合作费用1111661元。

2018年6月27日，李某发布微博称其将带领所在直播团队至斗鱼直播平台

进行直播,并公布了直播时间及房间号。2018年6月29日,李某在斗鱼直播平台进行首播。播某某公司也于官方微信公众号上发布李某在斗鱼直播平台的直播间链接。根据"某某游戏"微博新闻公开报道:"BIU雷哥(李某)是全国主机游戏直播节目的开创者,也是全国著名网游直播明星主播,此外也是一位优酷游戏频道的原创达人,在优酷视频拥有超过20万的粉丝和5000万的点击……"

2018年8月24日,熊某公司向人民法院提起诉讼,请求判令两被告继续履行独家合作协议、立即停止在其他平台的直播活动并支付相应违约金。一审审理中,熊某公司调整诉讼请求为判令两被告支付原告违约金300万元。播某某公司不同意熊某公司请求,并提出反诉请求:1.判令确认熊某公司、播某某公司、李某三方于2018年2月28日签订的《合作协议》于2018年6月28日解除;2.判令熊某公司向播某某公司支付2018年4月至2018年6月之间的合作费用224923.32元;3.判令熊某公司向播某某公司支付律师费2万元。

上海市某某区人民法院结合李某的收益情况、合同剩余履行期间、双方违约及各自过错大小、熊某公司能够量化的损失、熊某公司已对约定违约金作出的减让、熊某公司平台的现状等予以考虑,综合直播行业的特点、直播平台的投入、经纪公司的参与及主播个体的差异,根据公平与诚实信用原则以及利益平衡,对于违约金,酌情确定为260万元。

裁判要旨

网络主播违反约定的排他性合作条款,未经直播平台同意在其他平台从事类似业务的,应当依法承担违约责任。网络主播主张合同约定的违约金明显过高请求予以减少的,在实际损失难以确定的情形下,人民法院可以根据网络直播行业特点,以网络主播从平台中获取的实际收益为参考基础,结合平台前期投入、平台流量、主播个体商业价值等因素,根据公平原则和诚实信用原则予以衡量、合理酌定。

裁判结论

上海市某某区人民法院于2019年9月16日作出一审判决:一、播某某公司于判决生效之日起10日内支付熊某公司违约金260万元;二、李某对播某某公司上述付款义务承担连带清偿责任;三、熊某公司于判决生效之日起10日内支付播某某公司 2018 年 4 月至 2018 年 6 月的合作费用 186640.10 元;四、驳回播某某公司其他反诉请求。

李某不服一审判决,提起上诉。上海市第二中级人民法院于 2020 年 11 月 12 日作出民事判决:驳回上诉,维持原判。

代理要点

一、关于合同及违约金条款的效力问题;
二、关于李某至斗鱼平台直播的行为是否构成违约;
三、关于一审认定的违约金是否过高。

代理思路

一、合同有效

本案中,《合作协议》系三方真实意思表示,不违反法律法规的强制性规定,应认定为有效,各方理应依约恪守。从《合作协议》的违约责任条款来看,该协议对合作三方的权利义务都进行了详细约定,主播李某未经熊某公司同意在竞争平台直播构成违约,应当承担赔偿责任。

二、李某至斗鱼平台直播的行为构成根本违约

首先,李某、播某某公司不享有合同解除权。熊某公司虽存在逾期付款的违约行为,但鉴于欠付费用的期间均相对较短,且播某某公司、李某并未提供充足有效证据证明在合作过程中对熊某公司逾期付款的行为曾提出异议,故熊某公司仅构成履约瑕疵,并不足以构成根本违约,因此,播某某公司、李某并不能以此为由主张解除《合作协议》。在李某、播某某公司与熊某公司的协议尚在有效期内之时,其未经熊某公司同意至其他竞争平台直播,违反了协议中的独家合作条款,构成根本违约,应当承担违约责任。

三、违约金的调整应综合以下因素考量

(一)平台前期投入、主播个体商业价值、合同剩余履行期限

网络主播在合同履行期限内所占有、使用的平台带宽资源及人力成本,于合同履行期间对平台产生收益,并通过人气积聚的过程也将在剩余合同期间继续释放效益,甚至鉴于网络平台企业的盈利模式,可能产生爆发式的增长。因此,一般来说,若平台前期已为主播提供了大量人力、物力支持,主播一旦违约,合同

剩余履行期限越长，则主播需承担违约金的数额越高。

（二）主播从平台中获取的实际收益

主播从平台中获取的实际收益系法院酌定违约金数额的基础，主播以往收益越高，需承担高额违约金的可能性越大。

（三）双方过错程度

违约行为的主观恶意性也是影响法院酌定违约金数额的因素。一般来说，如平台方亦存在过错，导致合同履行受阻碍，则主播方需承担的违约责任则会相对减轻；如平台方并无过错，且对主播方的违约行为进行了合理提示，若主播方仍未停止违约行为，则可认定为主观恶意性较大，需承担相对较重的违约责任。

律师评析

一、主播实际收益系违约金数额酌定的基础，在根本违约情形下，主播以往收益越高，需承担高额违约金的可能性越大。

网络直播平台是以互联网为必要媒介、以主播为核心资源的企业，在平台运营中通常需要在带宽、主播上投入较多的前期成本，而主播违反合同在第三方平台进行直播的行为给直播平台造成损失的具体金额实际难以量化，如对网络直播平台苛求过重的举证责任，则有违公平原则。本案中，一审法院查明事实，被告主播李某在熊某平台直播期间收入约为131万元，故一审法院以此为基数，酌定其按从熊某公司获取的总收益的约两倍金额承担相应违约金260万元，二审法院对此也予以认同。由此可见，主播的实际收益系影响法院酌定违约金数额的重要因素，在根本违约情形下，主播以往收益越高，需承担高额违约金的可能性越大。

二、主播违约"跳槽"导致平台的损失，应理解为事实上存在的损失，不能仅限于实际发生的具体损失，还要考虑到平台整体估值的降低，预期利益损失，特定对象广告收益减损等因素。

网络主播是决定网络直播平台流量大小的核心资源，个别网络主播甚至是网络直播平台赖以生存的基础。观众与主播间的正向关联度很强，网络直播平台需要依靠主播吸引人气获得流量，但一旦优质主播"跳槽"，由于观众进入网络直播平台途径系开放式的，且多为免费模式，转换成本较低，将直接导致原平台观众随主播转换至新平台，势必减少原平台的流量，并削弱原平台的竞争力。本案中,熊某公司作为国内知名直播平台,每年需承担较高的运营成本,为平台主播增加曝光度、流量度,以此提升平台主播收益;主播李某作为熊某平台知名主播,在熊某平台直播期间积累了较高粉丝量,拥有较高商业价值。因此,本案违约金的调整考虑了网络直播平台的特点以及签订合同时对熊某公司成本及收益的预见性,结合了平台前期投入、平台流量、主播个体商业价值作为酌定违约金数额的参考因素。由此可见,对于以往收益较高、商业价值较高的头部主播来说,合约期内应更加审慎考虑解约方式,不宜通过直接"跳槽"的方式进行解约。

三、违约金的调整应考虑双方过错程度,避免违约金"泡沫化"存在。

对违约金合理性的判断,还应当立足于行业健康有序发展,并从营造良好与理性的市场竞争环境方面去考虑。实践中,网络直播平台为了提升流量,频繁挖角、层层加码地非理性竞争,使得主播的市场价值泡沫化,具体则体现在直播费用及违约金数额上,因此,无论从建立稳定、有序、健康的网络直播行业业态,还是为网络直播平台营造良好的营商环境,抑或促使主播市场价值回归理性的角度,对于不合理的高额违约金,应适当予以调整。本案中,因熊某公司欠付合作费用在先,主播李某"跳槽"虽属根本违约,但不能据此否定熊某公司存在过错的事实,因此,法院根据公平与诚实信用原则以及利益平衡考量,酌定减少违约金至260万元。由此可见,良好的行业环境需要各方的共同努力来促进及维护。

法律依据

1.《中华人民共和国合同法》第107条
2.《最高人民法院关于适用〈中华人民共和国合同法〉若干问题的解释(二)》第29条

杨艺奇律师

　　法学学士,现执业于北京市京师(深圳)律师事务所,持有律师执业证、演出经纪人资格证。主要业务范围为互联网新媒体直播行业法律顾问、主播经纪合同纠纷等文娱产业民商事诉讼及非诉业务。曾为多家 MCN 机构提供常年法律服务,涵盖网红达人签约、解约、直播带货、直播公会入驻平台、直播公会商业合作等项目。曾处理过多起网红主播与经纪公司解约纠纷,成功为当事人挽回利益损失。

民事案件的审理不需要以刑事案件审理结果为依据，不适用"先刑后民"原则

——林某与黄某不当得利纠纷案

凌征虎

案情介绍

2021年1月13日，林某通过其名下的中国民生银行账户向黄某名下的招商银行账户转账80769元。林某主张，其并不认识黄某。林某通过案外人陈某了解泰达币投资事宜，并于2021年1月5日至1月20日期间在GDEX网站投资泰达币共计780多万元，其系因收到该网站客服提供的声称卖币商账号才向黄某转账支付涉案款项。2021年1月20日下午，林某发现没办法把钱从网站提现，于是向深圳市福田区某某派出所报警，被告知GDEX网站是高仿，陈某和客服都是躲在缅北的诈骗团伙成员，那些收钱账号的所谓卖币人都是帮助找团伙洗钱的人，这是典型的诈骗案。公安立案后冻结了32个对方洗钱的人民币账户，其中6位洗钱账号持有人包括黄某到派出所辩解说是货款，并提供了一些发货单据，导致公安无法认定这些人涉及刑事犯罪。无奈之下，林某才提起民事诉讼，希望能在合理范围内追回一些损失。黄某抗辩，涉案款项系乐某公司的合法货款。香港佳某公司（以下简称"佳某公司"）向深圳市乐某精密仪器有限公司（以下简称"乐某公司"）发出采购产品的订单后，乐某公司暂通过财务即黄某的账户接收港币货款，并向佳某公司发货，并提交了乐某公司营业执照、佳某公司和香港运某人民币兑换公司（以下简称"运某公司"）的商业登记证、汇款申请单、QQ聊天记录、顺丰发货单等予以佐证。林某明确其与黄某、乐某公司和佳

某公司均无经济往来。黄某承认其并不认识林某，双方亦不存在任何经济往来。

一审法院认为，本案的审理范围为黄某获得涉案款项是否具有法律依据，查明该事实并不依赖于刑事案件的认定和处理结果，故本案可以独立审理。《民法典》第985条规定："得利人没有法律根据取得不当利益的，受损失的人可以请求得利人返还取得的利益，但是有下列情形之一的除外：(1)为履行道德义务进行的给付；(2)债务到期之前的清偿；(3)明知无给付义务而进行的债务清偿。"证成不当得利请求权需要以下五个构成要件：一是一方受有利益；二是另一方受有损失；三是损失与获益之间具有因果关系；四是获益没有法律原因；五是不存在不当得利的排除事由。前三个要件属于积极事实，由林某承担举证责任自不待言。对于第四个构成要件，即林某关于黄某获利无法律依据的主张，则属于对消极事实的主张。权利主张人对于消极事实通常无法直接予以证明，而需要从相关事实中予以推导判断。这其中，得利被主张人对消极事实的抗辩，则会成为认定消极事实主张是否成立的直接证据，因此黄某亦需就其抗辩主张提供证据。现从在案证据及双方诉辩来看，本案不存在不当得利的排除事由，林某已经对其如何获知黄某银行账户及为何向黄某转账等作出合理说明，而黄某提交的《证明》等只是说明佳某公司通过运某公司向乐某公司汇货款的过程，但未能进一步解释涉案款项为何会通过林某的银行账号转至黄某，黄某无法举证证明其获得涉案款项具有法律依据，应承担举证不能的不利后果。故对林某的诉请，一审法院予以支持。

二审法院认为，根据林某自述，其系按照案外人的安排将案涉款项转出，发现其被诈骗后向公安机关报案，公安机关已以刑事案件立案，但该笔款项所涉犯罪嫌疑人尚未到案。林某和黄某一致认可，公安机关未将黄某列为上述案件的犯罪嫌疑人。本院认为，案涉刑事案件未全面侦破，本案争议事实也并非以刑事案件的判决为前提，故林某将与黄某之间的民事纠纷诉至人民法院，不适用"先刑后民"的一般处理规则，本案可以先予审处。关于不当得利，是指没有合法原因取得利益致使对方受损的法律事实。不当得利制度的理论基础，在于"任何人不得基于他人之损失而获得利益"，其目的是矫正财产变动中失衡的利益关系。不当得利的构成要件有四个：一方取得利益，另一方受有损失，得利与受损之间存在因果关系，取得利益没有法律根据。具体到本案，黄某的账户已收到林某的账户转入的80769元，该事实有林某提交的证据予以证明，双方对此亦无异议,故不当得利的前三个构成要件已经具备。双方争议的核心是第四个要件是否成立,即对于黄某取得80769元,林某主张没有法律根据,而黄某则主张有法律根据。司法实务认为,"没有法律根据"是一系列不特定的民事法律行为、事实行为乃至事件的结合,根据《最高人民关于适用〈中华人民共和国民事诉讼法〉的解释》第91条的规定,主张法律关系存在的当事人,应当对产生该法律关系的基本事实承担举证证明责任,故黄某主张存在一定法律关系构成"法律根据",应当由其承担举证证明责任。林某提交的证据及陈述已证明其为投资泰达币按照案外人安排向黄某转款,事后发现其被诈骗,故其给付行为并没有实现给付的目的,林某已完成举证。黄某主张案涉款项系其代理乐某公司收取佳某公司支付的货款,构成"法律根据",应承担举证责任。虽然黄某提交的证据在一定程度上证明佳某公司通过运某公司向黄某账户汇付乐某公司货款的流程,但未能证明是运某公司将案涉80769元交付至林某,然后通过林某的账户转至黄某的账户,即黄某未能举证证明其收取的案涉款项来自佳某公司,因此,黄某取得案涉款项没有法律依据,应承担举证不能的不利后果。至此,黄某收取林某转入的80769元,符合"不当得利"的四个构成要件,且本案不存在不当得利的三种排除情形"为履行道德义务进行的给付、债务到期之前的清偿、明知无给付义务而进行的债务清偿"。

裁判要旨

不当得利纠纷的审理范围为获益人获得涉案款项是否具有法律依据,查明该事实并不依赖于刑事案件的认定和处理结果,依法可以独立审理。证成不当得利请求权需要以下五个构成要件:一是一方受有利益;二是另一方受有损失;三是损失与获益之间具有因果关系;四是获益没有法律原因;五是不存在不当得利的排除事由。前三个要件属于积极事实,由主张不当得利一方承担举证责任。关于第四个构成要件,受益人获益没有无法律依据的主张,则属于对消极事实的主张,权利主张人对于消极事实通常无法直接予以证明,而需要从相关事实中予以推导判断,获益人对消极事实的抗辩,则会成为认定消极事实主张是否成立的直接证据。

裁判结论

珠海市某某区人民法院依照《民法典》第985条,《最高人民法院关于适用〈中华人民共和国民法典〉时间效力的若干规定》第1条第1款,《民事诉讼法》第67条,《最高人民法院关于适用〈中华人民共和国民事诉讼法〉的解释》第90条、第91条的规定,判决被告黄某返还原告林某80769元。判决后,黄某不服提出上诉。

珠海市中级人民法院依照《民事诉讼法》第177条第1款第1项的规定,作出终审民事判决:驳回上诉,维持原判。

代理要点

民事案件的审理并不需要以刑事案件的结果为依据,且刑事案件与本案涉及的问题非同一法律关系,故本案不适用"先刑后民",应依法独立审理。主张不当得利请求权之当事人已就受益人获得利益、给付人受到损失进行证明,受益人不能进行合理说明及提供反证证明不构成不当得利,由受益人承担不当得利返还责任。

代理思路

首先,从本案的事实出发进行举证,林某被骗后经公安报案,提交了相关的转账记录等资料,其中收款人之一的黄某经公安传唤后提供了相关资料,侦查机关未将其列为犯罪嫌疑人,那么本案林某与黄某不当得利纠纷的审理就不应适用"先刑后民",依法应独立审理;其次,林某本是在被诈骗而转款,款项指定转入了所谓"卖币商"黄某的个人账户,在公安不能确认黄某为诈骗共犯或犯罪嫌疑人的情况下,林某对黄某提起不当得利之诉,而黄某认为该笔款项是属于乐某公司与香港公司之间的买卖货物的款项,关于转款的事实情况林某作为不当得利请求方已经完成基本事实的举证,而黄某并不能对其所称货物买卖关系中收款环节进行合理说明,黄某提出其作为货物的卖家,香港买家是先通过港币支付给香港的货币兑换公司,货币兑换公司再支付给卖家,但实际金额却是林某转款给了黄某,且没有任何备注,黄某提出的货币支付关系,却并没有任何证据证明对应金额支付流程是如何操作实现的,谁指令或委托林某支付给黄某,若黄某不能提供实质性证据举证其收款的合理合法性,关于其收款的整个环节如不能合理说明,黄某无故收款就属于不当得利;最后,指出本案黄某及本案中佳某公司、运某公司可能与诈骗网站存在关联,由此证明黄某交易存在过错责任,甚至违法行为,就算其本人确实与香港公司存在真实的货物买卖关系,但黄某不通过合法途径收款,无故收取一个与货物买卖交易主体无关的第三人的款项,却没有提出异议,其不利后果也应自行承担。

律师评析

本案涉及两方面的焦点问题。首先,关于本案是否适用"先刑后民"。根据法律规定,根据《民事诉讼法》第153条第5项的关于中止审理的规定,"本案必须以另一案的审理结果为依据,而另一案尚未审结的",本案中,黄某并未被列为刑事案件嫌疑人,本民事纠纷不应以"先刑后民"常用处理原则进行驳回或中止审理,而应进行独立审理,两级法院所持观点一致,体现了对当事人民事权益的保护。其次,关于不当得利构成要件及举证责任分配。一审法院和二审法院所持观点基本一致,通说认为,不当得利的构成要件有四个:一方取得利益,另一方受有损失,得利与受损之间存在因果关系,取得利益是否有法律根据。实践中,不当得利纠纷常见的分歧在于举证责任分配问题,对于本案是否构成不当得利,不当得利主张人认为没有法律依据,获益人认为有法律依据,一审法院认为,"没有法律依据"的主张,则属于对消极事实的主张。权利主张人对于消极事实通常无法直接予以证明,而需要从相关事实中予以推导判断,得利被主张人对消极事实的抗辩,则会成为认定消极事实主张是否成立的直接证据。二审法院认为"没有法律根据"是一系列不特定的民事法律行为、事实行为乃至事件的结合,主张法律关系存在的当事人,应当对产生该法律关系的基本事实承担举证证明责任,故获益人主张存在法律根据,应当由其承担举证证明责任。可见,一审二审法院对举证责任分配的观点是一致的,即关于"法律依据"的举证责任在于得利人一方,笔者也深感认同。

法律依据

1.《中华人民共和国民法典》第 985 条
2.《最高人民法院关于适用〈中华人民共和国民法典〉时间效力的若干规定》第 1 条第 1 款
3.《中华人民共和国民事诉讼法》第 67 条
4.《最高人民法院关于适用〈中华人民共和国民事诉讼法〉的解释》第 90 条、第 91 条

凌征虎律师

中国人民大学硕士,中共党员,退伍军人,现执业于北京市京师(深圳)律师事务所,任企业刑事合规法律事务部主任,刑民行交叉法律事务部执行主任,新型犯罪与疑难案件法律研究中心执行主任;广东省律师协会刑事专业委员,深圳市律师协会刑民交叉委副主任,深圳律协刑辩工匠坊讲师,中国法学会会员,兼任深圳职业技术学院经济法教师,东莞城市学院法学专业客座副教授。凌征虎律师专注于刑事案件、公司纠纷、刑民交叉领域,擅于将理论研究与律师实务相结合,为客户提供综合解决方案制胜,出版有个人专著《企业刑事法律顾问》《上市公司刑事合规指引》、合著《细说股权——股东权益的实现与维护》。

音乐作品《醉×××》著作权纠纷案
——深圳市某计算机系统有限公司与潘某著作权纠纷案

管巧丽　陈文芳

案情介绍

潘某系涉案歌曲《××××》(又名《×××》《醉×××》)的曲作者。2006年2月24日，潘某、案外人何某与佛山市某某区某影音电器有限公司(以下简称"某影音公司")签订《著作权专有转让合同书》，该合同约定："潘某、何某以专有许可的方式授权某影音公司独家在全球五年内专有其创作(作词/作曲)的词曲作品《××××》的全部著作权及相关权利。

2007年，该歌曲经某影音公司编曲后，由某组合演唱，歌名改为《醉×××》，某影音公司将歌曲演唱内容制作成MV，并收录入DVD发行。

2014年，某影音公司委托案外人北京某文化传媒有限公司策划、录制《××乐团 某组合 音乐作品 交响演奏会》，后该公司邀请××乐团将某组合演唱版曲目改编成交响乐，并于2014年10月4日演奏，由中央电视台CCTV-15播出。某影音公司还将该音乐会录制的视频制作成《××乐团 某组合 音乐作品 交响演奏会》DVD。

2018年10月11日，某音乐娱乐科技(深圳)有限公司(以下简称"某音乐公司")与某影音公司签署《授权书》，双方约定某音乐公司对涉案视频享有独占性的信息网络传播权，授权期限为2019年1月1日—2022年12月31日。2019年3月31日，某音乐公司与某科技(深圳)有限公司签署《音乐版权合作协议》，某音乐公司在授权期内将涉案视频非独家授权给某科技(深圳)有限公司及关联公司深圳市某计算机系统有限公司(以下简称"某公司")使用。

2015年,潘某发现某公司旗下网站"某视频"播放根据潘某作品《醉×××》改编的交响乐版演奏视频,视频标题"当交响乐遇到民乐《醉×××》别样魅力(2014某组合交响音乐会)",该改编版未经潘某许可,遂向法院提起著作权纠纷之诉。

裁判要旨

视听作品往往是以一系列原作品为基础的演绎作品,其创作过程中不可避免地需要获得原作品著作权人的许可才能对原作品进行利用,而在创作的过程中又往往凝结了编剧、导演、摄影师、作词、作曲者等人员的共同努力,如果在使用该视听作品时需要获得以上合作作者的共同许可,必然会导致诸多不便及增加纠纷的可能性。故一旦原作者将其作品许可他人制作为视听作品,则应当由视听作品的制作者行使相应著作权利,他人使用该视听作品时只需获得其他作者的授权即可,而无须获得原作品著作权的许可。

裁判结论

一审法院审理后认定:某公司庭审时提交证据证明其播放被诉侵权视频系经过合法授权,故对潘某诉请某公司侵犯其复制权、发行权、广播权、信息网络传播权、摄制权、改编权的主张不予支持。

二审法院审理后认定:某公司使用涉案视频具有合法权源,不构成侵权。

典型意义

该案明确了原作者将其作品许可他人制作为视听作品,则应当由视听作品的制作者行使相应著作权利,他人使用该视听作品时只需获得其他作者的授权即可,而无须获得原作品著作权的许可。

代理要点

某公司代理律师主要围绕涉案作品经过合法有效的授权,不构成侵权;涉案作品《醉×××》交响版并未改编歌曲旋律,主张某公司侵犯其修改权、改编权没有事实和法律依据。最终获得法院支持。

代理思路

改编已有作品而产生的作品,其著作权由改编人享有,但行使著作权时不得侵犯原作品的著作权。《著作权法》第17条规定,视听作品中的电影作品、电视剧作品的著作权由制作者享有,但编剧、导演、摄影、作词、作曲等作者享有署名权,并有权按照与制作者签订的合同获得报酬。前款规定以外的视听作品的著作权归属由当事人约定;没有约定或者约定不明确的,由制作者享有,但作者享有署名权和获得报酬的权利。视听作品中的剧本、音乐等可以单独使用的作品的作者有权单独行使其著作权。

其一,视听作品往往是以一系列原作品为基础的演绎作品,其创作过程中不可避免地需要获得原作品著作权人的许可才能对原作品进行利用,而在创作的过程中又往往凝结了编剧、导演、摄影师、作词、作曲者等人员的共同努力,如果在使用该视听作品时需要获得以上合作作者的共同许可,必然会导致诸多不便及增加纠纷的可能性。故上述法条的立法目的在于明确一旦原作者将其作品许可他人制作为视听作品,则应当由视听作品的制作者行使相应著作权利,他人使用该视听作品时只需获得其他作者的授权即可,而无须获得原作品著作权的许可。

其二,视听作品中的音乐等可以单独使用的作品,其著作权人可以另行授权他人使用,他人要单独使用视听作品中可以单独使用的作品时需要请求对应作品的原著作权人给予许可,"单独使用"是指音乐作品在脱离视听作品的情况下进行使用,这种使用仅仅针对音乐等作品,而不涉及视听作品本身。

如前所述,涉案视听作品系某影音公司制作、发行,某影音公司依法享有著作权,其授权某音乐公司独占享有信息网络传播权,某音乐公司又转授权某公司在某视频上使用,某影音公司对此无异议,某公司辩称其使用涉案视频具有合法权源,不构成侵权,具有事实依据。

律师评析

《著作权法》第17条规定,视听作品中的电影作品、电视剧作品的著作权由制作者享有,但编剧、导演、摄影、作词、作曲等作者享有署名权,并有权按照与制作者签订的合同获得报酬。前款规定以外的视听作品的著作权归属由当事人约定；没有约定或者约定不明确的，由制作者享有，但作者享有署名权和获得报酬的权利。视听作品中的剧本、音乐等可以单独使用的作品的作者有权单独行使其著作权。该案进一步明确了一旦原作者将其作品许可他人制作为视听作品，则应当由视听作品的制作者行使相应著作权利，他人使用该视听作品时只需获得其他作者的授权即可，而无须获得原作品著作权的许可，对后续同类案件具有一定指导意义。

法律依据

《中华人民共和国著作权法》第 10 条、第 13 条、第 17 条、第 52 条、第 53 条、第 54 条

管巧丽律师

中共党员，工学硕士。现执业于北京市京师（深圳）律师事务所，专利代理师，系律所高级合伙人、知识产权中心主任、知识产权法律事务部负责人。中国（深圳）知识产权保护中心海外知识产权维权援助专家、广东省涉外律师人才、深圳市光明区知识产权（商业秘密保护）专家、深圳市进出口商会知识产权专家、广州会展和数字经济知识产权专家、深圳市福田区人民法院调解员、深圳前海合作区人民法院调解员、广东省律师协会专利专业委员会委员、深圳市律师协会专利专业委员会委员。

管巧丽律师从事知识产权领域 15 年，累计为科技公司提供专利布局、专利地图、专利诉讼、专利无效、商标品牌维权、动漫作品、短视频、电影及类电作品等项目案件达千件，具有较丰富的知识产权诉讼、知识产权合规之办案经验。主办的不正当竞争案件荣获 2022 年中国法院 50 件典型知识产权案例。

陈文芳律师

法学学士，现执业于北京市京师（深圳）律师事务所，专注于知识产权诉讼业务，擅长处理著作权侵权纠纷以及专利侵权纠纷诉讼案件，具有丰富的知产诉讼办案经验。

绕过网络游戏"人脸识别验证"功能、规避未成年人网络游戏防沉迷措施的不正当竞争案

——深圳市某计算机系统有限公司与田某源、鲁某进等不正当竞争案

管巧丽

案情介绍

深圳市某计算机系统有限公司(以下简称某公司)按照《未成年人保护法》第75条的规定,在其运营的多款电子游戏中以"人脸识别验证"的方式完成账号主体实名认证,并对未成年用户采取游戏登录时间限制、游戏时长限制、游戏内消费限制等防沉迷措施。某公司的代理人在"紫某兰商城"(网络商城)公证购买了"人脸代过""人脸续过"服务,以及"人脸实体手机""人脸设备刷机包",前述服务和商品均是通过特制软件劫持游戏人脸验证时调取的手机摄像头,并加载预设路径下的"人脸料子"视频(即经编译的特殊成人头像视频),完成虚假实名认证,进而将使用游戏账号的未成年用户认证为不真实的成年用户,规避网络游戏防沉迷措施。被诉侵权行为取证期间,"紫某兰商城"域名的所有者为鲁某进;"紫某兰商城"支付宝收款账户注册人为田某源。某公司以田某源、鲁某进等的被诉行为构成不正当竞争为由诉至法院,请求判令停止不正当竞争行为并承担赔礼道歉、消除影响、赔偿损失等民事责任。

法院经过审理作出判决:判令田某源、鲁某进立即停止实施妨碍、破坏某公司"××游戏人脸识别验证"功能的不正当竞争行为,即立即停止提供"人脸代

绕过网络游戏"人脸识别验证"功能、规避未成年人网络游戏防沉迷措施的不正当竞争案

过""人脸续过"服务、立即停止销售"人脸实体手机""人脸设备刷机包",以及赔偿原告经济损失。

裁判要旨

"人脸识别验证"功能是网络游戏正常运营的必要条件,也是防止未成年人沉迷网络游戏,保障未成年人身心健康的重要技术措施。绕过网络游戏"人脸识别验证"功能,不仅以其他经营者落实未成年人保护机制为获利之机,在行为目的、行为方式上具有违法性,扰乱了网络空间的市场竞争秩序,也损害了消费者权益,构成不正当竞争。

典型意义

本案是全国首例关于绕过网络游戏"人脸识别验证"功能、规避未成年人网络游戏防沉迷措施的不正当竞争案例。《未成年人保护法》明确规定,网络游戏服务提供者应当要求未成年人以真实身份信息注册并登录网络游戏。因此,"人脸识别验证"功能是网络游戏正常运营的必要条件,也是防止未成年人沉迷网络游戏,保障未成年人身心健康的重要技术措施。绕过网络游戏"人脸识别验证"功能,不仅以其他经营者落实未成年人保护机制为获利之机,在行为目的、行为方式上具有违法性,扰乱了网络空间的市场竞争秩序,也损害了消费者权益,构成不正当竞争。本案对强化未成年人保护、鼓励网络游戏服务提供者开展公平竞争、促进互联网经济健康发展起到了良好的示范效果。

代理要点

某公司代理律师主要围绕原告对××游戏享有《反不正当竞争法》应当保护的竞争性权益、原被告同为游戏服务相关市场的经营者存在竞争关系、被诉侵权行为的不正当性以及被诉行为是否给某公司造成实际损失进行论述,最终获得法院支持。

代理思路

针对被诉侵权行为之不正当性,某公司代理思路包括以下几点。(1)被告

技术手段违法。在手机中刷入第三方ROM,修改目标路径,劫持手机摄像头,使得××游戏人脸识别验证时调取到被告预设的人脸视频,其行为严重妨碍并破坏了防沉迷系统的正常运营。(2)被诉行为给原告的商誉造成了损害。未成年人通过被告提供的服务不受时段、时长限制进入原告运营的游戏,从而导致防沉迷系统有效性降低甚至形同虚设,使社会公众对原告及其产品的社会评价降低,侵害原告的商誉,对原告品牌影响力及竞争优势产生不利影响。(3)严重破坏原告运营秩序。被诉行为使得××游戏内出现大量网络账号实际使用人与实名注册信息不一致的情况,导致原告游戏实名制、未成年防沉迷机制落空,不仅影响未成年人身心健康,也可能破坏游戏处罚机制,导致已经被处罚的未成年用户更改实名后不受限制再次进入游戏,严重破坏健康有序的游戏环境。(4)长远来看会减少原告交易机会。被诉行为会导致大量的虚假身份游戏用户出现在原告游戏中,用户可能使用他人实名信息实施侮辱、谩骂、网络诈骗、游戏外挂等违法违规行为。随着游戏体验的下降,会造成正常用户的流失,长此以往也必然会减少潜在交易机会。(5)增加原告游戏平台治理和运营成本。为了维护游戏平台秩序,××游戏因被诉行为需要投入更多、更先进的监管措施,从技术措施角度投入成本禁止被诉行为,这样直接导致原告游戏平台治理成本大幅增加。(6)损害社会公共利益。被诉行为违反《网络安全法》《未成年人保护法》、国家新闻出版署《关于防止未成年人沉迷网络游戏的通知》,侵害未成年人利益,引发严重的社会问题。

针对被诉行为是否给某公司造成实际损害,某公司代理思路包括以下几点。(1)就××游戏整体而言,从短期表象来看,被诉行为导致××游戏实名制度被破坏,虚假身份用户似乎从营收上没有给原告造成营收减少。从××游戏消费机制来看,针对未成年游戏用户冒充成年人的消费行为,原告游戏平台建立消费申诉受理机制,对此类未成年人消费行为在申诉机制下会予以退回,因此,原告不会因为被诉行为而实现营收大额增长。(2)原告建立、维护防沉迷系统,营造健康有序的游戏环境,并希望在此基础上不断提升品牌美誉度,增加用户和社会公众的信赖感,可持续地增加用户和交易机会,而非通过吸引未成年人消费来增加营收。被诉行为严重贬损了原告商誉,降低社会评价和品牌影响力,破坏运营秩序,原告将因被诉行为丧失交易机会,导致营收及利润的下降,造成不可弥补的经济损失。(3)长期来看,原告为了维护××游戏实名制及防沉迷机制,每年投入巨额成本。从经济学角度,经济利益的损害必然要考虑成本的增减,根据经济收益＝营收－成本，当营收随着交易机会和用户流失而下降，而成本呈现指数级增长时，收益必然是降低的。因此，被诉行为导致的营收降低、成本增加正是原告经济性利益受损的直接体现。（4）在不正当竞争类案中，被诉行为亦可能会造成原告营收短期假象增加，但是从成本治理和长期危害来看，法院认定了存在竞争性损失。

律师评析

国家建立统一的未成年人网络游戏电子身份认证系统。网络游戏服务提供者应当要求未成年人以真实身份信息注册并登录网络游戏。网络游戏服务提供者应当按照国家有关规定和标准，对游戏产品进行分类，作出适龄提示，并采取技术措施，不得让未成年人接触不适宜的游戏或者游戏功能。本案对强化未成年人保护、鼓励网络游戏服务提供者开展公平竞争、促进互联网经济健康发展起到了良好的示范效果。

法律依据

1.《中华人民共和国民法典》第 120 条、第 179 条第 1 款、第 1168 条

2.《中华人民共和国反不正当竞争法》第 12 条第 1 款、第 2 款第（四）项，第 17 条第 1 款、第 3 款、第 4 款

3.《中华人民共和国未成年人保护法》第 75 条

4.《最高人民法院关于适用〈中华人民共和国反不正当竞争法〉若干问题的解释》第 23 条

5.《中华人民共和国民事诉讼法》第 147 条，第 151 条第 1 款、第 2 款、第 3 款

6.《最高人民法院关于适用〈中华人民共和国民事诉讼法〉的解释》第 90 条、第 108 条第 1 款

案例荣誉

荣获"2022 年中国法院 50 件典型知识产权案例"

荣获"2022 年四川法院知识产权司法保护 10 大典型案例"

荣获"2022 年成都法院知识产权司法保护 10 大典型案例"

管巧丽律师

中共党员,工学硕士。现执业于北京市京师(深圳)律师事务所,专利代理师,系律所高级合伙人、知识产权中心主任、知识产权法律事务部负责人。中国(深圳)知识产权保护中心海外知识产权维权援助专家、广东省涉外律师人才、深圳市光明区知识产权(商业秘密保护)专家、深圳市进出口商会知识产权专家、广州会展和数字经济知识产权专家、深圳市福田区人民法院调解员、深圳前海合作区人民法院调解员、广东省律师协会专利专业委员会委员、深圳市律师协会专利专业委员会委员。

管巧丽律师从事知识产权领域15年,累计为科技公司提供专利布局、专利地图、专利诉讼、专利无效、商标品牌维权、动漫作品、短视频、电影及类电作品等项目案件达千件,具有较丰富的知识产权诉讼、知识产权合规之办案经验。主办的不正当竞争案件荣获2022年中国法院50件典型知识产权案例。

《入职表》等具备《劳动合同法》规定的合同要素的文件具有劳动合同法律效力，单位无须因未签劳动合同赔付2倍工资

——郑某某、绵阳某科技公司劳动争议民事纠纷案

杨烁明

案情介绍

郑某某于2020年8月12日入职绵阳某科技公司工作。2020年8月，郑某某填写了《员工入职资料表》，资料表载明了郑某某基本信息、工作经历等，资料表背面，领导审批一栏，注明：入职部门为工艺……试用期为3个月，试用期工资3000元/月……绵阳某科技公司按照约定给付了工资。2021年2月底，因岗位调整等原因，郑某某从绵阳某科技公司离职。2021年3月，郑某某向绵阳市劳动人事争议仲裁委员会申请，要求绵阳某科技公司给付未签订劳动合同的经济补偿。绵阳市劳动人事争议仲裁委员会驳回其仲裁请求后，2021年7月，郑某某向法院起诉，要求认定仲裁裁决的《员工入职申请表》可以视为劳动合同的裁定无效及要求绵阳某科技公司给付2倍工资的经济补偿18250元。

裁判要旨

员工签字确认的《入职表》具备劳动合同法规定的合同要素的，视为签订了劳动合同，员工抗辩公司私自补充条款的不能推翻证据真实性，单位无须因未签劳动合同赔付2倍工资。

裁判结论

法院认为,用人单位招用劳动者、建立劳动关系应当订立书面劳动合同。郑某某填写的《员工入职资料表》包括了劳动期限、劳动报酬等,绵阳某科技公司按照约定给付了工资,已经实际履行约定,应视为郑某某与绵阳某科技公司签订了劳动合同。用人单位绵阳某科技公司不需要支付劳动者未签订书面劳动合同的2倍工资。郑某某诉称对入职表背面的内容毫不知情,内容下方没有签字按手印,笔迹清晰,不像是半年前的字迹,盖的印章也很明显是近期才加上去的等理由不能作为推翻《员工入职资料表》真实性的理由。对原告郑某某要求绵阳某科技公司给付2倍工资的经济补偿18250元的诉请不予支持。

判决:驳回原告郑某某的诉讼请求。

代理要点

一、论证《入职表》是否具有劳动合同的法律效力。

二、论证《入职表》背面的合同条款缺乏员工的签名确认并不影响证据真实性。

代理思路

本案属于未签劳动合同索赔2倍工资纠纷,是否判赔首先看是否签订了劳动合同,其次是未签订劳动合同的原因是否具有合法性。本案中,单位的主要答辩是双方已经签订了《劳动合同》,但单位又未能提交《劳动合同》,故答辩重点是提交其他形式的文件并论证该文件属于劳动合同性质,这样就能避免2倍工资的法律责任。

代理律师建议用人单位向人事部核查用人单位与员工曾签订过哪些文件。经查,劳动者在入职时已经与用人单位签订1份《入职表》,且用人单位所有员工入职时都会填写完整《入职表》,阅读过背面的附则条款。同期员工愿意出具证人证言,证明其他员工均签订了同样的《入职表》,阅读了正面、背面的所有条款,认可劳动合同的性质。

因此,代理律师的答辩意见为:(1)该合同文本系用人单位统一的范本,明确约定了劳动期限、劳动报酬、职位、社保购买等,符合《劳动合同法》规定的形式要件，依法应当认定为双方已经签订了劳动合同；(2)用人单位提供的陈某、贺某等同期员工的《试用期劳动合同》、正式《劳动合同》、证人证言等证据足以证明上述情况；(3)劳动者作为一名完全民事行为能力人，签署文件时应当具有审慎义务，即使劳动者自己未完整阅读《入职表》背面条款也应当自行负责；(4)在本案劳动合同履行过程中，用人单位依法通过公司公账发放工资、缴纳社保，不存在恶意拒签书面劳动合同的动机，也不存在导致劳动者维权困难的情形；(5)用人单位自成立以来一直严格遵守劳动法，从来没有因未签劳动合同被其他员工仲裁赔付过，故劳动者诉前用人单位未签劳动合同显然是不成立的。

律师评析

很多企业都不注重企业合规，在公司合同、劳动人事、规章制度等方面缺乏法律意识，仅提供简单的文本，甚至不提供文本，导致很多企业发生被劳动者索赔2倍工资的情形，而这类案件因为客观上确实没有签订劳动合同，导致在很多案件中用人单位都是败诉的。本案《入职表》的内容足够完整，加上律师针对性的代理意见才得以胜诉。很多单位败诉后觉得很不合理，但客观上没有签订劳动合同就是违反法律规定，可能导致劳动者维权困难，因此法律才规定2倍工资的惩罚性赔偿，其背后是有更深层次的法律基础的。

因此，建议企业自行整顿或者聘请常年法律顾问对公司的各项制度进行优化完善并对人事部进行法律培训，建立更加完善的人事管理制度。这样既可以避免承担赔偿2倍工资的法律责任，还能通过《劳动合同》《员工手册》等内容对考勤、调岗、出差、处罚等方面进行完善，可以更好地保障用人单位的合法权益，在公司对员工进行调岗或者辞退时也能进一步保证自身的合法性，减少被劳动权起诉判赔的风险。

法律依据

1.《中华人民共和国劳动合同法》第17条、第82条
2.《中华人民共和国民事诉讼法》第142条
3.广东省高级人民法院、广东省人力资源和社会保障厅《关于审理涉新冠

肺炎疫情劳动人事争议案件若干问题的解答》第4条第1款

4.《深圳市中级人民法院关于审理劳动争议案件相关法律适用问题的座谈纪要》第64条

杨烁明律师

现执业于北京市京师(深圳)律师事务所,系律所审判研究中心研究员、秘书,刑事专业委员会会员,深圳市律师协会会员。

杨烁明律师擅长并专注于处理重大疑难经济、金融、职务类犯罪案件,办理过不予批捕、不起诉、缓刑、减轻及从轻处罚的成功案例。执业期间代理多个民商事案件,担任某上市公司常年法律顾问,为客户提供优质法律服务。

因退休年龄引发的劳动合同终止问题，属劳动争议

——李某某诉某某证券有限公司劳动争议案

李佳越

案情介绍

原告李某某于2009年12月入职被告处担任经纪业务服务总部部长兼某某物资大楼营业部总经理。2013年12月27日原告被免去经纪业务服务总部部长，但继续担任某某物资大楼营业部总经理。2019年2月1日被告与原告签订《劳动合同书》，约定合同期限为无固定期限。从2019年2月1日起，原告的工作内容为管理相关岗位。2019年12月31日，被告通过人力部向原告发送通知，称："公司将不再向您发放工资、补贴及其他福利。公司人力资源总部此前已通知您办理退休和离职手续的相关事宜。"此后，双方因劳动合同是否终止未能达成一致意见，李某某向江西省劳动争议仲裁委员会申请仲裁。该委以申请人已达法定退休年龄、不具备仲裁主体资格为由作出不予受理通知书。故李某某诉至江西省南昌市新建区人民法院。

一审法院认为，按照现行法律及国家政策规定，女工人年满50周岁退休，女干部年满55周岁退休，如何认定女职工是属于工人岗位还是干部岗位，关键应认定女职工的岗位是否属于管理或技术岗位。对原告身份性质的认定及原告是否符合退休条件，应由劳动社会保障部门予以审核，属于劳动社会保障部门行政职权的范围，不属于人民法院受理劳动争议案件的范围，故对原告诉请的前三项，一审法院不予处理并判决驳回原告的全部诉讼请求。原告不服一审法院判

决上诉至江西省南昌市中级人民法院。

二审法院确认原告在离职前的岗位系管理岗,被告辩称已将原告由管理岗变更为综合岗没有事实和法律依据。至于管理岗人员系55周岁退休还是50周岁退休,此争议应由劳动社会保障行政部门作出审核认定。被告在无相应审核认定意见的情况下,径直解除双方之间的劳动合同,构成违法解除劳动合同,应支付经济赔偿金。

裁判要旨

女职工系55周岁退休还是50周岁退休,此争议应由劳动社会保障部门作出审核认定。用人单位在无相应审核认定意见的情况下,径直终止双方之间的劳动合同,构成违法解除劳动合同,应支付经济赔偿金。

裁判结论

二审法院撤销了江西省南昌市某某区人民法院一审判决,改判被告向原告支付经济赔偿金,并支付原告绩效奖金。

代理要点

一、一审法院认为,原告的退休年龄由劳动社会保障部门作出审核认定,那么被告在无相应审核认定意见的情况下,径直终止双方之间的劳动合同,属于违法解除。

二、被告既没有在发出终止劳动关系的通知前向深圳社会保障部门核实原告的退休年龄,也没有按照规定向深圳劳动行政部门提交《职工退休审批表》,取得劳动行政部门的审批,径直终止与原告的劳动合同,显然未履行办理退休的法定手续,属于违法终止。

代理思路

劳动者的退休年龄以现岗位来确定,而劳动者的现岗位以劳动合同中约定的岗位作为退休年龄的判断依据。李某某的劳动合同为管理岗,根据劳动和社会保障部《关于制止和纠正违反国家规定办理企业职工提前退休有关问题的通知》第1条,国家法定的企业职工退休年龄是男年满60周岁、女工人年满50周岁、女干部年满55周岁。故原告应当55周岁退休。《劳动合同法实施条例》第21条规定,劳动者达到法定退休年龄的,劳动合同终止。李某某未达法定退休年龄,被告与其终止劳动合同属于违法解除。

律师评析

我国女职工的法定退休年龄,因身份的不同而不同。女工人50周岁退休,女干部55周岁退休。如何区分是干部身份还是工人身份,在不同的历史阶段,判断标准也有所不同。早期在全民所有制用工年代,主要是依靠档案进行判断,随着慢慢转变为劳动合同制,判断女职工身份的标准,已经转变为以"现岗位"作为判断标准。

如劳动部〔1995〕309号文,第75条有明确规定:"用人单位全部实行劳动合同制度后,职工在用人单位内由转制前工人岗位转为原干部(技术)岗位或由原干部(技术)岗位转为原工人岗位,其退休年龄和条件,按现岗位国家规定执行。"

虽然女职工的退休年龄规定得相对比较清晰,但在实务中,很多用人单位在女职工年满50周岁时,以劳动者达到法定退休年龄为由终止其劳动合同。背后的原因多种多样:有些因不清楚法律规定,单纯以社保不能继续缴纳为由终止;有些因人事斗争,希望顺势安排劳动者退休;有些则为了节约人力成本,希望解决一批工作年限长,但"性价比"低的劳动者。

不论用人单位终止劳动合同背后的原因为何,用人单位的终止行为与劳动者希望继续工作之间始终存在着不可调和的矛盾。因此,用人单位以"达到法定退休年龄"为由,终止50岁女职工劳动合同时,不仅需要核查女职工的原始档案中记载的身份到底是"干部"还是"工人",还需要查明女职工的岗位性质。若女职工属于管理人员,在管理岗位工作的,则应当续延其劳动合同直至55周岁。

法律依据

1.《中华人民共和国劳动合同法》第48条、第87条、第98条

2.《中华人民共和国民事诉讼法》第170条第1款第2项

注:本案例以李佳越律师代理的真实案例为原型整理而成,基本案情及判决理由均有不同程度的删节和修改。

李佳越律师

现执业于北京市京师(深圳)律师事务所,系律所高级合伙人、劳动争议法律事务部主任、深圳市律师协会劳动法律专业委员会委员、深圳市优秀女律师。主要执业范围为企业用工实务风险防控和劳动争议预防及处理,如劳动关系解除,劳动报酬、提成、绩效争议,竞业限制违约,违法终止劳动合同,企业搬迁人员安置,企业合规用工等。

李佳越律师所做的关于"从入职到离职风险防控""企业三金风险防控"系列讲座,获得中小企业的认可及好评。李佳越律师对本区的劳动争议裁判尺度、裁判规则有较为精准的把握,已经承办超过500宗劳动争议案件,累计发布150余篇专业普法文章,为中外企业提供了优质的劳动法律服务。

海关查验扣货行为引起的纠纷，承运人如不能证明海关扣货事实，则须承担赔偿责任

——东某公司与捷某公司海上、通海水域货物运输合同纠纷案

杨文倩

案情介绍

2018年1月15日，原告东某公司代理人李某通过QQ委托被告捷某公司将38件太阳能电池板货物运至美国堪萨斯州亚马逊仓库，同时委托捷某公司办理包括进出口报关清关在内的全部运输相关事宜，运输费用合计人民币8671元。东某公司随后通过李某的个人账户向捷某公司支付了上述费用。2018年2月8日，捷某公司称涉案货物被美国海关查验，后被扣押并销毁，至今仍不能交付货物。2018年6月7日，双方就涉案货物的赔偿事宜进行了协商，双方同意因涉案货物被海关查扣，捷某公司先赔偿东某公司人民币4万元，同时捷某公司披露其将货物的报关事宜转委托永某公司负责，后续双方协助一起向永某公司索赔，捷某公司于同日向李某账户转账支付了人民币4万元，东某公司确认已收到该款项，但主张该款项为他案货物运输运费的部分退款，与本案无关。

东某公司向某某海事法院起诉请求捷某公司赔偿涉案货物价值损失3800美元以及运费损失人民币8671元。

法院认为：东某公司与捷某公司之间成立海上货物运输合同法律关系，理由在于双方约定"双清包税"的业务模式，构成多式联运合同关系。东某公司已向捷某公司支付了涉案货物运输的运费，履行了合同义务，捷某公司作为多式联运

经营人，同样负有将涉案货物运至目的地并交付收货人的义务。涉案货物在被交付至收货人之前已经灭失，捷某公司作为多式联运经营人，依法应就涉案货物的灭失向东某公司承担赔偿责任。至于捷某公司主张涉案货物未交付是由于海关扣押而非其原因导致的，与其履行的货运事务无关，捷某公司不存在过错，故无须承担赔偿责任，但没有提供充分证据加以证明，其抗辩理由缺乏事实和法律依据，不能成立。

东某公司主张货物价值为3800美元，并提交了装箱单、发票、同类商品市场价格信息、同类型产品出口报关资料、形式发票等证据材料，但上述证据材料的证明力均已被否定，东某公司也未提交其他足以证明涉案货物价值的证据，应自行承担举证不能的法律后果，因此，其请求捷某公司赔偿涉案货物价值损失3800美元，缺乏事实依据，依法不予支持。东某公司向捷某公司支付的运费人民币8671元，捷某公司应依法向东某公司赔偿。至于捷某公司主张双方就涉案货物损坏事宜达成和解，捷某公司向东某公司支付了和解款项人民币4万元，双方纠纷已全部解决，但捷某公司未提交充分证据证明其主张，抗辩理由缺乏事实依据，不能成立。

裁判要旨

承运人根据《海商法》第51条规定主张涉案货物未交付是由于海关扣押导致，进而主张免除赔偿责任的，须由承运人提供充分证据证明海关扣货事实，否则其抗辩理由不能成立。

裁判结论

某某海事法院判决：捷某公司赔偿东某公司运费损失人民币8671元及其利息；驳回东某公司的其他诉讼请求。

代理要点

一、捷某公司与东某公司之间是海上货运代理合同法律关系，而非运输合同关系。

二、涉案货物未交付是由于海关扣押而非捷某公司的原因导致的，与捷某公司履行的货运代理事务无关，捷某公司不存在过错，东某公司主张其遭受的损失与捷某公司处理货运代理事务不具有因果联系。

三、东某公司主张的货物价值为其单方确定,东某公司没有提供其他客观证据证明本案货物的确切价值。

代理思路

一、本案中,东某公司与捷某公司成立海上货运代理合同法律关系对捷某公司更有利,根据《最高人民法院关于审理海上货运代理纠纷案件若干问题的规定》第2条,货代公司因处理海上货运代理事务与委托人之间形成代理、运输等不同法律关系的,应当分别适用相关的法律规定。若双方成立货运代理合同关系,则适用《民法典》中的相关规定,即捷某公司无过错地履行了代理行为,则完成合同义务,无须承担赔偿责任;若双方成立运输合同关系,则适用《海商法》、国际公约等相关规定,即捷某公司须将涉案货物运至目的地并交付给收货人才履行完合同义务。

二、根据《海商法》第51条第5款规定,在责任期间货物发生的灭失或者损坏是由于海关扣货的,承运人不负赔偿责任。但由于海关扣货事实的举证责任在捷某公司一方,货代公司很难取得海关出具的相关扣货文件,难以证明海关扣货事实,故捷某公司主张成立海上货运代理合同关系,根据《最高人民法院关于审理海上货运代理纠纷案件若干问题的规定》第10条的规定,捷某公司仅须举证证明自己无过错则不承担赔偿责任。

三、东某公司主张货物价值为3800美元,货物价值的举证责任在东某公司一方,其提交的装箱单、发票、同类商品市场价格信息、同类型产品出口报关资料、形式发票等证据材料不足以证明涉案货物价值。

律师评析

司法实践中,货代公司与委托人采用双清包税、FBA+派送等业务模式,法院倾向认定双方成立海上货物运输合同关系,即使货代公司根据委托代理业务,转委托运输、报关等事宜,责任期间货物丢失、灭失风险也由货代公司作为承运人先行承担。同时由于海关扣货事实取证难,海关扣货文件应当符合证据形式要求才能得到法院的采信,故货代公司应当更加注意海关控货与扣货的风险防控,注意前期报关文件、材料的收集,如无法获取海关扣货文件,可联系当地律师及公证员采取扣货事实的证据固定。建议货代企业尽量避免作为承运人,尽量与委托人成立货运代理合同法律关系,因为货物丢失、灭失以及无单放货是运输合同项下的运输风险,代理人无过错则无须承担责任。

法律依据

1.《中华人民共和国海商法》第 55 条、第 103 条
2.《中华人民共和国民事诉讼法》第 64 条第 1 款
3.《最高人民法院关于适用〈中华人民共和国民事诉讼法〉的解释》第 90 条

杨文倩律师

　　法律硕士、中共党员。现执业于北京市京师(深圳)律师事务所,系律所专职律师,高级企业合规师,福州工商学院法学老师,深圳市前海国际商事调解中心调解员。

　　杨文倩律师主要业务范围为国际物流纠纷、国际贸易纠纷、劳动纠纷、企业常年法律顾问等,她具备扎实的法学理论及丰富的办案经验,在法律工作中,注重知识更新,钻研法律业务,不断提高专业水平,善于为委托人选择最佳的解决方案,以严谨务实的态度为客户提供优质的法律服务。

股东会加速到期决议不适用资本多数决规则
——姚某与某投资管理有限公司、章某等公司决议纠纷案

胡晨曦

案情介绍

2017年7月17日,某公司形成新的公司章程,载明:第四条某公司注册资本1000万元;第五条第三人章某出资700万元、姚某出资150万元、第三人蓝某、何某各出资75万元,出资时间均为2037年7月1日。公司登记机关备案材料显示,姚某和三名第三人成为某公司股东,姚某持股15%、第三人何某持股7.5%、第三人章某持股70%、第三人蓝某持股7.5%。

2018年11月18日,某公司形成2018年第一次临时股东会决议,载明:应到会股东4人,实际到会股东为3个第三人,占总股数85%,姚某收到股东会通知后未出席股东会,也未委托其他人出席股东会,会议由执行董事主持,到会股东一致同意形成决议如下:1.选举何某为公司监事,免除姚某的公司监事职务;2.通过章程修正案;3.姚某未按照约定缴付出资款700万元,且在某公司多次催缴的情况下仍拒不履行出资义务,股东会决定限制姚某的一切股东权利(包括但不限于收益分配权、表决权、知情权等),直至姚某履行全部出资义务之日止;4.采取一切必要措施要求姚某履行出资义务(包括但不限于向姚某发送催款函、委托律师代表某公司向姚某提起诉讼或仲裁等);到会3位股东合计持有某公司85%股权,代表的表决权超过2/3,以上决议内容符合公司法及公司章程的规定,合法有效。上述临时股东会决议第二项决议所涉章程修正案,载明如下内容:将某公司章程第五条姚某及3个第三人作为某公司股东的出资时间2037年7月1日修改为出资时间2018年12月1日;上述章程修正案落款处由第三人章

某作为某公司法定代表人签名,落款时间为 2018 年 11 月 18 日。

姚某于一审起诉确认某公司于 2018 年 11 月 18 日作出的 2018 年第一次临时股东会决议无效。

裁判要旨

有限责任公司章程或股东出资协议确定的公司注册资本出资期限系股东之间达成的合意。除法律规定或存在其他合理性、紧迫性事由需要修改出资期限的情形外,股东会会议作出修改出资期限的决议应经全体股东一致通过。公司股东滥用控股地位,以多数决方式通过修改出资期限决议,损害其他股东期限权益,其他股东请求确认该项决议无效的,人民法院应予支持。

裁判结论

一审法院认定:被告要求各个股东完成注册资本的缴纳期限从 20 年左右缩减于半个月不到的时间内,却未对要求提前缴纳出资的紧迫性等作出说明,不具有合理性;要求自然人于短期内完成 100 余万元的筹措,亦不符合常理。出资期限提前涉及股东基本利益,不能通过多数决的方式予以提前,故涉案临时股东会决议中第二项决议无效。判决确认:被告某投资管理有限公司于 2018 年 11 月 18 日作出的 2018 年第一次临时股东会决议中的第二项决议"通过章程修正案"无效;某公司不服一审判决结果,提起上诉。

二审法院认定:本案临时股东会决议第二项系通过修改公司章程将股东出资时间从 2037 年 7 月 1 日修改为 2018 年 12 月 1 日,其实质系将公司股东的出资期限提前。而修改股东出资期限,涉及公司各股东的出资期限利益,并非一般的修改公司章程事项,不能适用资本多数决规则。一审判决认定本案要求股东提前出资不具有合理性且不符合常理,并无不当。章某、何某、蓝某等股东形成的临时股东会决议,剥夺了姚某作为公司股东的出资期限利益,限制了姚某的合法权益。一审判决确认该项决议无效,于法有据,予以认可。

代理要点

一、某公司 2018 年 11 月 18 日临时股东会的召集和通知违反《公司法》的程序规定。

二、某公司利用资本多数决规则通过关于修改出资期限的股东决议事项侵害了小股东的出资期限利益。

> **代理思路**

一、某公司 2018 年 11 月 18 日临时股东会的召集和通知程序违反《公司法》的规定

临时股东会的召开由具有临时股东会召开提议权的主体按照《公司法》第 41 条之规定,在会议召开 15 日前将会议召开时间、地点,以及已确定的决议事项通知全体股东。公司章程或者全体股东可以约定不同于前述期限的股东会通知时限。某公司在召开 2018 年 11 月 18 日临时股东会之前,在邮寄送达股东会召开通知文件时,实际送达的地址信息并非姚某的有效联系地址,邮件签收人也并非姚某本人,实为无效送达,某公司临时股东会的召集和通知违反了《公司法》的程序规定。

二、某公司利用资本多数决规则通过关于修改出资期限的股东决议事项侵害了小股东的出资期限利益

股东会应当对所议事项的决定作成会议记录,股东会会议作出修改公司章程、增加或者减少注册资本的决议,以及公司合并、分立、解散或者变更公司形式的决议,必须经代表 2/3 以上表决权的股东通过。而修改股东出资期限不应适用资本多数决规则,除法律规定或存在其他合理性、紧迫性事由需要修改出资期限的情形外,股东会会议作出修改出资期限的决议应当经全体股东一致通过。某公司在未能有效通知到股东姚某情形下,以资本多数决的方式通过股东会决议决定股东姚某出资期限提前到期,剥夺了小股东姚某的出资期限利益,限制了小股东的合法权益,故某公司 2018 年 11 月 18 日临时股东会的股东会决议第二项中关于股东出资提前到期的决议内容应属无效。

> **律师评析**

一、股东会决议是股东会就公司事项通过的议案,是公司的直接意思表示。在公司经营过程中,常有公司股东利用自己的控股地位,或几个股东因利益结合达到控股地位后,采取股东会决议的形式谋求自身利益,损害其他中小股东权益。股东出资期限是全体股东之间对于公司履行出资义务达成的一致约定,在不影响公司正常经营的情形下,属合法有效。股东的出资期限利益,是公司资本认缴制的核心要义,系公司各股东的法定权利。结合《全国法院民商事审判工作会议纪要》关于股东出资加速到期情形的规定,公司一般只在拖欠员工劳动报酬形成的债权,以及在公司无资产可供执行的情况下,可以要求公司股东提前出资或加速到期以承担相应的法律责任。囿于现行《公司法》中未有股东出资加速到期的明确规定,致使实务中对于股东加速到期的情形认定存在诸多争议,全国法院通行的追索路径是债权人基于法院出具的执行终本裁定书,循执行异议程序追加未届出资期限的股东在未出资范围内对公司不能清偿的债务承担补充赔偿责任。

二、本案二审判决确认修改出资期限使加速到期不属于修改公司章程中的公司经营管理事项,一审判决确认案涉股东会决议无效与二审判决认定具有类似的法律后果,但二审法院认定无效基于股东按期出资本质上属于各股东之间的一致约定,公司不存在各股东提前出资或加速到期法定情形,公司不能以资本多数决的方式,以多数股东意志变更全体股东之间形成的一致意思表示。本案的裁判意义就在于明确公司股东的出资期限不得通过资本多数决方式予以变更,杜绝股东滥用控制地位,以多数决方式通过公司决议修改出资期限决议,损害中小股东的出资期限利益,为中小股东诉讼确认公司无效决议提供示范和引导。

法律依据

《中华人民共和国公司法》第28条、第37条、第39条、第41条、第43条

胡晨曦律师

法学学士,现执业于北京市京师(深圳)律师事务所,专注公司法、合伙企业法、破产法、合同债权、物权、担保制度等民商事领域,在行政诉讼、刑事辩护领域亦有丰富的办案经验。

无论是虚假出资还是抽逃出资均属于出资瑕疵，公司有权要求瑕疵出资股东承担补足出资责任

——何某元与某公司、张某等公司增资纠纷案

吕泰雍治

案情介绍

某公司的股东原为张某、吴某红。2007年12月28日，张某、吴某红将其部分股权进行了转让，某公司的股东遂变为张某、吴某、财某公司、张某文、陈某。

2008年2月27日，某公司股东会决议同意张某文将其持有某公司的部分股权转让给何某元，并于2月28日办理了变更登记，何某元成为某公司的股东。

2008年3月18日，某公司召开股东会，公司注册资本由2788万元增资到10088万元。变更后的股权比例为：何某元由原来的697万元增资到2522万元，占公司股份25%；张某由原来的694万元增资到2511万元，占公司股份24.89%；张某文由原来的139万元增资到2329万元，占公司股份23.09%；吴某红由原来的282万元增资到1020万元，占公司股份10.11%；陈某由原来的279万元增资到1009万元，占公司股份10%；财某公司出资697万元，占公司股份6.91%。以上决议，何某元增资1825万元，张某增资1817万元，张某文增资2190万元，吴某红增资738万元，陈某增资730万元，合计增资7300万元。该决议某公司各股东均签字或盖章确认。

2008年3月24日，何某元在江苏东吴某银行开设个人银行结算账户，当日该账户进款7300万元，其中，收款人为孙某的本票2200万元、3700万元，收款人

为黄某的本票750万元,均背书给何某元入账;苏州市平江区某技术咨询服务部转账400万元;储蓄存款存入250万元。当日,上述款项又以何某元名义分6笔被全部取出。同日,某公司在银行账户上现金解款入账合计7300万元,其中以张某名义进投资款1817万元,以吴某红名义进投资款738万元,以陈某名义进投资款730万元,以张某文名义进投资款2190万元,以何某元名义进投资款1825万元。会计师事务所出具验资报告,确认截至2008年3月24日,某公司的实收注册资本为10088万元。该验资报告附件载明,某公司开业至今尚未开展经营活动,本次验资前所有者权益为23154746.18元。

2008年3月25日,某市工商行政管理局核准变更登记,变更登记事项与2008年3月18日股东会决议内容一致。工商核准变更登记当日,某公司账户中的7300万元增资款被全部转出,其中,以往来用途转至永某公司3700万元(转账凭证上加盖某公司财务专用章及张某印鉴章,并留有何某元身份证号码);以往来用途转至某联公司2000万元(转账凭证上加盖某公司财务专用章及张某印鉴章,并留有何某元身份证号码);两次以还款用途、两次以借款用途,分4笔400万元合计1600万元转至张某账户(转账凭证上加盖某公司财务专用章及张某印鉴章,并留有张某身份证号码)。永某公司收到上述3700万元转账后于同日转给顾某国;张某账户转入1600万元后,同日有1447万元转入潘某良账户,150万元转入黄某账户,50万元被取现。

对于7300万元增资款的来源及流向,何某元在本案审理中陈述:借款增资系所有股东当时的意思表示,7300万元均系其向他人借款后,以各股东名义增资,具体资金运作是张某文经办,其对于7300万元的转出并不知情。在法庭询问何某元7300万元是向谁借款、如何借款、是否归还、如何还款等问题时,何某元以问题与本案无关为由未回答。对于为何3700万元及2000万元的转账凭证上留有何某元的身份证号码,何某元陈述其对于款项转出的手续不清楚,只是事后从相关案件材料中调到。张某在本案审理中陈述:7300万元是由何某元出资来增资,再把7300万元分摊到各个股东,对7300万元增资的来源其并不清楚;某公司的财务专用章及其本人印鉴章均由张某文控制,其是在相关诉讼发生后到苏州查询才知资金被抽逃;其不清楚7300万元为何转出,某公司与永某公司、某联公司之间没有交易往来,增资时其与吴某红的身份证被拿走,某公司1600万元转入其名下账户不是其经手。某公司管理人陈述,锴某公司和永某公司、某联公司之间没有任何商业往来,但转账凭证上留的身份证号码是何某元的身份证号码。

又查明,在一审法院受理的(2008)通中民二初字第××××号案中,对案涉某公司7300万元增资的相关事实,张某、吴某红、何某元均承认某公司工商资料相关决议增资文件上签名真实,且对某公司借款增资的事实知情。但在如何操作等细节上各存在争议。在该案中何某元陈述:对借款增资,在张某和杨某保证的情况下,其同意他们去借款增资,资金由张某和张某文运作,不是其本人所出;其个人账户同一天进出7300万元,某公司账户同一天增加7300万元,应属同一笔资金,但其对账户的开设、资金的运转都不知情;其身份证在张某文手上,银行凭证上的签字都不是其所签。张某陈述:其对增资如何操作不清楚,某公司的财务章和法定代表人印鉴章是交给张某文控制使用;何某元对整个增资的过程知情;某公司与永某公司、某联公司之间没有业务往来,转出资金到永某公司、某联公司等,应该是归还借款。

在一审法院受理的(2008)通中民二初字第××××号案中,对案涉某公司7300万元增资的相关事实,何某元、张某文、张某表示对借款增资的方案知晓,在保证张某和杨某承担责任的情况下,同意由张某运作借款增资,7300万元增资款全部到位,钱都是张某出面帮大家借的,最后划到何某元账上再打到各股东账户上作为注册资本。何某元陈述:其把身份证交给张某文、张某运作,钱如何进其账户、注册资本运作等问题,其都不清楚,银行资料中其签字非本人所为,增资款的进入及流出其均不清楚,也与其无关。

在一审法院受理的(2008)通中民二初字第××××号案中,对案涉某公司7300万元增资款被转走的相关事实,张某在该案听证时陈述当时股东会有决议,先向上海方搞款,然后验资后撤资,在苏州某县个信用社验资,其对7300万元增资全部转走的情况清楚,但具体转走事宜不是其操作,是上海的张某文操作。

另查明,2011年1月5日,申请人南通某铝业有限公司以某公司资不抵债、不能清偿到期债务为由,向一审法院申请对某公司进行重整。2011年5月26日,一审法院作出(2011)通中商破字第××××号裁定书,裁定某公司重整。由于某公司及管理人未能向法院和债权人会议提出重整计划草案,一审法院于2012年5月11日作出(2011)通中商破字第××××号裁定书,裁定终止某公司重整程序、宣告锴某公司破产。南通某会计师事务所受本院委托,对某公司进行了破产审计,并作出长城审字(2011)××号审计报告,该报告载明"实收资本:2011年2月22日报表余额2788万元,由张某、何某元、陈某、吴某红、张某文、财某公司投入。2008年3月24日公司增资7300万元未入账,此次审计调增7300万元,调整后余额10088万元。详见附件14"。

江苏某某市中院认为,《最高人民法院关于适用〈中华人民共和国公司法〉若干问题的规定(三)》[以下简称《公司法司法解释(三)》]第20条规定,当事人之间对是否已履行出资义务发生争议,原告提供对股东履行出资义务产生合理怀疑证据的,被告股东应当就其已履行出资义务承担举证责任。本案中,张某、吴某红、何某元对于某公司股东会决议增资7300万元以及各股东认缴份额并申请工商变更登记的事实均无异议,各股东理应向某公司全面履行出资义务。现有证据显示,何某元于2008年3月24日进账7300万元后又取出,当日某公司入账7300万元增资款,验资完毕次日该7300万元即转出给永某公司、某联公司及张某。某公司所增注册资金的来源及流向情况异常,足以使人产生合理怀疑,故各股东应就其非虚假或抽逃增资承担举证责任,但张某、吴某红、何某元等均未能对此举证证明,应承担不利的法律后果。对于如何履行增资义务,增资以后资金为何转出等事实,张某、吴某红在数次诉讼中曾称对于具体如何运作均不知情,并确认某公司与永某公司、某联公司没有业务往来,但又曾称对于转走增资款股东会有过决议先验资再撤资。而何某元在另案中陈述其不知增资款是向谁所借、具体如何运作不知情,在本案中又陈述7300万元增资款均系其向他人所借,但对向谁借款、如何借款、是否归还、如何还款等事实以与本案无关为由未做陈述。事实上,从案涉7300万元增资款转出凭证而言,相关凭证上均有某公司财务专用章及张某印鉴章,部分凭证上并留有何某元的身份证号码,部分款项亦汇入张某账户,虽然张某及何某元均以当时相关印章及证件由他人持有为由称非自己实施资金转出行为,但案涉增资款来源于借款,用于验资后在工商部门核准变更登记当日即抽逃是客观事实,而从款项来源、抽逃时间以及各股东对相关事实矛盾的陈述上分析,足以证明某公司各股东并无真实增资意图,各股东行为性质实为建立在虚假意图上的虚假增资,不属于工商变更登记完成后的抽逃增资。至于谁具体操作了借款增资和抽逃行为,对本案法律适用并无实质影响。故,因张某、吴某红、陈某、张某文、何某元增资时未履行出资义务,某公司诉请要求补足各自增资并承担利息损失合法有据,予以支持。

连带责任是法定责任,只有法律有明确规定时才能适用。我国《公司法》等相关法律及司法解释并未规定有限责任公司增资时未履行出资义务的各股东之间对于未缴清的注册资本承担连带责任。某公司庭审中明确依据我国《公司法》第178条及《公司法司法解释(三)》第13条第3款的规定,主张张某、吴某红、陈某、张某文、何某元对未缴清注册资本7300万元及占用期间的利息承担连带责任,但其理由不能成立。我国《公司法》第178条第1款规定,有限责任公司增加注册资本时,股东认缴新增资本的出资,依照本法设立有限责任公司缴纳出资的有关规定执行。该条目的旨在明确股东增资时的出资适用与公司设立时的出资相同的规定,也正是基于此,对某公司在各股东未履行增资义务的情形下要求各股东向公司依法全面履行出资义务的主张应予支持。但公司设立时发起人对股东出资瑕疵的责任与公司设立后股东之间对增资瑕疵的责任不同,《公司法司法解释(三)》第13条第3款与第4款对于股东在公司设立时和增资时未履行或者未全面履行出资义务的情形进行了区分,分别列明了公司设立阶段、公司增资过程中责任承担的不同主体。该条第3款明确规定,股东在公司设立时未履行或者未全面履行出资义务,依照本条第1款或者第2款提起诉讼的原告,请求公司的发起人与被告股东承担连带责任的,人民法院应予支持;公司的发起人承担责任后,可以向被告股东追偿。该条款针对的是股东在公司设立时未履行或者未全面履行出资义务的情形,且针对的是公司的发起人与被告股东之间的连带责任。而本案系张某、吴某红、陈某、张某文、何某元在增资时未履行出资义务,显然并不符合该条款所适用的条件。因此,某公司主张张某、吴某红、陈某、张某文、何某元对未缴增资7300万元及占用期间的利息承担连带责任于法无据,不予支持。

裁判要旨

《公司法》第28条、第178条对公司股东履行出资、增资义务作了明确规定,若股东出资有瑕疵的,应依法承担责任。而无论是虚假出资还是抽逃出资均属于出资瑕疵,公司有权要求瑕疵出资股东承担补足出资责任。

裁判结论

江苏某某市中院判决：一、张某于判决生效后 10 日内向某公司缴纳出资 1817 万元及利息（以 1817 万元为基数，自 2008 年 3 月 25 日起至实际支付之日止，依照中国人民银行同期同档贷款利率计算）；二、吴某红于判决生效后 10 日内向某公司缴纳出资 738 万元及利息（以 738 万元为基数，自 2008 年 3 月 25 日起至实际支付之日止，依照中国人民银行同期同档贷款利率计算）；三、陈某于判决生效后 10 日内向某公司缴纳出资 730 万元及利息（以 730 万元为基数，自 2008 年 3 月 25 日起至实际支付之日止，依照中国人民银行同期同档贷款利率计算）；四、张某文于判决生效后 10 日内向某公司缴纳出资 2190 万元及利息（以 2190 万元为基数，自 2008 年 3 月 25 日起至实际支付之日止，依照中国人民银行同期同档贷款利率计算）；五、何某元于判决生效后 10 日内向某公司缴纳出资 1825 万元及利息（以 1825 万元为基数，自 2008 年 3 月 25 日起至实际支付之日止，依照中国人民银行同期同档贷款利率计算）；六、驳回某公司的其他诉讼请求。判决后，何某元提起上诉。

江苏省高级人民法院作出民事判决：驳回上诉，维持原判。

代理要点

一、何某元等股东并未实际出资；
二、上诉人何某元等股东的验资款来源于借款。

代理思路

一、何某元等股东并未实际出资

所谓增资的资金于验资后随即被全部转出，股东实质上并未真实出资。何某元以款项于验资当日存在于公司账户即主张已实际出资，与我国《公司法》相关增资的法定含义相违背。

二、上诉人何某元等股东的验资款来源于借款

何某元在一审中以及其他几个与本案增资相关的其他案件中均予以认可验资款来源于借款。何某元等股东所谓的款项流入，仅是为了骗取工商登记，并非为了增加公司注册资本。

律师评析

《公司法》第 28 条、第 178 条对公司股东履行出资、增资义务作了明确规定,若股东出资有瑕疵的,应依法承担责任。而无论是虚假出资还是抽逃出资均属于出资瑕疵,公司有权要求瑕疵出资股东承担补足出资责任。实务中经常会有股东通过虚假增资、抽逃出资等行为侵害到公司的资产,且单纯地认为公司的资产本质上也是自己股东的资产,即便有股东对公司资产与股东个人资产有一定认知,但是仍觉得公司由股东掌控,即便股东损害了公司利益,只要全体股东都认可就没事。实际上,这是非常错误的认知,要知道股东损害了公司资产,就意味着公司债权人的利益受到损害,公司债权人有权利追究股东个人责任。如本案,当公司进入破产程序,股东就必须承担因瑕疵出资而产生的补充责任了。

法律依据

1.《中华人民共和国公司法》第 28 条、第 178 条

2.《最高人民法院关于适用〈中华人民共和国公司法〉若干问题的规定(三)》第 13 条第 1 款

3.《中华人民共和国破产法》第 35 条

4.《中华人民共和国民事诉讼法》第 144 条

吕泰雍治律师

法学学士、经济学学士,现执业于北京市京师(深圳)律师事务所,系律所高级合伙人、公司治理法律事务部主任。吕泰雍治律师执业 8 年以来,主要业务范围为公司股权架构设计、公司股权激励、公司股权投融资以及股东争议解决。

未实现业绩对赌触发回购条款后，确定应当履行回购义务的责任人

——某基金与某公司及其实际控制人股权转让合同纠纷案

林 娜

案情介绍

2018年9月某基金对某公司进行股权投资，某基金与某公司全体股东、实际控制人签署投资协议及补充协议，以某公司投后估值人民币2.5亿元为计价依据，某基金以认购新增注册资本的形式，投资人民币1000万元持有某公司4%股权。协议还约定了工商变更、公司治理、历史债务处理、业绩承诺、对赌回购、违约责任、争议解决等条款，该公司实际控制人A、法定代表人B及股东C为共同回购义务人，同时实际控制人A的配偶D也向某基金出具独立的担保函，承诺对投资协议项下应当由A、C履行的回购义务承担无限连带保证。

某基金按照投资协议约定支付了投资款，但某公司未按照投资协议约定办理相应的工商变更登记，未调整公司治理结构，未对历史债务妥善处理，连续三年净利润低于业绩承诺的70%，触发了三项投资协议约定的回购条款。2022年6月，某基金向法院起诉，要求回购义务人按照投资协议约定的价格，共同连带地回购基金持有的公司股权，担保人D对回购义务人A、C的回购义务承担连带责任。

诉讼中，被告回购义务人辩称未实现承诺业绩是中美贸易战导致客户订单减少，加上疫情防控的不可抗力导致的，不认为因此需要承担业绩赔偿。担保人辩称自己签署担保函时，不知函件内容，且其未在公司任职，未参与公司经营管

理,不清楚公司情况,当前已经与实际控制人 A 离婚,不应当承担保证责任。

某某区法院认为:本案中,各方签署了投资协议,约定了"对赌协议"及回购义务人的连带保证责任,是当事人真实意思表示,且不违反法律规定,合法有效,应受法律保护;原告按照投资协议约定支付了投资款,完成了投资义务,但某公司至今未办理工商变更登记,原告至今非该公司登记股东,且未实现投资协议约定的业绩指标,事实上股权回购条件已经成就,原告有权依据协议约定收回回购款并获得补偿;担保人出具的《担保函》明确承诺"提供个人无限连带责任担保"即连带责任保证,故应当承担相应保证责任。

裁判要旨

法律行为发生时《民法典》尚未生效,依据原《合同法》、原《担保法》规定,某公司触发回购条款,合同约定的回购义务人应当按照合同约定的方式承担回购义务;提供书面担保函的人为担保人,应当承担约定的保证责任。

裁判结论

某某区人民法院根据《合同法》第 60 条、第 107 条,《担保法》第 13 条、第 18 条、第 31 条,《民事诉讼法》第 67 条、第 147 条规定判决回购义务人 A、B、C 共同向原告支付股份回购价款;担保人对上述债务承担连带清偿责任。

代理要点

一、投资协议的有效性

某基金至今尚未变更工商登记为某公司之股东,在本案中需要首先明确投资协议是否有效签署、生效及被执行,某基金享有的是基于公司股东主张的股权回购权?抑或是基于债权人主张的债权请求权?

二、相对方的合同义务是什么

作为投资标的的相对方,某公司及其股东、实际控制人、法定代表人在投资协议中的义务具体是什么?违约行为是什么?违约主体是谁?违约行为是否明确有责任义务主体?违约责任具体是什么?

三、回购条件是否成就

投资协议中是否具体明确回购条件?回购条件是否成就?何时成就?某基

金的主张是否超过诉讼时效或合理期限？

四、回购义务人及回购价格

投资协议中约定的承担回购责任的回购义务人是谁？是否有履行顺序？回购价格如何确定？回购如何执行？

五、担保人的保证责任

保证人承担的是一般保证责任还是连带保证责任？是否在保证期间？

代理思路

一、投资协议是否成立并生效

投资协议经各方依次签署后生效，同时，某公司出具了股东会决议审议通过某基金的入股事宜，某基金的公司股东身份没有争议。某公司虽至今未办理股东变更的工商登记手续，但企业法人的工商登记具有对外的公示效力，对于标的公司内部而言，应当遵循各方依法签署的书面协议。在本案中，我们初步确定以股东要求回购义务人回购股权为切入点提起民事诉讼。

二、投资协议的履行顺序

确定投资协议约定义务的履行顺序非常重要，一方的违约是否有合理依据？是否基于不安抗辩权？某基金是否有先履行义务？某基金是否妥善履行了先履行义务？代理本案时，我们充分研究，罗列协议确定的各方履行顺序，提前预演被告可能提出违约抗辩理由并逐一应对。某基金在投资协议中的先履行义务为支付投资款，已经及时完成；而后，某公司及其股东应当履行工商变更、调整公司治理、持续经营等义务，某公司触发的回购条款均不存在以某基金的先履行义务或者辅助义务为前提，不安抗辩权不能成立。

三、违约行为

本案中违约行为主要有未办理工商变更登记、未调整公司治理结构、未及时处理历史债务、未实现承诺业绩指标几项，其义务人即违约方均为被告方及标的公司。

四、违约责任

违约行为在协议中对应的违约责任分别是什么，违约责任可合并主张还是择一主张？我们把某基金可以主张的权利一一罗列后，还需要了解基金方对争议的心理预期是什么。是要求赔偿金并继续履行？还是要求退出回购？经过充分沟通,某公司当前的经营状况不佳,继续持股对某基金来说无法取得更大收益,并且,某基金当前已经处于项目退出期,回购退出的诉求较强。故最终的诉讼请求确定为要求回购义务人履行回购义务。

律师评析

民商事活动应当以诚实信用为基石,各方基于真实意思表示签署的投资协议应当遵照执行。本案涉及的对赌协议又称"估值调整协议",是股权投资范畴较为通常的做法,指的是投资人在对标的公司进行股权投资时,与标的公司及其股东约定若触发一定的对赌条件,则回购义务人应当按照约定价格购回投资方全部或部分股权,以解决交易双方对目标公司未来发展的不确定性、信息不对称以及管理成本等问题。某基金按照投资协议约定支付了投资款,已经履行了合同义务,作为相对方,公司及其股东均应当按照合同约定为其办理工商变更登记、调整公司治理、处理历史债务等,未妥善履行应当承担相应违约责任,触发回购条款的,回购义务人应当承担回购义务。

在本案中,某公司未按照约定为某基金办理工商变更登记、未实现约定业绩指标,投资协议约定的回购条件已经成就。公司实际控制人、法定代表人及股东在协议中明确为回购义务人,在触发回购条件后,应履行回购义务。被告主张业绩未实现是基于中美贸易战、疫情等原因,应当得到豁免,未提供任何证据证明中美贸易战、疫情与业绩大幅滑坡有直接的因果关系,应当在诉讼中承担举证不能的不利后果。担保人为具有完全民事行为能力的成年人,基于意思自治签署了担保函,则应当履行担保函约定的连带责任保证。综合以上事实,法院判决回购义务人按照约定的回购价格回购某基金持有的某公司股权,担保人承担连带责任保证符合约定及法律规定。

需要说明的是,2019—2022年受疫情影响,各行各业确实都遭受了不同程度的冲击,但疫情是否构成不可抗力因素是有待商榷的,将违约行为直接归结于疫情原因不可取。我们建议,在民商事行为的每一个环节落实书面确认原则,若合同一方认为出现某些不可预期的因素导致其无法履行合同义务的,应当书面告知另一方,取得对方书面谅解或者共同变更合同为宜,否则需要承担未履行义务的违约责任。

法律依据

1.《中华人民共和国合同法》第 60 条、第 107 条
2.《中华人民共和国担保法》第 13 条、第 18 条、第 31 条
3.《中华人民共和国民事诉讼法》第 67 条、第 147 条

注:本案例以林娜律师代理的真实案例为原型整理而成,基本案情及判决理由均有不同程度的删节和修改。

林娜律师

法学学士,现执业于北京市京师(深圳)律师事务所。

林娜律师执业 9 年多以来,业务范围包括民商事争议解决、企业法律顾问、基金法律业务等,包括参与设计和发起设立 FOF 股权投资基金及子基金,对基金拟投项目开展尽职调查并出具尽职调查报告,对基金退出的股权转让合同纠纷进行深入研究,具有十分丰富的办案经验。

医疗机构股东虽转让股权但执业许可证不变的，不属于变相出借医疗机构经营资质

——邓某与李某股权转让纠纷案

邹湘雩

案情介绍

2019年10月，深圳某医美机构的法定代表人及持股90%的股东李某作为股权转让方、邓某作为股权受让方、医美诊所作为目标公司共同签署《股权转让协议》，李某以经营期间已注资875万元左右用于采购设备、转让费用、店面装修等为由，将其在医美诊所持股中的80%作价700万元转让给邓某，邓某应在合同签署之日向李某支付押金30万元，并在每月1日向李某按月支付至少30万元直至全部清偿。每一次股权交割完成后完成实物和资料清点与交接工作，李某按已收到的转让费比例在24个月内分阶段完成股权工商变更。协议中另约定第一次股权交割完成后由邓某承担医美诊所经营场地的租金，自合同签署日至邓某清偿股权转让款的24个月为过渡期，过渡期内李某不实际参与经营管理，邓某应以与以往一致的方式经营医美诊所。过渡期内的损益经双方确认净盈利为负数时，造成不能按时向李某支付转让款的，李某有权终止合同，押金不予退还，李某有权对医美诊所进行自主经营或重新转让。邓某经营期间所发生的任何劳动争议、侵权责任等纠纷均与李某无关，由邓某承担全部责任。合同另明确在发生重大违约的情况下，违约金为股权转让款的30%。

2020年12月，李某以邓某违反《股权转让协议》、未履行股权转让款支付义务为由向邓某提出合同解除，并以股权转让纠纷为由向法院提起诉讼，请求邓某

向李某支付违约金210万元。

一审判决后,双方因不服一审判决书均提起上诉,并向二审法院补充提交部分证据。

裁判要旨

股权转让双方约定转让的标的为医疗诊所股权,转让后医疗机构执业许可证的持有主体仍保持不变,则不存在违反《行政许可法》《医疗机构管理条例》的情形。双方除书面约定股权转让法律关系以外,实质上还存在共同合作将医疗诊所做大做强再以溢价出让股权的模式赚取收益的业绩对赌合意,双方关于经营和投资发展的规划在未有明确书面约定的情况下不足以否定股权转让法律关系。股权受让方未实现其当初经营业绩承诺,最终导致股权转让方收回医疗诊所经营管理权,已构成违约。

裁判结论

一审法院认为:李某与邓某约定转让的标的为深圳某医美诊所股权,转让后医疗机构执业许可证的持有主体仍为深圳某医美诊所,不存在违反《行政许可法》《医疗机构管理条例》的情形。《股权转让合同》是当事人真实意思表示,内容不违反法律、行政法规的强制性规定,应属合法有效。邓某主张《股权转让合同》并非真实意思表示,但其并未提交相关证据予以证明,应当承担举证不能的不利后果,李某有权行使约定解除权。根据违约条款的约定,违约金为股权转让款的30%,本院认为违约金的作用以弥补损失为主,并兼具一定的惩罚性,涉案协议约定按700万元的30%计付违约金过高,结合本案合同的实际履行情况、当事人的过错程度以及逾期利益等综合因素,本院酌定违约金为70万元。判决:确认《股权转让合同》于2020年12月解除,邓某向李某支付违约金70万元。

二审法院认为,《股权转让合同》为各方共同签署,内容并不违反法律、行政法规的强制性规定,邓某是否按照合同约定支付押金和转让款项、合同所约定的700万元股权估值是否远高于股权实际价值、标的公司股权转让是否履行变更登记等程序、股权转让款项支付与表达公司经营权交付顺序等均不足以否定股权转让协议成立和效力。对于李某二审补充提交的录音证据,双方除书面约定股权转让法律关系以外,还存在共同合作将医美诊所做大做强再以溢价出让股权的模式赚取收益的合意。双方关于经营和投资发展的规划在未有明确书面约定的情况下不足以否定股权转让法律关系。邓某在接手经营管理医美诊所期间,确实未实现其当初经营业绩承诺,最终导致李某收回医美诊所经营管理权,一审法院认定邓某已构成违约并无不当。结合本案各方提交的证据,股权转让双方实质上存在对医美诊所经营业绩对赌的相关内容,一审法院所酌定邓某应向李某承担70万元的违约金赔偿责任并无不妥。李某、邓某的上诉请求均不能成立,应予驳回。判决:驳回上诉,维持原判。

代理要点

一、《股权转让合同》的签署系受李某蒙蔽和欺骗之下所形成而从未被真实履行,从股权估值畸高却无评估事实依据、未收到股权转让款却提前移交经营财务资料、合同履行长达一年有余却未催告行为、自始未履行股东对外转让股权应有的法定程序等事实,足以证实股权转让合同实以虚假的意思表示所实施的民事法律行为。

二、股权转让合同涉及经营管理权的转让、经营场地的转让、财务自主核算、自担经营风险、自负盈亏等诸多条款明显不符合正常情况下的股权转让特征。

三、李某系将医美诊所的经营管理权、医疗资质、医疗设备、医疗科室以及经营场地、房屋装饰一并以承包、出租、出借形式提供给不具备医疗资质的经营主体,使邓某得以医疗诊所的名义对外开展诊疗活动,《股权转让合同》虽名为"股权转让",实为变相出借医疗机构经营资质、非法转让经营管理权,故《股权转让合同》系以合法形式掩盖非法目的、违反法律及行政法规强制性规定的无效合同。

1. "人"即人员管理:医美诊所移交邓某接管后,李某不再对医务、行政、财务等工作人员进行管理,包括工资发放、人事聘用、工作考勤等均由实际经营管理人邓某负责。

2. "财"即出资及财务管理:医美诊所自移交邓某经营管理后,李某不再出资,转由邓某出资及财务管理,包括推广宣传、房租水电、人员工资、日常开销等,同时邓某需通过合作费、管理费、押金等形式向医美机构缴纳承包费用。

3. "物"即经营期间需要有医疗机构执业许可证、药品、医疗器械、消毒药剂、办公用的采购和使用,以及固定设备、设施的投入、使用和维护:医美诊所对医疗器械、医疗科室及场地等固定资产全部交由邓某管理、使用及采购,李某不再参与。

4."责任承担"即医疗纠纷以及投资损失的处置与承担:股权转让协议中约定由邓某"自主经营""自担风险""自负盈亏"。

四、李某在录音中从头至尾未提及任何有关"股权""股权转让款""股权转让押金"等内容,反而提及的是"押金""进场费""管理费"等字眼,恰好反证根本不存在股权转让的事实,而实质上系变相出借医疗机构经营资质、非法转让经营管理权的承包经营性质。

五、李某主张违约金过高,应予以酌减。

代理思路

一、基本事实:据当事人邓某称,2019年10月中旬,双方口头达成合作,约定由邓某实际接管亏损严重的医美诊所,由李某将除公章之外的医美诊所的经营场地、医美设备、财务资料等一并移交邓某,邓某需向李某公开经营期间的财务收支明细,经营期间的所有包括房租水电、人员工资、推广费用、日常开销等经营成本均由邓某先行负担,双方在医美诊所扭亏为盈后再进行利润分配。2019年10月,李某向邓某表示为了给医美诊所其他股东及李某家人一个交代,要求邓某配合签署一份《股权转让协议》,并谎称只是为了走个形式并非真实履行的合同,邓某碍于合作情面,遂轻信了李某并同意签署。

二、证据分析:结合邓某提供的证据材料分析,双方实质上建立的是"承包经营+利润分红"模式的合作关系,即由邓某以承包形式接管整个医美诊所的经营管理权,借医美诊所的名义及医疗资质对外开展经营。一方面李某继续掌握医美诊所的印章控制权,可以以辅助角色参与经营,但不干涉邓某的自主经营;另一方面由邓某自行策划拓客计划、推广方案并安排营销活动,所有经营活动中产生的经营成本均由邓某为医美诊所垫付,医美诊所的经营收支明细应向李某公开披露,李某有权委托亲信财务人员监督邓某经营医美诊所的一切财务收支状况,医美诊所若扭亏为盈,则邓某可按比例分配利润作为回报,李某亦可从中弥补前期投入的装修、购置等经营亏损的成本并盈利。

三、法律关系:李某以双方之间存在股权转让法律关系为由主张解除《股权转让合同》,并要求邓某承担违约责任的前提条件均建立在《股权转让合同》合法有效的基础之上。而根据邓某的案件事实陈述及《股权转让合同》的具体条款,以及本案双方证据,发现存在诸多不合理、不符合正常股权转让特征的事实,从而判断双方实际上没有股权转让的真实交易,而系以股权转让之名行变相出借医疗机构执业资质之实。

四、调查取证:为进一步补强证据,诉讼中曾向法院申请向银行、税务部门、卫生监督部门调阅医美诊所的银行流水、税务资料、医师及护士注册资料等证据。但遗憾的是法院最终以邓某请求调查的证据涉及医美诊所经营信息等保护问题且与本案审理缺乏关联性为由未予准许。

五、诉讼风险:根据法律规定,此行为有可能因违反法律、行政法规强制性规定而被认定为合同无效。但因邓某没有直接证据证明《股权转让合同》并非双方真实履行的合同而仅仅是配合李某给"其他股东及家人"一个交代,仅能够尽可能地以其他间接证据佐证《股权转让合同》并非邓某的真实意思表示,以求达到高度盖然性的证明标准,故上述诉讼方案亦存在不予支持的诉讼风险。

六、案例检索:在诉讼过程中,代理律师检索了出自最高人民法院、广东省高级人民法院、深圳市中级人民法院及其他省市的部分同类典型案例供参考。

七、争议焦点:1.股权转让合同的效力;2.如合同有效,邓某是否构成违约;3.如合同有效,李某主张股权转让总价款的30%的违约金是否依据充分。

八、法律适用:

1.《行政许可法》第9条;

2.《医疗机构管理条例》第23条第1款;

3.《医疗机构管理条例》第24条;

4.《公司法》第71条;

5.《民法总则》第146条;

6.《最高人民法院关于适用〈中华人民共和国民法典〉时间效力的若干规定》第1条。

律师评析

根据《行政许可法》第9条规定:"依法取得的行政许可,除法律、法规规定依照法定条件和程序可以转让的外,不得转让。"《医疗机构管理条例》第23条第1款规定:"《医疗机构执业许可证》不得伪造、涂改、出卖、转让、出借。"《医疗机构管理条例》第24条规定:"任何单位和个人,未取得《医疗机构执业许可证》,不得开展诊疗活动。"实践中,有关医疗机构与不具备医疗机构执业资质的企业或个人等第三方主体签署联营合同,将医疗机构执业许可证、医疗科室、经营场地、医疗设备等变相出租、出借、委托、承包给第三方,并由第三方以医疗机构的名义对外自主经营、自负盈亏、自担风险,双方约定"利润分配",医疗机构从中可以获取不同明目的费用,如"利润收益""承包押金""房屋使用费""管理费""进场费"等,此现象屡见不鲜,对社会公共利益构成严重损害,给不特定诊疗对象带来生命健康危险,因此实质上属于变相出租、出借医疗机构执业许可证或非法转让医疗机构经营管理权等行为,故司法实践中,法院通常会以此行为违反《行政许可法》《医疗机构管理条例》《基本医疗卫生与健康促进法》等法律、行政法规中的效力性强制性规定为由认定合同无效。

而法院对本案的审理观点却有所不同,律师分析认为,一方面在于邓某虽主张股权转让合同并非其真实意思表示,但在股权转让合同确由其真实签名而又无充分证据足以否定股权转让法律关系或证实存在其他效力状态的情况下,股权转让合同的效力难以被推翻;另一方面在于股权转让的标的仅系医疗机构的股权,但医疗机构执业许可证的持有主体并未发生变化,因此即使医疗机构的股东架构发生变化,甚至股权受让方并不具备医疗机构执业资质,但仍不宜推定为变相出租、出借医疗机构执业许可证或非法转让医疗机构经营管理权的行为。

律师风险提示

当事人在商业交易过程中应理性、合理评估商业风险,坚持"在商言商"原则,切勿私人感情化、情绪化,重视合规操作,增强法律风险防范意识,留心收集与保存证据,有效保护自身合法权益。

法律依据

1.《中华人民共和国合同法》第96条第1款、第98条
2.《中华人民共和国民事诉讼法》第64条、第177条第1款第1项

3.《最高人民法院关于适用〈中华人民共和国民法典〉时间效力的若干规定》第1条

注：本案例以邹湘雯律师代理的真实案例为原型整理而成，基本案情及判决理由均有不同程度的删节和修改。

邹湘雯律师

现执业于北京市京师(深圳)律师事务所，系律所高级合伙人、执行业务专业委员会副主任、民商事争议解决法律事务部主任、业务指导委员会委员、京师律所(全国)合同法专业委员会理事、深圳市律师协会公司法律专业委员会委员、最高人民法院第一巡回法庭志愿律师、深圳市总工会入企服务律师。

邹湘雯律师作为年均办案百件的实战派律师，从事法律工作逾10年，曾多次荣获律所"卓越贡献奖""优秀律师奖"，在民商事经济纠纷、公司治理与企业法律风险防控等法律领域具有丰富的实务经验，尤其对重大疑难复杂案件具有独到的分析处理能力，并为企业提供专业法律顾问服务。其一贯秉持精益求精的法律工匠精神，全力以赴维护当事人的合法权益，一度获得高度赞赏与深度好评。

公司决议存在瑕疵可撤销的认定标准
——A 公司与梁某某、B 公司等与公司有关的纠纷案

温珍少

案情介绍

2022 年 1 月 27 日,7 名 A 公司股东 B 公司、贾某某、于某、姜某某、李某某、周某、刘某某(7 名股东在召集之前连续 90 日合计持有 A 公司 14.35% 的股权)作为召集人,以电子邮件方式提交相关资料,请求 A 公司董事会召集和主持 2022 年第一次临时股东大会。

同日,A 公司董事会通过电子邮件回复召集人,认为召集人提交的材料存在"B 公司在股东大会中投票的委托书不是原件;除 B 公司外,贾某某等自然人股东没有委托他人代为提交文件资料授权委托书;股东姜某某提供的议案等资料是复印件,公司无法确认上述资料的提交是否为本人签字,是否代表股东本人的意愿"等问题,要求召集人补正资料后再正式提交董事会。

2022 年 1 月 28 日,召集人通过电子邮件方式回复董事会,表示如董事会对提案是否代表股东意愿、是否为股东本人签字等存疑,可根据股东名册所载联系方式与召集人逐个核实。

2022 年 1 月 29 日,召集人再次邮件告知董事会,召集人随时可与董事会指定人员视频通话,并在视频通话中出示相应材料原件。此后,A 公司董事会再未对召集人作出回应。

2022 年 2 月 9 日,召集人向 A 公司监事会提交了有关资料,请求监事会召集和主持临时股东大会。

2022 年 2 月 13 日,监事会通过电子邮件回复召集人,认为召集人尚未走完

董事会程序,要求召集人先走董事会前置程序。此后,A 公司监事会再未对召集人作出回应。

2022 年 3 月 29 日,召集人以电子邮件方式通知 A 公司董事会,召集人将自行召开股东大会,明确要求董事会和董事会秘书遵守《上市公司股东大会规则》第 11 条和《上海证券交易所股票上市规则》第 4.2.2 条之规定,履行配合义务及信息披露义务,在收到通知的 2 个交易日内进行公告。董事会对此未回复召集人,也未在 2 个交易日内将召集人召开临时股东大会事宜进行披露公告。

2022 年 4 月 1 日,召集人再次通过电子邮件方式向 A 公司董事会提交了相关资料,说明因董事会未在 2 个交易日内披露开会公告,召集人拟自行召开临时股东大会,并明确了召开时间和开会地点。

2022 年 4 月 9 日,召集人自行在某某资讯网公告临时股东大会的通知,再次明确临时股东大会的开会时间和开会地点。

中泰证券、财达证券分别于 2022 年 4 月 12 日、22 日出具说明召集人贾某某、刘某某通过融资融券信用账户持股 A 公司。招商证券 2022 年 4 月 20 日说明召集人姜某某通过融资融券信用账户持股 A 公司。

2022 年 4 月 26 日,召集人以电子邮件方式联系 A 公司董事会,表示:1. 因疫情拟将会议地点变更,提请董事会根据《上海证交所股票上市规则》第 4.2.4 条规定于 2022 年 4 月 27 日予以公告;2. 董事会已取得本次临时股东大会股权登记日(2022 年 4 月 22 日)的股东名册,根据《上市公司股东大会规则》第 11 条规定,请董事会和董事会秘书应予配合,将股东名册于当日发送给召集人。次日,董事会告知召集人不同意变更开会地点,建议延期召开临时股东大会。

2022 年 4 月 30 日,召集人预定会议室承办 2022 年 5 月 5 日股东大会。会议地点承办酒店沟通因防疫要求,参会人员必须遵守防疫要求否则严禁入场,参会人数需控制在 10 人左右。

2022 年 5 月 2 日,召集人通过电子邮件方式告知 A 公司董事会:1. 临时股东大会将于 2022 年 5 月 4 日办理登记手续;2. 鉴于疫情防控,如董事、监事确定出席本次会议,请务必于 2022 年 5 月 3 日 18 点之前与召集人联系,确认等级和进入会场的最新防疫要求。

2022 年 5 月 4 日,召集人派专人等候出席现场会议的股东办理登记手续。同日 14 点 46 分,A 公司董事会邮件回复召集人公司参会人员名单,其中拟参会股东11人,梁某某不在参会名单之中。随后,召集人于16点09分告知董事会因场地要求,董事会须于当日18时前按该要求提供参会人员的身份及疫情防控所涉材料。董事会于当日18时50分至23时27分,分四批提供拟参会人员名单中的23名与会人员材料。因此时已过承办酒店指定的提供信息及工作时间,未能获得酒店方的确认。

2022年5月4日17时,北京市发布疫情防控升级,朝阳区全区5月5日起实行居家办公。受此影响,承办酒店在2022年5月5日处于"封闭"状态。

2022年5月5日9时33分,召集人以电子邮件方式告知A公司董事会,建议拟现场参会的股东转为线上投票。当日,A公司部分股东及股东授权代表等人到达承办酒店3楼准备参加会议,但未找到开会地点和相应指示标志。同日14点30分,临时股东大会在承办酒店20楼召开。3名股东或股东代理人现场出席会议,该3人分别是贾某某(代理B公司、姜某某)、周某的2位代理人,其余1346人通过网络投票方式也出席了临时股东大会会议。临时股东大会对22项议案进行了逐项表决,全部议案均以投同意票股东所持表决权占出席会议股东全部表决权比例不低于96%通过。律师视频见证了整个临时股东大会的召开过程。因A公司监事未出席临时股东大会,临时股东大会由律师、周某的2位代理人负责计票、监票。现场出席会议的贾某某、周某的2位代理人在临时股东大会会议记录上进行了签字。律师于同日出具了该临时股东大会的法律意见书。

2022年5月10日,召集人公告了《A公司2022年第一次临时股东大会决议公告》。

另,A公司的公司章程中规定:"单独或者合计持有公司10%以上股份的股东有权向董事会请求召开临时股东大会,并应当以书面形式向董事会提出。董事会应当根据法律、行政法规和本章程的规定,在收到请求后10日内提出同意或不同意召开临时股东大会的书面反馈意见。董事会同意召开临时股东大会的,应当在作出董事会决议后的5日内发出召开股东大会的通知,通知中对原请求的变更,应当征得相关股东的同意。董事会不同意召开临时股东大会,或者在收到请求后10日内未作出反馈的,单独或者合计持有公司10%以上股份的股东有权向监事会提议召开临时股东大会,并应当以书面形式向监事会提出请求。监事会同意召开临时股东大会的,应在收到请求5日内发出召开股东大会的通知,通知中对原提案的变更,应当征得相关股东的同意。监事会未在规定期限内发出股东大会通知的,视为监事会不召集和主持股东大会,连续90日以上单独或者合计持有公司10%以上股份的股东可以自行召集和主持。"

2022年5月24日和6月16日,梁某某作为A公司股东,因不满该临时股东大会决议,通过网上立案方式以A公司为被告,7名召集人为第三人,向一审法院提起诉讼,请求撤销A公司2022年第一次临时股东大会决议。一审法院于2022年8月15日正式立案。

经过审理,一审法院判决:驳回原告梁某某的诉讼请求。

一审被告A公司不服一审判决,提起上诉,请求撤销一审判决,改判撤销A公司2022年第一次临时股东大会决议。

裁判要旨

人民法院在审理公司决议撤销纠纷案件中应当审查:会议召集程序、表决方式是否违反法律、行政法规或者公司章程,以及决议内容是否违反公司章程。因此,如何认定"股东会会议召集程序、表决方式违反法律、行政法规或者公司章程,或者决议内容违反公司章程"是股东请求撤销公司股东会决议诉讼请求能否得到支持的关键点。

股东会会议在召集程序或表决方式仅仅存在轻微瑕疵,且对决议未产生实质影响的情况下,不影响其股东会决议的效力维持,人民法院对股东撤销公司决议的请求不予支持。

裁判结论

二审法院于2023年4月17日作出民事判决:驳回上诉,维持原判。

代理要点

涉案股东大会决议是否符合法定撤销情形:

1. 7名召集人是否具备召集涉案股东大会的资格;

2. 召集涉案股东大会是否满足法定前置程序;

3. 涉案股东大会召集程序存在的瑕疵属于轻微瑕疵还是重大瑕疵,该瑕疵对决议是否产生实质影响。

> **代理思路**

一、7名召集人是否具备召集涉案股东大会的资格

(一)7名召集人均为A公司的股东,在召集临时股东大会时连续90日以上合计持有公司14.35%股份,根据《公司法》第101条第2款规定,有权自行召集和主持股东大会。

(二)根据《上市公司股东大会规则》第9条规定:单独或者合计持有公司10%以上股份的普通股股东(含表决权恢复的优先股股东)有权向董事会请求召开临时股东大会。根据上述规定,股东召集权不受持股方式影响。

本案中,部分召集人利用融资融券账户持有A公司股权,但不影响其股东身份以及召集权。

(三)A公司的公司章程对股东召集和主持股东大会的资格并无特殊限制。

(四)召集人存在虚假披露及构成一致行动,但A公司提供的证据不足以证明召集人违反《最高人民法院关于审理证券市场虚假陈述侵权民事赔偿案件的若干规定》第4条以及《上市公司收购管理办法》第83条规定,从而导致丧失股东大会召集请求权。

召集人虽然存在虚假披露及构成一致行动,但并不符合《最高人民法院关于审理证券市场虚假陈述侵权民事赔偿案件的若干规定》第4条及《上市公司收购管理办法》第83条规定,从而并未使其导致丧失股东大会召集请求权。人民法院支持的虚假陈述侵权民事赔偿,"虚假记载、误导性陈述、重大遗漏"至少应当满足"重大"的前提,而"重大"的认定则以信息是否可能扰乱证券市场、引起股价剧烈波动,实质影响投资者投资判断等为标准,不符合则难以被认定为虚假陈述。

因此,7名召集人依法具备召集临时股东大会的资格。

二、7名召集人召集临时股东大会是否履行了法定的前置程序

本案中,召集人向A公司董事会提请召集临时股东大会后,董事会以无法判断真实性为由要求召集人补正材料,召集人回应可以视频通话方式核实股东身份及其真实意愿。A公司董事会实质上已经具备核实召集人股东身份和真实意思表示的条件。

在此情况下,A公司董事会即使不进行核实,也应在规定期限内就召集人未按其要求补正材料作出不同意召开临时股东大会的书面反馈,但其并未回应。

A公司董事会未在规定期限内作出明确反馈,召集人向A公司监事会提请召开临时股东大会,监事会以召集人未完成董事会前置程序为由,未在规定期限内发出召开股东大会的通知,应视为A公司董事会、监事会均不召集和主持股东大会。

因此,召集人作为A公司股东,召集临时股东大会实际履行了法定的前置程序,先要求董事会召集,在董事会未予以进一步回应的情况下,再要求监事会召集,监事会也未予以进一步回应后,才自行召集临时股东大会,会议召集程序以及会议过程中的表决方式均符合法律规定。

三、临时股东大会召集程序存在的瑕疵属于轻微瑕疵还是重大瑕疵,是否对决议产生实质性影响

临时股东大会临时调整会议室未提前2日公告,未设置引导标识,无监事代表计票、监票等情况,属于程序上的瑕疵。

就瑕疵性质及对决议影响程度来看:

首先,临时股东大会采取现场投票和网络投票相结合的方式,未能现场参会的股东可以通过网络投票方式行使表决权,前述瑕疵并未剥夺未能现场参会股东表达其真实意思的权利;

其次,从投票情况看,即使根据A公司董事会提供的拟现场参会股东名单,将拟现场参会股东持有公司股份总数对应的表决权全部计入所有议案的反对票,临时股东大会议案仍能以96%以上同意票获得通过;

再次,临时更改会议地点未提前公告,系因疫情防控影响,属于轻微瑕疵,对决议内容亦并未产生实质影响;

最后,临时股东大会存在的程序瑕疵不足以对决议的形成产生实质性影响。

综合上述观点,本案临时股东大会的召集程序并不违反法律、行政法规或公司章程,议案表决方式并没有违反法律、行政法规或公司章程,决议的内容也并没有违反公司章程,召集程序上的瑕疵亦属于轻微瑕疵,不对股东会决议造成实质影响,并不符合股东会决议法定的撤销情形。

律师评析

股东会决议一旦作出并通过,则变成公司的意志,对公司及股东具有约束力。公司决议撤销制度的设立是授权股东通过诉讼对公司内部意思形成的程序和内容瑕疵提供救济。

根据《公司法》第22条第2款的规定,股东会决议可撤销的事由包括:一是召集程序违反法律、行政法规或公司章程;二是表决方式违反法律、行政法规或公司章程;三是决议内容违反公司章程。人民法院在审理公司决议撤销纠纷案件中应当审查上述的三个法定撤销事由,在并没有违反的情况下,仅仅是会议召集程序或者表决方式有轻微瑕疵,且对决议未产生实质影响的,人民法院对股东撤销公司决议的请求不予支持。

司法实践中,法院审查公司股东会决议是否可撤销,一般会从召集程序方面的瑕疵,表决方式瑕疵,决议内容是否符合章程三方面来审查。首先,召集程序主要包括股东会会议的通知、登记、提案和议程的确定等事项,可能存在的瑕疵一般是召集人不适格或者召集通知程序上有瑕疵。其次,表决方式通常包括会议就有关议案投票、计票、表决结果的宣布,会议记录及签署等事项,常见的表决瑕疵一般包括参与表决的主体不具备表决资格,未满足法定的表决比例,会议的主持人不适格和表决事项有瑕疵等。最后,决议内容是否符合公司章程。《公司法》将决议内容违反章程作为可撤销的条件之一,充分体现了公司意思自治原则。

因此,股东通过诉讼寻求救济,请求撤销公司股东会决议,需要提交证据证明公司股东会决议召集程序、表决方式违反法律、行政法规或者公司章程,或者决议内容违反公司章程,其诉讼请求才有机会得到法院支持,否则,法院会驳回该股东的诉讼请求。并且,股东会决议若能同时符合"会议召集程序或表决方式""轻微瑕疵""未产生实质影响"三要件,法院在兼顾公正价值和效率价值的原则下,原则上也会判决继续维持其效力。

另外,股东提起撤销公司决议之诉中,还需注意的是,关注原告是否适格,即股东应当在起诉时具有公司股东资格。并且,股东要提起该撤销之诉,须在公司决议作出之日起60日内起诉,否则会丧失救济权利。

> **法律依据**

1.《中华人民共和国民法典》第 85 条
2.《中华人民共和国公司法》第 22 条第 2 款、第 100 条、第 101 条
3.《最高人民法院关于适用〈中华人民共和国公司法〉若干问题的规定（四）》第 2 条、第 4 条
4.《上市公司股东大会规则》第 9 条
5.《最高人民法院关于审理证券市场虚假陈述侵权民事赔偿案件的若干规定》第 4 条
6.《上市公司收购管理办法》第 83 条
7.《上海证券交易所股票上市规则》第 4.2.4 条

温珍少律师

经济学学士、工商管理硕士、民商法硕士学位在读。现执业于北京市京师(深圳)律师事务所。

主要业务范围为金融、财税、公司法，致力于公司类纠纷的专业研究与实务，在诉讼与非诉环节提供专业法律服务。

重大资产重组中，上市公司及时任董事、高级管理人员被证券交易所公开谴责并非必然导致重大资产重组的终止

——某科技股份有限公司与某管理合伙企业合同纠纷案

刘冬坤

案情介绍

2020年1月21日，某科技股份有限公司（以下简称"甲方"或"上市公司"）与某管理合伙企业（以下简称"乙方"）签订《重大资产重组意向性协议》（以下简称《意向性协议》）及《重大资产重组的备忘录》（以下简称《重组备忘录》），约定就甲方收购乙方控制的某电子商务有限公司（以下简称"丙方"或"标的公司"）事宜，甲、乙双方愿意就共同合作实施重大资产重组进行磋商和开展下一步的筹划事宜，初步确定拟以甲方非公开发行股份并配套募集资金方式进行，股份及现金的比例初步确定为50%：50%，具体方案及重组事项的具体开展等工作，由双方经磋商及结合相关中介服务机构的意见后协商确定。本次重组完成后，丙方为甲方的全资子公司。甲、乙双方同意自《重组备忘录》签订之日起3个月内为排他期，甲方不与乙方同行业或影响本次重组的其他公司进行重组磋商，乙方不与其他并购方及/或投资方进行重组及/或投资磋商。且如非上述协议及备忘录约定的原因造成本次重大资产重组终止，违约方需承担违约责任，并于《意向性协议》终止后5个工作日内，将违约金1000万元支付至守约方账户或守约方指定账户。2020年2月12日，甲方为推进本次重大资产重组事宜，分别与某律师事务所及某会计师事务所签订《专项法律服务合同》《财务尽职调查业

务约定书》,服务费分别为110万元及20万元。甲方已支付律师费共计40万元,财务尽调费共计20万元。2020年2月17日,甲方与某证券股份有限公司签订《独立财务顾问协议》,财务顾问费用为本次重大资产重组交易金额的1.5%,甲方已向其支付137.8万元。2020年2月14日,甲方、乙方及姜某签订《排他期协议》,约定3个月的排他期,即自2020年2月10日起至2020年5月9日止,根据该协议,甲方应自该协议签署之日起7个工作日内向乙方支付500万元定金。该协议第7条约定,任何一方违反本协议约定的排他期承诺,守约方有权要求解除本协议,同时有权要求违约方赔偿500万元的违约金,即如甲方违约,乙方有权将定金转做甲方违约金不再退还;如乙方违约,则应双倍返还定金。2020年2月18日,甲方向乙方账户支付"项目定金"500万元。2020年3月8日,甲方、乙方及姜某签订《排他期协议之补充协议》,约定考虑到新冠疫情的影响,协议各方同意将排他期延长6个月,即自2020年2月10日起至2020年11月9日止。2020年4月2日,因违规披露重组信息等原因,甲方收到深交所《关于对某科技股份有限公司及相关当事人给予公开谴责处分的决定》。公开谴责处分的当事人包括甲方及其控股股东、实际控制人龚某,董事长兼总经理、时任董事会秘书丁某。同日,甲方对外发布《关于公司及相关当事人受到深圳证券交易所公开谴责处分暨致歉的公告》,表明将对上述违规事项进行整改并致歉,同时就上述处分对本次重大资产重组作出风险提示,表示不排除终止本次重组的可能,但公司仍将尽最大努力推进本次重大资产重组。

  2020年6月17日,丙方、乙方、姜某向甲方、龚某、丁某发出《关于甲方、龚某、丁某受到公开谴责处分等事宜对本次资产重组交易影响的问询函》,要求甲方在2020年6月24日前以书面形式向其详细说明如何妥善处理后续资产重组交易事宜并告知具体的可行性方案,同时需书面告知关于甲方实际控制人变更事宜是否属实,若属实,是否会对本次资产重组事宜造成障碍。2020年6月18日,甲方向丙方、乙方、姜某发出《回复函》,针对上述来函进行回复,甲方指出公开谴责一事并不必然构成本次重组的重大障碍,也并不必然导致本次重组的终止;《意向性协议》约定收购标的股权的主体系甲方,与实际控制人并无必然或直接关系,回复函同时要求乙方、姜某继续配合尽调工作。2020年6月22日,丙方、乙方、姜某向甲方、龚某、丁某再次来函,载明为消除其疑虑,体现甲方履约能力,甲方应根据甲方对本次重组交易标的的股权作价的预估值于2020年6月25

日前向其追加支付2500万元。2020年6月24日,甲方向丙方、乙方、姜某发出《回复函》,告知其根据证监会2020年6月12日颁发的《创业板上市公司证券发行注册管理办法(试行)》第11条规定,甲方受到公开谴责已不再是向特定对象发行股票的限制条件,甲方有能力于法定期限内消除"现任董事、监事和高级管理人员最近12个月内受到证券交易所公开谴责"情形,不会成为发行股票的障碍;同时是否以现金方式进行收购,须在完成尽调工作并取得尽调结论后由双方讨论确定;对方要求追加2500万元履约保证金于法无据,与常理不符。

2020年7月13日,甲方向乙方、姜某发出函件,称鉴于乙方、姜某迟迟不配合尽调工作,导致本次交易可能无法在《重组管理办法》要求的时限内完成重组报告书编制并提交董事会及股东大会审议,进而导致本次交易存在终止风险,因此要求乙方、姜某协调丙方于收到上述函件之日起3日内指派有权人员到甲方商讨重组工作安排。2020年7月14日,乙方、姜某发函给甲方:要求甲方及其实际控制人龚某于3日内以书面正式的方式共同告知其是否愿意继续推进本次重组事宜并再次要求甲方于3日内向其追加支付履约保证金2500万元,并应明确向其说明甲方可用于支付交易对价的资金来源及支付安排。2020年7月17日,甲方向乙方、丙方、姜某回函,表明相关处分事项并不必然构成本次重大资产重组的障碍;股东权益变动事项及实际控制人的行为并不必然影响本次交易;乙方要求追加2500万元保证金于法无据,与常理不符。且再次要求乙方、丙方、姜某指派有权人员于2020年7月20日前与甲方联系妥善处理重大资产重组工作相关事宜……2020年7月20日,姜某向甲方工作人员汤某发送电子邮件,告知其已起诉甲方。2020年7月29日,甲方对外发布《第×届董事会第×次会议决议公告》,称:鉴于上市公司组织各中介机构对标的公司的初步尽调显示标的公司状况未及预期,且各项工作推进较为缓慢,为维护公司及广大投资者的合法权益,公司决定终止本次重大资产重组事项。

一审法院认为:在案证据不足以证明案涉公开谴责处分事宜直接造成了案涉资产重组的终止,不足以证明甲方存在其他违约行为并造成案涉资产重组终止,亦不足以证明乙方、姜某存在阻碍案涉资产重组工作并造成案涉资产重组终止的违约行为。在甲方于2020年7月29日对外发布《第×届董事会第×次会议决议公告》决定终止案涉资产重组的情况下,乙方、姜某有权解除《排他期协议》及《排他期协议之补充协议》且并不因此构成违约。在本院审理的(2020)

×××号一案中,乙方、姜某诉请判令双方签署的《排他期协议》及《排他期协议之补充协议》于起诉状副本送达甲方之日解除。甲方于 2020 年 9 月 23 日收到该案起诉状副本等应诉材料。故上述两个协议已于 2020 年 9 月 23 日解除。鉴于《排他期协议》《排他期协议之补充协议》已解除,案涉资产重组已实际终止,乙方、姜某亦无证据证明甲方存在违反该两份协议约定的违约行为,故甲方要求乙方返还定金 500 万元,有相应依据,本院予以支持。

裁判要旨

上市公司重大资产重组,约定上市公司即收购方以非公开发行股票及/或支付现金方式购买标的公司股权,同时约定资产重组方案及其具体开展等事项由交易双方磋商并结合相关中介机构意见后协商确定,且需经双方之董事会、股东(大)会审议通过并经中国证监会核准后方可实施,则最终正式协议的签订取决于交易双方及关联方对案涉资产重组工作的推进程度,故在此期间,若上市公司及时任董事、高级管理人员被证券交易所公开谴责,但交易双方仍在持续推动案涉资产重组工作,且收购方亦多次明确表示有能力消除影响,则前述公开谴责处分并不必然造成案涉资产重组因无法通过合规性审查而终止。但未签订正式协议也并不意味交易双方可以免除因违反已签订其他相关协议约定而产生的违约责任。

裁判结论

一审法院依照《合同法》第 60 条第 1 款、第 97 条,《最高人民法院关于适用〈中华人民共和国民法典〉时间效力的若干规定》第 1 条,《民事诉讼法》(2017 年修正)第 64 条第 1 款规定,判决如下:被告乙方应向甲方返还定金 500 万元同时支付财产保全费 5000 元;被告姜某应对被告乙方的上述债务承担连带清偿责任;驳回甲方的其他诉讼请求。

代理要点

甲方与乙方就标的公司丙方的收购事宜即本次重大资产重组终止的原因。

> **代理思路**

一、本次重组终止的原因系乙方单方终止合同,应向甲方承担相应违约责任

(一)本次重组客观上具备继续实施的可能

甲方与甲方控股股东、实际控制人龚某,甲方法定代表人(时任董事会秘书)丁某于2020年4月2日受到深交所公开谴责处分,对本次重组有一定程度上的影响。但根据中国证监会于2020年6月12日发布的《创业板上市公司证券发行注册管理办法(试行)》第11条的规定,甲方被公开谴责已不是向特定对象发行股票的限制条件,而现任董事和高级管理人员最近一年受到证券交易所公开谴责这一情形甲方亦明确告知有能力在法定期限消除。虽然根据甲方披露的《2019年年度审计报告(更新后)》显示,甲方连续两年亏损,会计师事务所出具了对甲方持续经营能力产生重大疑虑的重大不确定性的无保留审计意见。但这并非甲方向特定对象发行股票的限制条件,且由于尽调工作未完成,最终交易的金额和方案需要在尽调后由甲、乙双方谈判推进,甲方可以推进本次重组的方式包括向特定对象发行股票、收购部分股权等多种方式。

(二)甲方主观上一直在积极推进重组工作

1.从甲、乙双方之间的往来函件看,甲方一直督促被告积极配合尽调工作。

2020年6月18日,甲方针对乙方与丙方的来函进行了回复并要求乙方继续配合甲方的尽调工作。2020年6月24日,甲方回函告知乙方和丙方,根据《创业板上市公司证券发行注册管理办法(试行)》第11条的规定,甲方被公开谴责已不是向特定对象发行股票的限制条件,关于现任董事和高级管理人员最近1年受到证券交易所公开谴责的情形,甲方亦明确告知被告其有能力在法定期限内消除相关情形,甲方及其高管被公开谴责事件不会构成本次重大资产重组的实质性障碍。另外,以现金方式收购只是可行路径之一,并非确定以现金方式收购。甲方认为被告追加履约保证金的要求不合理且没有法律依据,并重申要求被告积极配合尽调以推进重组工作。同日,甲方工作人员向姜某发出邮件,重申尽调时间紧张,要求被告尽快配合甲方的尽调工作。

2020年7月17日,甲方回函再次明确告知被告被公开谴责等处分不必然构成本次重组的实质性障碍,且由于乙方未能配合甲方的尽调工作,相关重组程序很可能无法在规定期限内完成,甲方再次要求乙方、丙方于2020年7月20日前指派人员与甲方联系,妥善处理重大资产重组工作。

2. 从甲方事实上已经开展的工作来看,甲方实际上也一直在推进本次重组,也希望通过本次重组改善甲方的财务状况。如乙方积极配合,尽调工作可以继续推进且能在规定时间内完成。

(1)根据甲方于2020年4月29日披露的《审计报告》,对于连续2年亏损这一财务状况的重要解决措施之一即为甲方将努力促成丙方并购,通过并购实现协同,提升甲方的整体盈利水平。说明甲方对本次重组寄予厚望,并对本次重组相当重视。

(2)根据甲方提供的相关差旅费票据,在本次重组终止前,甲方持续派员与本次重组聘请的独立财务顾问、律师事务所、会计师事务所等中介机构对乙方进行尽调。

(3)根据甲方工作人员于2020年6月15日向姜某、黄某(本次重组独立财务顾问工作人员)、张某(本次重组会计师事务所工作人员)等人发出的邮件(邮件已公证),将对乙方的前十大客户、供应商及应收客户进行访谈,告知需要由姜某提供人员带队配合。

(4)在未得到乙方配合的情形下,甲方根据乙方提供的前十大客户、供应商、应收账户的名单、联系方式和联系地址进行电话访谈和实地走访,但电话大部分无人接听,已接听的均不接受访谈或者未予以回复;实地走访发现乙方提供的前十大客户和供应商的诸多地址与实际地址不符,且访谈对象未予以配合。以上有甲方工作邮件、录像、甲方聘请的会计师事务所与姜某的微信聊天记录证明,上述电子证据均已办理公证。

(5)根据本次重组会计师事务所于2020年7月10日出具的《尽职调查报告》,标的公司客户稳定性导致的收入增长可持续性、核心资产网红IP生命周期及可持续性、应收账款、资金占用、税收、成本完整性均存在一定程度的问题;标的公司存在收入确认单据不全和电商业务收入真实性、平台业务结算方式由净额法变为总额法造成的收入成本跨期、年终奖跨期计提、科目账务处理较为混乱影响报表科目、诉讼事项导致或有负债、通过第三方支付网红签约和业务费用、无法按照三五互联的要求配合对前十大客户进行必要调查等情形。

(6)根据本次重组律师事务所于2020年7月15日出具的《工作汇总》,因相关各方资料提交不充分、不完整,必要的走访、访谈等工作未获安排,交易各方未能就交易方案达成一致,故无法对需核查的事项发表结论性意见。

因此,甲方在向乙方发出的正式函件中也多次提及要被告配合尽调工作。本次重组推进过程中,乙方有义务对甲方的尽调予以配合,在本次重组标的公司丙方的前十大客户、供应商及应收客户的真实性未得到确认的情况下,甲方无法核查其业务的真实性。乙方未能履行其应尽的配合义务,导致尽调未能在规定的时间内完成(根据《关于规范上市公司重大资产重组若干问题的规定》第3条规定:"发行股份购买资产的首次董事会决议公告后,董事会在6个月内未发布召开股东大会通知的,上市公司应当重新召开董事会审议发行股份购买资产事项,并以该次董事会决议公告日作为发行股份的定价基准日"),如乙方愿意积极配合甲方尽调,在尽调期届满前(2020年8月11日前),甲方有能力完成对标的公司丙方的尽调工作。

(三)导致本次重组未能成功的一个重要原因为标的公司丙方存在较多财务问题

标的公司存在较多财务问题,导致原被告双方对标的公司交易对价的估值基础分歧较大,核心条款无法达成一致。但并不代表乙方可以单方终止《排他期协议》和《排他期补充协议》,进而终止本次重组。

1.根据本次重组的独立财务顾问于2020年7月29日出具的《核查意见》,关于本次重组终止的原因,独立财务顾问认为:"自启动本次重大资产重组以来,上市公司及中介机构积极推进相关工作。根据《关于规范上市公司重大资产重组若干问题的规定》第3条规定:'发行股份购买资产的首次董事会决议公告后,董事会在6个月内未发布召开股东大会通知的,上市公司应当重新召开董事会审议发行股份购买资产事项,并以该次董事会决议公告日作为发行股份的定价基准日。'一方面,受新冠疫情影响,上市公司及中介机构对标的公司的尽职调查程序推进缓慢,相关核查工作尚未完成;另一方面,双方对交易对价的估值基础分歧较大,核心条款无法达成一致。最后,2020年7月20日,标的公司实际控制人姜某已通过邮件向上市公司表达了解除《重大资产重组意向性协议》的意思表示。有鉴于此,经上市公司董事会审议通过,上市公司决定终止本次重大资产重组。"

2.根据本次重组会计师事务所于2020年7月10日出具的《尽职调查报告》,标的公司客户稳定性导致的收入增长可持续性、核心资产网红IP生命周期及可持续性、应收账款、资金占用、税收、成本完整性均存在一定程度的问题；标的公司存在收入确认单据不全和电商业务收入真实性、平台业务结算方式由净额法变为总额法造成的收入成本跨期、年终奖跨期计提、科目账务处理较为混乱影响报表科目、诉讼事项导致或有负债、通过第三方支付网红签约和业务费用、无法按照三五互联的要求配合对前十大客户进行必要调查等情形。

3.根据本次重组律师事务所于2020年7月15日出具的《工作汇总》，因相关各方资料提交不充分、不完整，必要的走访、访谈等工作未获安排，交易各方未能就交易方案达成一致，故无法对需核查的事项发表结论性意见。

根据以上本次重组的主要中介机构出具的正式意见，说明甲、乙双方在交易过程中确实存在交易对价的估值基础分歧较大，核心条款无法达成一致，未能就交易方案达成一致的情形，且主要原因为标的公司存在诸多财务问题。双方本可就这些问题和具体的交易方案、善后事宜进行协商（实际上甲方在2020年7月13日和2020年7月17日均向乙方发函要求派员与甲方商谈，妥善处理本次重组工作），但乙方以其行为单方终止排他期协议，直接造成本次重组最终走向失败，其应当承担相应的违约责任。

二、乙方的行为确实违反了《排他期协议》及《补充协议》的约定，应承担相应违约责任

乙方于2020年7月20日发出邮件，告知其已起诉甲方要求解除《排他期协议》及补充协议，乙方此行为为单方毁约行为，已经构成对《排他期协议》及其补充协议的违反，根据《排他期协议》第3条约定，应当向甲方承担违约责任，双倍返还甲方已经支付的500万元履约保证金即人民币1000万元。

三、甲方为本次重大资产重组投入大量人力、物力、财力，乙方违约终止本次重大资产重组应当赔偿原告的实际损失

根据甲方提交的相关差旅费票据，向本次重组的独立财务顾问、会计师事务所、律师事务所的付款回单，甲方为此支付的中介成本共计197.8万元，差旅费等共计3.8641万元，该等费用依法均应由乙方承担。

四、姜某系乙方的执行事务合伙人，根据《合伙企业法》的规定，应当对乙方的债务承担无限连带责任

根据《合伙企业法》第2条第3款的规定，有限合伙企业由普通合伙人和有限合伙人组成，普通合伙人对合伙企业债务承担无限连带责任，有限合伙人以其认缴的出资额为限对合伙企业债务承担责任。姜某为乙方的执行事务合伙人，因此姜某应对乙方的债务承担无限连带责任。

律师评析

在重大资产重组案件中，若交易双方为推进资产重组事宜，仅签订相关磋商性文件，且相关文件中未明确约定交易双方必须签订资产重组的正式协议以及正式协议的签订时间时，正式协议的签订取决于交易双方及关联方对资产重组工作的积极配合及顺利推进，即交易双方均有权基于对资产重组相关事项的现状、前景等综合考量来决定是否继续推进资产重组工作、是否以及何时签订正式协议。即使交易一方"上市公司及其董事、高级管理人员"在此过程中受到证券交易所公开谴责，若有证据证明交易双方仍在持续推动案涉资产重组工作，且上市公司亦多次明确表示有能力消除影响，则前述公开谴责处分并不必然会造成案涉资产重组的终止。根据2020年6月12日施行的中国证券监督管理委员会《创业板上市公司证券发行注册管理办法(试行)》第11条第(三)项规定，上市公司现任董事、监事和高级管理人员最近一年受到证券交易所公开谴责的，不得向特定对象发行股票。该规定取消了原《创业板上市公司证券发行管理暂行办法》第10条关于上市公司最近12个月内受到证券交易所公开谴责不得发行证券的规定。具体到本案中，对于时任董事长兼总经理、董事会秘书丁某受公开谴责处分的情形，上市公司即本案甲方在2020年6月中、下旬多次明确，表示有能力消除。且从案涉资产重组终止的实际经过来看，案涉资产重组系交易双方签订的其他相关磋商性文件解除之日起终止。因此，前述公开谴责处分事宜并不必然会造成案涉资产重组因无法通过合规性审查而终止。

法律依据

1.《中华人民共和国合同法》第60条第1款、第97条

2.《最高人民法院关于适用〈中华人民共和国民法典〉时间效力的若干规定》第1条

3.《中华人民共和国民事诉讼法》(2017年修正)第64条第1款

重大资产重组中,上市公司及时任董事、高级管理人员被证券交易所公开谴责并非必然导致重大资产重组的终止

刘冬坤律师

　　法学硕士。现执业于京师浩然(前海)联营律师事务所,系律所联合创始人。

　　刘冬坤律师主要业务范围为资本市场和数据合规,在企业境内外 IPO、投融资并购、个人信息保护和数据安全方面有丰富的项目经验。

网络服务提供者应用的算法直接服务于内容组织生产的基本规则时,应视为内容服务提供者,难以适用"避风港"原则进行侵权责任抗辩

——何某与上海某人工智能科技有限公司网络侵权责任纠纷案

韩 菲

案情介绍

被告是手机应用软件"某记账"的开发运营者,在该软件中,用户可以自行创设或添加"AI陪伴者",并为其设定名称、头像、与用户的关系、相互称谓等。同时,案涉软件提供了由用户出于自身意图利用自己的经验来"调教"该AI角色的功能,所采用的"调教"手段就是通过用户接口(如输入框等)输入不同形式的语料(包括文字、图片、动图、声音、视频等),来告知系统针对某个具体问题,该AI角色可以提供的回答内容和形式等,实现对该AI角色的"调教"。该系统在运行过程中使用了人工智能中的语料筛选、分类,数据的分类和存储等技术,进行处理和加工,并产生了相应的个性化输出。本案原告何某系公众人物,在原告未同意的情况下,该软件中出现了以原告姓名、肖像为标识的"AI陪伴者",同时,被告通过算法应用,将该角色开放给众多用户,允许用户上传大量原告的"表情包",制作图文互动内容从而实现"调教"该"AI陪伴者"的功能。原告认为被告侵害了原告的姓名权、肖像权、一般人格权,故诉至法院,要求赔礼道歉并

赔偿经济损失、精神损害抚慰金等。被告主要抗辩理由为，案涉软件中的 AI 角色设置、语料创作与上传、语料审核均由用户完成，如用户存在侵权行为，被告作为网络服务提供者接到通知后及时采取了删除、屏蔽、断开链接等必要措施，没有过错，就不应承担侵权责任。

法院认为，案涉软件的模式与《侵权责任法》第 36 条第 2 款、第 3 款规范的仅提供包括自动接入、自动传输、信息存储空间、搜索、链接以及文件分享等的技术服务、未直接实施侵权行为的情形有着本质不同，是通过规则设定、算法设计，组织用户形成素材并提供给用户，因而被告的行为构成直接的内容服务提供行为，被告属于内容服务提供者，应依据《侵权责任法》第 36 条第 1 款的规定，按照网络服务提供者直接实施侵权行为适用法律。

裁判要旨

通说认为，《侵权责任法》第 36 条第 1 款中的"网络服务提供者"，既包括网络内容服务提供者，也包括网络技术服务提供者，该条款规范的是网络用户或网络服务提供者直接实施侵权行为的责任承担；第 2 款、第 3 款的"网络服务提供者"则仅包括网络技术服务提供者，该条款规范的是网络用户直接实施侵权行为、网络技术服务提供者未直接实施侵权行为的情况下，网络技术服务提供者的责任承担。因此，厘清本案被告作为"网络服务提供者"所提供服务的性质，究竟是内容服务还是技术服务，是判定被告的行为是否适用《侵权责任法》第 36 条第 2 款、第 3 款的规定，即能否适用"避风港"原则的前提。

裁判结论

一审法院判决，被告上海某人工智能科技有限公司于判决生效之日起 7 日内在"某记账"软件最新活动页面持续 7 天向原告何某公开赔礼道歉，赔偿原告何某经济损失 183000 元（包括合理维权支出 3000 元）及精神损害抚慰金 2 万元。判决后，被告上海某人工智能科技有限公司提起上诉。

在法院二审过程中，上海某人工智能科技有限公司以其与何某达成和解为由，申请撤回上诉。一审民事判决已生效。

> **代理要点**

本案代理主要可从以下几点出发：

一、首先需要界定被告的行为是否符合《侵权责任法》第36条第2款或《民法典》第1195条的情形，即被告作为网络服务提供者，能否因采取了"通知—删除"等必要措施而免责？

二、如不符合前述情形，被告是否侵害了原告的肖像权、姓名权、一般人格权？被告侵权的具体类型及如何进行责任承担？

> **代理思路**

一、关于如何界定被告行为是否符合《侵权责任法》第36条第2款或《民法典》第1195条的情形：（一）可从案涉"聊天内容的生成、审核机制"等方面对侵权语料（包括文字、图片、动图、声音、视频等）的初始来源、用户上传行为、平台审核义务、最终形成过程等进行深入分析；（二）从约定被告与用户间权利义务的相关协议、规则入手，评价被告平台所提供服务的具体内容与实际发挥的作用；（三）从案涉软件的规则、技术角度出发，评价算法应用是否直接服务于内容生产的基本规则。通过对以上几个方面的具体分析，综合评价被告提供的网络服务属于技术服务还是内容服务，是本案进一步讨论法律适用的关键。

二、关于被告是否侵害了原告的肖像权、姓名权、一般人格权，可从用户未经原告授权实施了上传和使用原告肖像图片创作语料、使用公众人物姓名等行为是否构成侵权，被告与用户若构成多数人侵权的具体侵权形态，自然人的人格权是否及于其虚拟形象等角度进行考量。最高人民法院在《民法典》颁布后发布的人格权司法保护典型民事案例之四"人工智能软件擅自使用自然人形象创设虚拟人物构成侵权——'AI陪伴'软件侵害人格权案"中对此有侧重分析，在此不做深入讨论。

> **律师评析**

近年来，随着产业模式的快速迭代创新，人工智能时代即将来临，而人工智能的本质即基于数据的算法应用。作为一种自动化决策的路径，算法在当今各类互联网产品中得到广泛应用，在提高服务效率、优化用户体验方面功不可没。但在算法应用发展过程中,其引发的风险也日益显现,实践中很可能存在算法偏见、算法歧视、算法操纵等情形。部分开发者企图通过"算法中立"来逃避法律的规制。但从根本上,算法是设计者在社会价值指引下结合自身价值判断设计的,无法完全排除主体的主观因素影响。因此,寻求科技创新与法律规制之间的有效平衡,真正规范和促进产业健康发展,合理评价算法应用对司法实践提出了极大挑战。本案在对算法应用的评价标准方面进行了大胆探索,为类似案件的分析提供了切实可参考的路径。

具体到本案中,法院在评价被告软件中的人工智能应用——"AI 陪伴者"所涉及的算法应用究竟是否直接服务于内容组织生产的基本规则时,分别从整体商业目的、规则设计、算法设计三个层面,对案涉算法应用进行了具体评价。

其一,从被告开发运营案涉软件的商业目的角度来看,案涉软件以迎合年轻人互动需求的方式吸引用户使用,允许用户以真实人物为原型创设并"调教"虚拟人物成为被告引流的重要方式。甚至在影响力不断增强的情况下,被告已经开展与明星的合作,可见其在运营过程中,利用粉丝文化吸引用户的意图明显。

其二,从规则设计的角度来看,案涉软件中用户可以创设、上传真实人物的姓名、肖像,可以与 AI 角色设置身份关系,可以"调教"角色、审核语料,可以按照软件提供的标签与角色互动等。这些功能使得用户创建的 AI 角色更具真实性、生动性,但缺乏相关审核规则及机制,显然有较高的侵权风险。

其三,从算法设计来看,也可进一步细分为技术设计、部署及应用。与上述规则直接相关的关键算法为聚类算法、阈值自动化实施。这两种算法技术设计本身并无价值取向。但是,从上述算法的部署与应用来看,结合案涉软件规则、功能,则上述算法非常明显地体现了算法设计者的价值导向,即明显有着知晓甚至鼓励用户创设公众人物或者形象的意图。这样的规则及算法显然会不断吸引更多用户使用该人物的肖像、视频、音频等进行上传、创作,而用户获得这类公众人物肖像、姓名使用许可的可能性是很小的,从而引发大量的侵权风险。

另外,从现实的角度出发,案涉软件对自然人姓名、肖像的使用,涉及多项具体人格权,甚至涉及一般性人格利益,实质上构成了对自然人人格形象的整体性虚拟化使用。对于此种使用方式,普通网络用户实际上几无可能从其他自然人处获得授权。而被告作为特定商业模式的运营者和内容服务提供者,以企业名义、以合法授权方式获得公众人物、公众形象权利人对特定权利或权益的合法授权并提供给网络用户使用,则更具现实操作性。综上而言,无论是从算法应用本身,还是从保护及网络空间治理的角度进行评价,被告开发的案涉软件结合其应用的算法,被认定为网络内容服务提供者都更具有合理性。因此,无法适用"避风港"原则进行侵权责任的抗辩,应按照网络服务提供者直接实施侵权行为适用法律。

为促进生成式人工智能技术健康发展和规范应用,立法的脚步也在逐渐向前。2023年4月11日,国家互联网信息办公室起草了《生成式人工智能服务管理办法(征求意见稿)》,明确了国家支持人工智能算法、框架等基础技术的自主创新、推广应用、国际合作的态度,但也对算法应用发展提出了规制与要求。因此,律师建议相关行业从业者,应当在数据维护、模型设计、模型输出、用户交互等方面提前布局,尽快搭建与完善相关合规体系,助力企业长期健康稳定发展。

法律依据

1.《中华人民共和国民法典》第990条、第998条、第1012条、第1018条

2.《中华人民共和国侵权责任法》第8条、第15条、第20条、第22条、第36条第1款

3.《最高人民法院关于审理利用信息网络侵害人身权益民事纠纷案件适用法律若干问题的规定》第15条、第18条

4.《最高人民法院关于适用〈中华人民共和国民法典〉时间效力的若干规定》第1条第2款、第2条、第3条

5.《最高人民法院关于确定民事侵权精神损害赔偿责任若干问题的解释》第10条

韩菲律师

现执业于北京市京师(深圳)律师事务所,系律所高级合伙人、新媒体法律事务部主任、数字经济法律事务中心副主任、业务指导委员会秘书长、法律研究院研究员,深圳市网络直播协会专家顾问。

韩菲律师在处理各类商务合同纠纷、KOL经纪纠纷、数据合规领域等主要方面具有丰富的实践经验,其服务的KOL包括淘宝、抖音等多个平台知名达人,涵盖了美食、美妆、音乐、模特等各领域;同时,为国内多家有影响力的MCN机构提供法律顾问服务,为互联网新经济领域公司提供合规法律服务。被评为"北京市京师(深圳)律师事务所优秀青年律师",荣获首届私人律师TED"优秀特邀讲师"称号,无讼研究院法律星空讲坛特邀讲师。出版著作有《新媒体运营:法律的规制与保护》。

父母怠于履行对被监护人的监护职责，符合条件的主体可申请变更为被监护人的监护人
——吴某与吴某某、潘某某变更监护人资格纠纷一案

陈小瑞

案情介绍

被监护人系吴某某和潘某某共同生育的非婚生女孩，出生于2018年6月11日，吴某某与潘某某未办理结婚登记且自2019年9月起双方已经不再共同居住，将来也没有共同生活的意愿。2019年9月之后，被监护人一直由吴某某的姐姐吴某出钱、吴某某的爷爷实际抚养，自2021年12月起至今，被监护人跟随吴某前往外地共同生活并上学。

2021年，吴某某因涉嫌刑事犯罪被起诉，将来被收监的可能性很大，客观上无能力履行对被监护人的监护职责；潘某某则因为年纪过小且没有工作，没有稳定的收入，无能力抚养被监护人。另外，作为第一顺位的吴某某和潘某某的父母均没有经济收入，也无力抚养被监护人。而申请人既有稳定的收入，也愿意抚养被监护人。

裁判要旨

未成年人的父母是未成年人的监护人，未成年人的父母已经死亡或者没有监护能力的，应由其亲属中有监护能力的人按照在先的监护人中择先确定监护人。本案中，被监护人的父亲吴某某因涉嫌刑事犯罪、可能判处刑罚，无其他经济来源，客观上无力监护被监护人，并且吴某某同意变更其姐姐吴某作为被监护

父母怠于履行对被监护人的监护职责，符合条件的主体可申请变更为被监护人的监护人

人的监护人；被监护人的母亲潘某某长期不管不顾被监护人，并且没有经济来源，无能力对被监护人进行较好的监护。此外，作为变更监护人第一顺位的被监护人的祖父母、外祖父母，即吴某某与潘某某的父母均表示自身身体不好，没有经济能力抚养被监护人，放弃申请作为监护人的请求。

申请人吴某作为吴某某的姐姐，具有稳定的经济收入，且经该村村委会同意作为被监护人的监护人，法院结合双方当事人的经济条件、抚养能力、监护意愿等因素综合考虑，按照有利于被监护人的原则，对申请人吴某要求撤销吴某某、潘某某作为被监护人的监护人的诉讼请求予以准许，主张法院依法指定吴某为被监护人的监护人的诉讼请求予以支持。

裁判结论

人民法院对申请人吴某要求撤销吴某某、潘某某作为被监护人的监护人的诉讼请求予以准许，主张法院依法指定吴某为被监护人的监护人的请求予以支持。

同时，法院特别提示吴某，作为被监护人的监护人，应切实履行监护职责，保护被监护人的人身、财产及其他合法权益，如不履行监护职责或侵害被监护人合法权益的，应承担法律责任。

代理要点

被监护人很小的时候就开始由申请人出钱抚养，且从2021年底起离开户籍地跟随申请人共同生活，为了被监护人上学需要及申请人更方便照顾被监护人，提起本案的申请至为重要。本案所涉及被监护人父母的监护权问题，首先要举证证明被监护人的父母未履行监护职责，同时还要证明申请人具备作为监护人的主体资格及监护能力。

代理思路

在收到本案的委托之后，代理人熟悉并了解了被监护人被抚养的实际情况，因本案中监护人并未存在严重损害被监护人利益（比如虐待、遗弃等）行为，而只是普通的不管不顾，且将监护权完全委托给申请人行使。因此，代理人在正式向法院提出申请时，提前了解并征求了被监护人的监护人的同意，同时调查新监

护人是否具有监护能力,在全面了解情况之后,才正式向法院提出了变更申请。

律师评析

申请变更监护人纠纷案件属于民事特别程序,实行一审终审,审限仅有60日。"申请变更监护人"包含撤销原监护人及确定新监护人两个审查对象,法院需在一个案件中审查撤销原监护人的必要性及新监护人是否具有监护资格、是否能够履行监护义务。因此,律师在办理该类案件的时候,应当举证证明原监护人具有《民法典》及相关法律法规规定的不履行监护义务的行为,同时举证证明新监护人具有监护资格并且有能力履行监护义务。

《民法典》第36条第1款规定的"严重损害被监护人身心健康"的行为一般是虐待、遗弃等行为;若以第2款规定的"怠于履行监护职责"为由进行变更,实操中一般需要被监护人父母的同意。

最高人民法院、最高人民检察院、公安部、民政部《关于依法处理监护人侵害未成年人权益行为若干问题的意见》虽是专门针对未成年人的规定,但在《民法典》无更细规定、最高法院等相关机构又无最新解释时,可以以此确定哪些行为属于严重侵害被监护人合法权益的"其他行为"。

需要注意的是,《民法典》第27条规定了可以作为申请人资格的顺序,法院在审理该类案件的时候,会同时审查前一顺序的主体是否有监护意愿,所以律师应提前征求前一顺序申请人的意愿,以避免监护权的争夺。

法律依据

1.《中华人民共和国民法典》第27条、第36条
2.《中华人民共和国民事诉讼法》第185条

注:本案例以陈小瑞律师代理的真实案例为原型整理而成,基本案情及判决理由均有不同程度的删节和修改。

父母怠于履行对被监护人的监护职责,符合条件的主体可申请变更为被监护人的监护人

陈小瑞律师

　　法学学士,中共党员。现执业于北京市京师(深圳)律师事务所,曾(现)服务过多家房地产公司、科技企业、大型国有企业、新媒体公司、培训机构等,具备丰富的企业合规经验和民商事诉讼办案经验。

　　主要业务擅长领域:公司法律顾问、企业合规管理、婚姻家事和继承纠纷、经济犯罪纠纷。

医疗美容诊所违反医疗服务合同约定，造成患者人身受到损害，患者以诊所欺诈为由主张损害赔偿外，还可依据《消费者保护法》主张3倍赔偿

——某美容诊所与邹某某侵权责任纠纷案

王天瑞

案情介绍

2015年12月28日，邹某某因"双侧下睑修复术后外观不满意8个月"就诊于某美容诊所处，诊断为：双侧下睑术后形态不良（双侧下睑缘下沉、下睑松垮、眼袋、皮肤松弛）。2015年12月29日，某美容诊所为邹某某行"双侧下睑修复术"，邹某某为此支出手术费5万余元及挂号费等。邹某某术后出现双眼下睑皮肤稍松弛、双下睑及卧蚕消失、局部凹陷等并发症。后邹某某分别前往上海交通大学某医院、上海某医疗美容门诊、中南大学某医院等就诊。2019年4月18日，邹某某因"双侧下睑形态不满意3年余"就诊于北京医科整形美容门诊部，诊断为：双侧下睑形态不良，下睑术后。同日，北京医科整形美容门诊部为邹某某行"腹部脂肪抽吸术+双侧下睑自体脂肪移植修复术"，术后诊断为：双侧下睑形态不良，下睑术后。邹某某后续修复共花费4万余元。

邹某某向北京市某某区人民法院起诉，请求判令某美容诊所赔偿邹某某医疗费、营养费、护理费、误工费、住宿费、交通费、精神损害抚慰金、公证费等共计579030.2元以及惩罚性赔偿3倍手术费用168000元。

诉讼中，北京市某某区人民法院审理中归纳争议焦点有：1.本案是否应受

《消费者权益保护法》调整;2.邹某某主张的其他各项赔偿项目及赔偿标准。

法院认为:首先,邹某某为了满足自身对美的追求,接受服务属于消费者;某医疗美容诊所为营利性机构,以利益最大化为商业目的属于经营者。因此本案适用《消费者权益保护法》的相关规定。其次,某美容诊所发布的广告具有虚假宣传等欺诈行为,故某医疗诊所应当赔偿邹某某接受服务费用的3倍。

最终北京市某某区人民法院判决:1.某美容诊所赔偿邹某医疗费68184元、营养费1080元、护理费4800元、误工费11200元、住宿费4000元、交通费4000元、精神损害抚慰金3万元;2.某美容诊所赔偿邹某某3倍损失168000元;3.驳回邹某某其他诉讼请求。

后某美容诊所上诉至北京市某中级人民法院,要求:1.撤销一审法院判决,改判驳回邹某某全部诉讼请求或发回重审;2.一、二审诉讼费用邹某承担。

裁判要旨

一、医疗美容诊所的医疗行为主要存在术前沟通不充分、风险告知不到位、病历不完整、欺诈等过错,其对损害结果的发生占主要原因。

二、邹某某为了满足自身对美的追求,接受服务属于消费者;某医疗美容诊所为营利性机构,以利益最大化为商业目的属于经营者。因此本案应适用《消费者权益保护法》。

裁判结论

一、维持北京市某某区人民法院民事判决第2项;

二、撤销北京市某某区人民法院民事判决第1项、第3项;

三、某美容诊所于判决生效之日起7日内赔偿邹某医疗费51138元、营养费810元、护理费3600元、误工费8400元、住宿费3000元、交通费3000元,精神损害抚慰金5000元;

四、驳回邹某某的其他诉讼请求。

代理要点

从法律适用角度锁定请求权;结合案件事实及证据确定请求项目和金额。

代理思路

一、完整了解案件情况,确定各参与人的诉讼地位及管辖情况;

二、进行法律及案件检索,识别请求权的法律基础规范;

三、固定及收集证据;

四、固定诉讼请求。

律师评析

近年来,随着国家经济的发展和女性对于颜值的追求,医疗美容机构雨后春笋般出现在全国各地。但因医疗美容机构的水平良莠不齐,医疗美容的安全问题也随之而来。本案系2019年发生在北京的一起因某医疗美容诊所过错导致患者受到人身损害的司法案例,虽然彼时适用的是《侵权责任法》,但在《民法典》生效后,对该法律关系的规定已收录进"侵权责任编"中,因此本案在司法实务中仍具有代表性和参考性。

依据《民法典》第1218条规定:"患者在诊疗活动中受到损害,医疗机构或者其医务人员有过错的,由医疗机构承担赔偿责任。"《消费者权益保护法》第55条规定:"经营者提供商品或者服务有欺诈行为的,应当按照消费者的要求增加赔偿其受到的损失,增加赔偿的金额为消费者购买商品的价款或者接受服务的费用的3倍;增加赔偿的金额不足500元的,为500元。法律另有规定的,依照其规定。"

本案中,某医疗诊所打出广告称:"北京某美容诊所是国内唯一一家专业眼部整形修复的国际连锁机构、中国眼整形第一品牌……"邹某某出于信任在某医疗美容诊所进行整形与修复手术,但在实际手术过程中,某医疗美容诊所在诊疗行为上却存在多处过错,最终导致邹某某的身体遭受到了不可逆之损害。那么结合相关法律规定,主要涉及两个问题:1.医疗诊所是否承担侵权责任,承担多少;2.是否适用3倍赔偿的法律规定。

首先,在案件实际审理过程中,法官会根据案件情节判断双方各自的过错程度,来据此分配双方的责任,以达到良好的司法审判效果,定分止争,必要时还要借助司法鉴定的帮助作为法院的技术性参考。因此,对于侵权法律关系的认定,根据以往的司法实践,可以得出具有一定流程化和标准化的认定过程。但本案中,一审及二审法院从《消费者权益保护法》第55条规定的角度论证患者是否符合适用条件,对于司法实践来讲具有一定代表性。

其次,《消费者权益保护法》第55条的适用需达到3个条件,即一方是经营者,一方是消费者,经营者提供的商品或服务存在欺诈行为的。当然,欺诈行为一般可以扩大解释为在服务前或者服务过程中。欺诈行为的含义也很广泛,如在广告中,介绍服务项目、承诺根本达不到的效果等。

最后,本案某美容诊所以营利为目的,发布不实广告,在被相关行政部门多次查处的情况下依然拒不改正,使得邹某某获取错误信息广告接受其提供的美容整形服务。那么在法律地位上,某美容诊所属于经营者,邹某某属于消费者是客观的。

综上,本案在就各项赔偿项目进行计算后,确定了双方各自责任比例,并判令某美容诊所承担服务费的3倍作为赔偿。符合本案的事实情况,法律适用准确。

法律依据

1.《中华人民共和国消费者权益保护法》第45条、第51条、第55条
2.《中华人民共和国侵权责任法》第54条

王天瑞律师

现执业于北京市京师(深圳)律师事务所,王天瑞律师在争议解决领域,特别是诉讼领域具有丰富实践经验,先后办理了各类重大疑难民商事案件及涉"恶"案件。

主要诉讼领域覆盖公司事务、合同纠纷、婚姻家事、债权债务、建设工程、刑事辩护等,累计为客户挽回损失数亿元。并长期致力于刑民交叉案件及各类疑难案件的研究。代理案件遍布全国,如广东、广西、安徽、海南、浙江、山东、陕西、吉林、黑龙江等地。

王天瑞律师还专注于公益,在多个短视频平台以律师身份进行公益普法宣传。曾在广东省司法厅及深圳市律师协会的推动下,长期参加法律公益活动,免费为百姓进行法律解答近千人次,获得良好评价。

资产证券化项目中监管账户资金的权属认定
——某证券股份有限公司与某融资租赁(上海)有限公司、某租赁股份有限公司案外人执行异议之诉案

王 喆

---------- 案 情 介 绍 ----------

2017年5月18日,某租赁股份有限公司(下称"某租赁公司")董事会通过决议确认某证券股份有限公司(下称"某证券公司")与某租赁公司就与资产证券化项目相关的基础资产包所涉融资租赁合同以及相关补充协议文件项下的租金请求权和其他权利及其附属担保权益事宜签署相应协议,由某证券公司作为管理人,设立某租赁2017年一期资产支持专项计划(下称"专项计划"),由某租赁公司作为该专项计划的资产服务机构。专项计划监管银行为中国光大银行股份有限公司某某支行,托管银行为中国光大银行股份有限公司某某分行。

2017年8月31日,某租赁公司与某证券公司签订《买卖协议》,主要约定在专项计划成功设立后,某证券公司(代表专项计划)向某租赁公司支付基础资产购买价款之日,某租赁公司将其依据融资租赁合同对承租人享有的租金请求权和其他权利及其附属担保权益均转让给某证券公司(代表专项计划)。某证券公司(代表专项计划)接受上述转让,并同意承担基础资产的全部风险,享有基础资产所产生的全部收益。

2017年12月31日,某租赁公司与某证券公司签订《服务协议》,约定:某证券公司委任某租赁公司作为专项计划的资产服务机构,由其按照本协议的约定为专项计划提供与基础资产及其回收有关的管理服务及其他服务。

2018年2月1日,某租赁公司与中国光大银行股份有限公司某某分行、某

证券公司签订《监管协议》,主要内容:某租赁公司应于专项计划设立日或之前在监管银行开立"监管账户",专门用于监管、记录专项计划的基础资产所产生的回收款。监管账户的基本信息如下:开户银行为【光大银行华林支行】,户名为【某租赁公司】,账号为【×××】(下称"监管账户")。监管账户是某租赁公司用于归集基础资产产生的回收款的人民币资金账户,其资金来源为某租赁公司根据《买卖协议》已经转让给计划管理人但作为资产服务机构受托管理的基础资产所产生的回收款。资产服务机构不可撤销地授权监管银行(监管银行同意接受该授权)于每个回收款转付日 15:00 前将监管账户内的全部回收款划转至专项计划账户。监管账户归集的基础资产回收款,只能用于向专项计划账户划转,不得做其他任何用途。

2018 年 2 月 12 日,某证券公司向某租赁公司支付其转让的基础资产购买价款,同日双方签订了交割确认函,确认双方基础资产买卖交割完成。2018 年 4 月 25 日,某租赁公司在中国人民银行征信中心办理了应收账款转让登记。

某融资租赁(上海)有限公司与某租赁公司因金融借款合同纠纷申请法院冻结了监管账户,某证券公司认为监管账户内资金属于某证券公司(代表专项计划)所有,遂向北京市某中级人民法院提出案外人执行异议。

2020 年 6 月 22 日,北京市某中级人民法院作出裁定书驳回了某证券公司提出的案外人执行异议,理由是监管账户登记在某租赁公司名下,某证券公司主张该涉案账户内资金为该公司所有不符合《最高人民法院关于人民法院办理执行异议和复议案件若干问题的规定》第 25 条规定:"对案外人的异议,人民法院应当按照下列标准判断其是否系权利人,银行存款和存管在金融机构的有价证券,按照金融机构和登记结算机构登记的账户名称判断;有价证券由具备合法经营资质的托管机构名义持有的,按照该机构登记的实际投资人账户名称判断。"

2020 年 6 月,某证券公司不服北京市某中级人民法院作出的,遂向北京市某中级人民法院提起案外人执行异议之诉。

裁判要旨

资产证券化项目中监管账户是指由原始权益人开设,管理人实际控制的基础资产资金回流账户。因监管账户的形式占有与实际控制权相分离,对于监管账户中的资金权属认定不应简单依赖于权利的公示外观,而应根据当事人的约定以及相关法律法规进行实质性审查,以此来判断监管账户中资金的权属,真正实现资产证券化业务风险隔离的制度设计。

裁判结论

北京市某中级人民法院认为,监管账户虽在某租赁公司名下,但账户资金按照《监管协议》的约定受到监管银行的严格监管,某租赁公司并未自由支配和使用,其账户性质应属于《服务协议》《监管协议》约定的专项计划监管账户,其账户中的资金应归属于专项计划管理人某证券公司,某证券公司可据此排除强制执行。据此判决:解除被告某融资租赁(上海)有限公司对监管账户内资金的冻结措施。某租赁公司不服一审判决提起上诉,二审维持原判。

代理要点

一、某证券公司与某租赁公司之间的基础法律关系应为资产证券化特定法律关系。

二、监管账户虽开立在某租赁公司名下,但账户资金已特定化并归属于某证券公司(代表专项计划)。

代理思路

一、资产证券化特定法律关系的认定

确定专项计划监管账户资金所有权归属的前提是要认定案涉基础法律关系性质。根据《证券公司及基金管理公司子公司资产证券化业务管理规定》,基础资产是指符合法律法规规定,权属明确,可以产生独立、可预测、持续、稳定的现金流且可特定化的财产权利或者财产,且既可以是单项财产权利或者财产,也可以是多项财产权利或者财产构成的资产组合。管理人作为资产支持证券的发行人,以基础资产为支撑,发行对基础资产享有按份权利的受益权凭证。当原始权益人将基础资产的所有权出售给管理人时,管理人取得基础资产的所有权,此时原始权益人与管理人的法律关系为买卖合同关系;当原始权益人将债权类基础资产转让给管理人时,二者之间则形成了债权转让关系。管理人作为买受人以发行资产支持证券所取得的价款作为对价支付与原始权益人,原始权益人作为出卖人交付基础资产取得对价。在原始权益人与管理人成立信托法律关系、买卖法律关系或债权转让法律关系时,基础资产得以同原始权益人的破产风险相隔离,投资者的利益得以保障。

原始权益人通过资产证券化的方式进行融资,往往会认购次级资产支持证券、承诺特定条件下赎回或提供担保等方式进行信用增级。因此,若要准确认定资产证券化法律关系的性质,需要对照资产证券化的结构化安排以及《证券公司及基金管理公司子公司资产证券化业务管理规定》,结合当事人的真实意思表示、合同约定的权利义务内容以及当事人行为的对外效果等方面,对管理人及其代表的专项计划与原始权益人之间的法律关系进行综合判断。

首先,从当事人的真实意思表示来看,某租赁公司董事会决议体现了其与某证券公司拟进行资产证券化缔约过程中的意思表示;案涉系列协议亦表明某租赁公司将基础资产转让给专项计划进行资产证券化;某租赁公司主动认购次级资产支持证券提供内部增信。据此,可以认定某租赁公司明确清楚其与某证券公司之间的交易行为是资产买卖行为。

其次,从合同约定的权利义务来看,各方已在合同中明确表示交易性质为基础资产销售,且与该基础资产相关的所有权益和风险全部按照公允价格转让给受让人,故该基础资产转让行为应视为真实出售而非融资借贷。

最后,从当事人行为的对外效果来看,某租赁公司协助某证券公司办理了一系列后续事宜,包括产品在基金业协会备案、办理应收账款转让登记,上述行为均具有对外公示的作用,足以产生对抗第三人的效力。案涉资金流转、动产权属登记、所涉证券的评级、监管账户的开设、专项计划账户的开设等均不同于普通的融资借贷法律行为的外观,而系典型的资产证券化特定法律关系中特定民事法律行为的外观体现。

综上,案涉协议应视为一个整体协议,其实质是某租赁公司与某证券公司之间关于某租赁公司应收租金收益设立资产支持专项计划发行资产支持证券的商业安排,故本案的基础法律关系为基于资产证券化特定的法律关系。

二、监管账户资金权属独立性的认定

货币是具有高度流通性的种类物,通常"占有即所有"是货币权属认定的基本规则,但如果银行账户内的资金已经被特定化,应当通过穿透式的实质性审查,查明当事人的真实意思,使得货币流转回归至动产物权变动原则,进而排除"占有即所有"规则的适用。在资产证券化中,转让后的基础资产法律形式上的权利主体虽然是管理人,但实际上管理人应当将取得的财产归入专项计划,专项计划资产独立于原始权益人、管理人、托管人及其他业务参与人的固有财产。本案中原始债务人人数众多,向原始债务人通知将还款账户变更为专项计划账户较为烦琐。因此,仍沿用原有的还款路径,即原始债务人仍向原始权益人的账户划付回款资金。为确保基础资产的独立性,避免基础资产现金流与原始权益人的资产混同和挪用,专项计划采取设置监管账户的操作,用于归集基础资产产生的回收款,并对监管账户内的资金划转予以限制,由托管人(监管银行)监管并定期将回收款划转至专项计划账户。在此情形下,监管账户内的资金已经被特定化,不再适用"占有即所有"规则,应当认定为属于专项计划资产。

首先,《证券公司及基金管理公司子公司资产证券化业务管理规定》第5条规定:"因专项计划资产的管理、运用、处分或者其他情形而取得的财产,归入专项计划资产。因处理专项计划事务所支出的费用、对第三人所负债务,以专项计划资产承担。专项计划资产独立于原始权益人、管理人、托管人及其他业务参与人的固有财产。原始权益人、管理人、托管人及其他业务参与人因依法解散、被依法撤销或者宣告破产等原因进行清算的,专项计划资产不属于其清算财产。"该《规定》确认了资产证券化业务中专项计划资产的独立性。

其次,某租赁公司除具有原始权益人身份外,还基于协议约定具有专项计划的资产服务机构身份。监管账户系开立在资产服务机构名下,专门用于接受基础资产产生的回收款的归集账户;监管账户归集的基础资产回收款只能用于向专项计划账户划转,不得做其他任何用途。依据《民法典》关于占有改定、动产交付、所有权转移的相关规定,资金入监管账户时,所有权即直接转移至专项计划。专项计划对于监管账户内资金的受领不再需要额外的意思表示。

最后,账户虽设立在某租赁公司名下,但该账户系根据监管协议约定设立,处于银行监管之下,监管银行按照协议约定将监管账户内资金转付至某证券公司开立的专项计划账户,监管账户并不由某租赁公司自主控制。第三方将资金汇入监管账户后,该资金归属于专项计划。第三方汇入资金的原因不影响案涉资金所有权的归属。

综上,专项计划监管账户中的资金应归属于专项计划,某证券公司作为管理人可据此排除强制执行。

律师评析

司法判例的裁判思路明确了资产证券化项目对于监管账户的要求,即确保监管账户专项专用,限定监管账户内资金的支配权,使监管账户具备特定化,以实现监管账户内资金的形式占有权和法律所有权的分离。同时,管理人及原始权益人应及时办理基础资产转让的公示登记,明确该等基础资产全部转让给专项计划,从而使管理人(代表专项计划)取得对抗原始权益人之债权人的效力。资产证券化中的风险隔离制度得到法院认可,是司法的进步、法治文明的彰显,为资产证券化健康发展提供了司法保障。

需要注意的是,判定监管账户内资金归属管理人时,不仅要考量证据的真实性、专项计划的合法性,还要考量资产证券化项目中的原始资产是否符合法律要求的真实出售要件。首先,管理人和原始权益人要明确基础资产的内涵,预期的可得利益与现在可融资金额的对价要有明确的价格,并按照资产证券化项目发行的要求如期履行。其次,购买价格要公允。根据《民法典》第539条、《全国法院贯彻实施民法典工作会议纪要》第9条规定,如转让价格达不到交易时交易地的指导价或者市场交易价70%的,一般可以视为明显不合理的低价。因此需要在项目的前期考虑到价格的公允性,否则会因为不符合对价要求难以认定为真实出售,自然就不能达到破产隔离的效果,也就无法保证在后续可能的司法纠纷中法院将监管账户资金判定给管理人。最后,一定要通过书面文件签署交割确认函,以明确交割的形式、内容和范围。

在资产证券化项目中多维度完成了真实出售的要件后,基本就能有效保障后期的风险隔离,确保监管账户资金的安全,保证管理人利益与原始权益人利益相分离。

法律依据

1.《中华人民共和国民法典》第7条、第465条

2.《最高人民法院关于适用〈中华人民共和国民事诉讼法〉的解释》第310条、第311条、第312条

王喆律师

经济法学硕士、中共党员。现执业于北京市京师(深圳)律师事务所,系律所联合创始人、基金债券法律服务中心主任、业务指导委员会委员、纪律监察委员会委员。

王喆律师执业10多年来,主要业务范围为投资并购、资产证券化和争议解决,特别在资产证券化领域,主办的项目曾荣获"2018—2019年度资产证券化·介甫奖——供应链金融优秀示范产品奖""第七届CNABS金桂奖——最具行业影响产品奖",同时主办了"上海证券交易所首单绿色可续发型国补应收资产证券化项目""上海证券交易所首单小微融资租赁资产支持证券信用保护合约项目",2020年被界面新闻评选为"新锐律师"。

股东将股权转让后的责任争议：
夫妻原始股东是否应为被执行人

——杨某某、彭某与佛山市某建材贸易公司
　等人执行异议纠纷案

王天瑞

案情介绍

杨某某及彭某系夫妻,2人于2016年3月25日登记设立深圳市某科技公司,2人分别认缴出资25万元、5万元,公司章程规定股东认缴出资额由股东根据公司实际经营需要决定出资计划。2016年国家企业年度信用报告中记载杨某某及彭某的实缴出资时间为2036年3月25日,而在2017年国家企业年度信用报告中杨某某及彭某的实缴出资时间为2016年3月15日。

2018年6月4日杨某某及彭某将深圳市某科技公司股权全部转让至余某某及陈某某名下,公司改名为深圳市某实业公司。2018年11月19日、21日深圳市某实业公司向佛山某建材公司购买钢材,同时承诺2018年12月2日前付清货款,后深圳市某实业公司等违约,佛山某建材公司将其起诉至法院,经法院当庭调解作出调解书。

2019年佛山某建材公司申请法院强制执行,深圳市某实业公司等无可供执行的财产,法院裁定终结本次执行。佛山某建材公司向该院提出申请,请求追加杨某某、彭某等人为该执行案被执行人。2022年该院裁定追加杨某某、彭某等人为前述执行案件被执行人。杨某某、彭某不服均提起执行异议之诉。一审法院判决驳回杨某某、彭某2人的诉讼请求。

杨某某、彭某不服上诉至二审法院,代理律师认为:1.公司股东依法享有出资期限利益,本案中深圳市某实业公司于2016年3月25日登记成立,虽然深圳市某实业公司2017年度报告显示杨某某、彭某认缴出资时间为2016年3月15日,但在其2016年度报告中却显示,杨某某、彭某认缴出资时间为2036年3月25日,结合《深圳市某科技公司(即深圳市某实业公司前身)章程》约定,2016年度报告内容更为可信,一审法院没有具体分析前后两份年度报告内容的矛盾性,仅依据2017年度报告认定杨某某、彭某出资时间为2016年3月15日认定不当,2人出资期间未届至;2.深圳市某实业公司与佛山某建材公司债权债务发生时杨某某、彭某已将股权转让,转让行为未损害债权人利益。

二审法院结合双方的诉辩意见,归纳本案的争议焦点为应否追加杨某某、彭某为执行案件的被执行人,承担相应责任。

二审法院认为在注册资本认缴制下,股东依法享有期限利益。此外,杨某某、彭某二人转让股权时深圳市某科技公司并无债务发生,并且无证据证明公司具有破产原因,故一审法院处理结果错误。最终二审法院支持了杨某某、彭某的上诉请求。

裁判要旨

公司股东依法享有出资期限利益,杨某某及彭某的出资义务尚未到期,且转让股权时深圳市某科技公司对佛山市某建材公司的债务也未发生。在无证据证明此时深圳市某科技公司具备破产原因下,杨某某及彭某转让股权的行为符合法律规定。

裁判结论

一、撤销广东省某某市某某区人民法院民事判决;
二、不予追加杨某某、彭某为(2019)粤××××号案的被执行人。

代理要点

结合案件事实分解关键事实因素,并明确公司股东权利与股东责任的情形及适用条件,形成诉讼方向及策略。

代理思路

一、翻阅一审案件卷宗,梳理案件事实;
二、锁定案件相关法律条文,检索案例;
三、确定诉讼方向和策略。

律师评析

本案系案外人执行异议之诉,自2019年法院作出执行裁定至本案二审法院作出生效判决,时间将近4年之久,在这个过程中当事人分别经历了执行异议、执行异议之诉一审和二审。可以说,这篇案例所涉及的内容也是很多中小企业股东所关注的问题,即在原始股东将股权转让后,是否应就公司不能清偿的债务承担法律责任。进一步讲,股东在什么情况下会承担责任,什么情况下则不会。本案就是介于这之间的典型案例。

首先,依据《公司法》第28条规定:"股东应当按期足额缴纳公司章程中规定的各自所认缴的出资额"。这是法律赋予公司股东的出资期限利益。

《最高人民法院关于适用〈中华人民共和国公司法〉若干问题的规定(三)》第13条第2款规定:"公司债权人请求未履行或者未全面履行出资义务的股东在未出资本息范围内对公司债务不能清偿的部分承担补充赔偿责任的,人民法院应予支持;未履行或者未全面履行出资义务的股东已经承担上述责任,其他债权人提出相同请求的,人民法院不予支持。"由此可以看出,股东享有期限利益但未履行或未全面履行出资义务的股东对公司债权人就公司债务不能清偿的部分承担补充赔偿责任。

本案中,在公司章程与国家企业信用年度报告均对公司股东的实缴出资时间约定不明的情况下,如何确定杨某某及彭某的实缴出资时间是该案的关键所在。笔者作为本案杨某某及彭某的二审代理律师,经询问杨某某及彭某得知,报账及登记年报工作均委托第三方进行。根据经验,在现实社会中将认缴出资时间和实缴出资时间设定为同一时间的情况极少见。不仅如此,在翻阅变更登记为受让股东后的深圳市某实业公司(原深圳市某科技公司)的企业信用年度报告后,也发现了实缴时间记载不一致的情况,由此我们更加确信这种情况不是个例,很有可能是第三方的疏忽大意或登记机关审查不严格所致。

　　需要提醒各位注意的是,诉讼案件证据为王,在出现于己不利的证据时,可以运用其中矛盾或违背常理之处借力打力。

　　其次,依据《最高人民法院关于民事执行中变更、追加当事人若干问题的规定》第19条及《最高人民法院关于适用〈中华人民共和国公司法〉若干问题的规定(三)》第18条规定,股权转让人与受让人恶意串通损害债权人利益,进而承担责任。

　　由此可以看出,我国立法更倾向于判断股东是否存在"主观恶意逃避债务"。在本案中,杨某某与彭某将深圳市某科技公司股权转让时,还未发生与佛山某建材公司的贸易往来,更未与其产生债权债务关系,也没有和其他公司存在任何债权债务。因此,杨某某与彭某主观上并不存在恶意逃避债务的故意。从公平正义角度看,这点对于胜诉也至关重要。

　　最后,《全国法院民商事审判工作会议纪要》第6条明确规定了未届出资期限的股东在未出资范围内对公司不能清偿的债务承担补充赔偿责任法院不予支持,但也列举了两项例外情形。但能够看出,该例外规定的本意也是防止股东"损害债权人利益"。说来说去还是绕不开上文所述我们国家对此项情形的立法本意。

　　综上所述,公司股东依法享有期限利益,在符合法律规定且不损害债权人利益的情况下,不应当对股东行使"无限追索权",否则将导致所有公司股东如临深谷。本案二审法院依法撤销了一审法院的判决,并判决不予追加杨某某、彭某为执行案件的被执行人,事实认定清楚法律适用正确,兼顾了法理与经验法则,解除了二人即将面临的赔偿责任。

法律依据

1.《中华人民共和国公司法》第28条

2.《最高人民法院关于适用〈中华人民共和国公司法〉若干问题的规定(三)》第13条

3.《最高人民法院关于民事执行中变更、追加当事人若干问题的规定》第19条

4.《最高人民法院关于印发〈全国法院民商事审判工作会议纪要〉的通知》(《九民纪要》)第6条

注:本案例以王天瑞律师代理的真实案例为原型整理而成,基本案情及判决理由均有不同程度的删节和修改。

王天瑞律师

现执业于北京市京师(深圳)律师事务所,王天瑞律师在争议解决领域,特别是诉讼领域具有丰富实践经验,先后办理了各类重大疑难民商事案件及涉"恶"案件。

主要诉讼领域覆盖公司事务、合同纠纷、婚姻家事、债权债务、建设工程、刑事辩护等,累计为客户挽回损失数亿元。并长期致力于刑民交叉案件及各类疑难案件的研究。代理案件遍布全国,如广东、广西、安徽、海南、浙江、山东、陕西、吉林、黑龙江等地。

王天瑞律师还专注于公益,在多个短视频平台以律师身份进行公益普法宣传。曾在广东省司法厅及深圳市律师协会的推动下,长期参加法律公益活动,免费为百姓进行法律解答近千人次,获得良好评价。

劳动者达法定退休年龄，在工作时间内、因工作原因伤亡，符合条件的依旧可进行工伤认定

——深圳某公司与某某市人力资源和社会保障局、万某其他行政管理一案

黄斌浩

案情介绍

第三人万某于1962年10月出生，2012年10月年满50周岁，系未享受基本养老保险待遇或领取养老金的进城务工人员。2018年1月1日，第三人万某与原告深圳某公司签订《劳动合同》，约定：第三人工作岗位为促销员，合同期限自2018年1月1日起至2019年12月31日止，原告至少每月以货币形式向第三人支付一次工资。劳动合同签订后，第三人被原告派驻到某商场工作，第三人的上班时间分为早班和晚班两个时间段，其中晚班上班时间为15时到23时。2019年6月9日晚22时左右，第三人在商场仓库搬运货物时不慎从梯子上滑倒受伤，经某某市第三人民医院诊断为：1.左颞顶部硬膜下血肿；2.左颞叶挫裂伤；3.开放性颅底骨折；4.右颧骨骨折；5.右侧感音神经性听力受损；6.右侧听神经损伤；7.右侧耳蜗挫伤；8.右顶部头皮裂伤；9.肺挫伤；10.左手多发皮肤挫裂伤；11.右附件区囊肿。第三人于2019年7月1日向被告某某市人力资源和社会保障局提出工伤认定申请，并提交《工伤认定申请表》、《劳动合同》、疾病证明书等材料；其中《工伤认定申请表》中"用人单位意见"处载明"情况属实，同意申报"，经办人周某辉签名，并盖有原告的公章。2019年8月6日被告向原告邮寄送达

《工伤认定举证通知书》。2019年8月26日被告作出编号×××《认定工伤决定书》，认定第三人受到的事故伤害(或患职业病)，符合《广东省工伤保险条例》第9条第1项之规定，属于工伤认定范围，予以认定(或视同)为工伤。上述决定书于2019年9月19日送达原告。原告不服该认定工伤决定，诉至原审法院。一审庭审中，原告对第三人在工作时间、工作场所受伤的事实及过程没有异议。

一审法院认为，根据《工伤保险条例》第5条第2款的规定，被告具有管理本行政区域内的工伤保险工作的法定职权与职责。本案的争议焦点为：一、原告与第三人是否形成劳动关系；二、第三人受到的事故伤害是否适用《工伤保险条例》进行工伤认定。对此评析如下：关于原告与第三人是否形成劳动关系的问题。《劳动法》第15条规定"禁止用人单位招用未满十六周岁的未成年人"，该条款仅禁止用人单位招用未满16周岁的未成年人作为劳动者，对法定劳动年龄上限并未作出强制性规定。本案中，第三人万某为进城务工人员，在此次事故发生前未享受基本养老保险待遇或领取养老金，第三人被原告派驻到某商场工作，劳动合同中约定原告每月向第三人支付工资，说明第三人受原告的管理和指挥，原告与第三人之间具有人身隶属性，双方之间是管理与被管理的关系，属于劳动法调整的范围，因此，原告与第三人之间的关系应认定为劳动关系。原告主张其与第三人之间成立劳务关系，理据不足，原审法院不予支持。关于第三人受到的事故伤害是否适用《工伤保险条例》进行工伤认定的问题，《最高人民法院行政审判庭关于超过法定退休年龄的进城务工农民因工伤亡的，应否适用〈工伤保险条例〉请示的答复》(〔2010〕行他字第10号)规定："用人单位聘用的超过法定退休年龄的务工农民，在工作时间内、因工作原因伤亡的，应当适用《工伤保险条例》的有关规定进行工伤认定。"本案中，第三人受到的事故伤害符合上述答复规定的情形，属于工伤认定范畴，适用《工伤保险条例》进行工伤认定。被告作出的编号×××号《认定工伤决定书》认定事实清楚，适用法律、法规正确，程序合法。原告请求撤销该工伤认定决定，理由不充分，一审法院不予支持。依照《行政诉讼法》第69条规定，判决驳回原告深圳某公司的诉讼请求。

原告深圳某公司不服一审判决，上诉至某某市中级人民法院，上诉称：一审法院认定事实不清，适用法律错误。首先，从工伤认定的程序上来讲：第一，被上诉人对第三人万某进行工伤认定时，并没有要求上诉人对第三人万某受伤是否属工伤进行举证，损害了原告的举证权利。被上诉人在一审时提交的证据清单里包含《工伤认定举证通知书》及邮寄单,但在被上诉人提交的证据里却没有邮寄单,被上诉人当庭也确认是没有邮寄单的。因此,该份证据并不能证明已经以快递的方式送达了被上诉人。第二,被上诉人提供的对第三人万某的工伤认定询问笔录,没有提供询问人的相关证件,也没有向第三人万某出示相关证件,更没有在询问笔录中签名确认。不能确定询问人、记录人是否具有相关资质或执法权。其次,从实体上来讲第三人万某与原告深圳某公司不构成劳动关系,其超过法定退休年龄后发生的职业伤害不能认定为工伤,主要理由如下:第一,劳动者达到法定退休年龄,缺失劳动关系中劳动者主体资格之主体要件(经审批延长退休的除外)。2012年《广东省高级人民法院、广东省劳动人事争议仲裁委员会关于审理劳动人事争议案件若干问题的座谈会纪要》第11条规定:用人单位招用已达到退休年龄但尚未享受基本养老保险待遇或领取退休金的劳动者,双方形成的用工关系按劳务关系处理。法律法规虽没有明确禁止劳动者的就业权,但却明确规定了法定退休年龄。根据《劳动合同法》第44条以及《劳动合同法实施条例》第21条规定,达到退休年龄劳动(合同)关系终止属于法定终止情形。双方劳动(合同)关系终止的原因属于劳动者主体资格灭失问题,双方不存在劳动法律关系,即双方存在其他法律关系。不能因为存在劳动报酬等相关问题,就认定存在劳动关系,进而适用《工伤保险条例》。劳动者达到法定退休年龄,并不丧失劳动权,但其与用人单位之间的劳动不属于劳动法上之劳动,该劳动为就业劳动,和公务员、保姆等劳动同为广义劳动。另外,《劳动和社会保障部关于确立劳动关系有关事项的通知》(劳社部发〔2005〕12号)也规定了关于是否成立劳动关系的三要件之一,即用人单位和劳动者具有合法的主体资格,因此,超过法定退休年龄劳动者(延长退休年龄除外)依法不再具有劳动法上劳动关系之劳动者主体要件。第二,达到法定退休年龄后,用人单位无法定义务为劳动者办理工伤保险,客观上也无法办理,因此,由用人单位承担工伤风险不公平、不合理。《社会保险法》规定,劳动者达到法定退休年龄,基本养老保险缴费不足15年的可以续缴,但却没有规定工伤保险费可以在劳动者达到法定退休年龄后可以续缴。《工伤保险条例》以及相关的社会保险费缴交规定也未明确劳动者达到法定退休年龄后的工伤保险费缴交情形。另外,工伤保险费的缴纳按本单位职工工资总额乘以单位缴费费率之积,但同时用人单位应报送人员情况表和人员增减明细表,实践中,达到法定退休年龄劳动者退休后因减员不在报表之内。劳动者退休办理了退休手续并领取了养老金,但同时仍在用人单位工作,无论在社会保险统征还是不统征的地方,单独就该部分劳动者征收工伤保险费在技术层面都是困难的。既然超过法定退休年龄的劳动者无法缴纳工伤保险费,在没有明确法律依据的情况下,要求用人单位承担工伤保险统筹基金应该承担的责任就显得不公平、不合理,也违背了社会保险统筹风险社会承担的社会法原理。第三,《社会保险法》与《工伤保险条例》规定,达到退休年龄不再享受工伤保险待遇。《社会保险法》第40条规定,工伤职工符合领取基本养老金条件的,停发伤残津贴、享受基本养老保险待遇。《工伤保险条例》第35条第1款第3项规定,工伤职工达到退休年龄并办理退休手续后,停发伤残津贴。达到法定退休年龄的劳动者存在不同的情况,有享受退休待遇的,有延长退休年龄的,也有不能享受养老金的,更有城镇居民和农民工之分。无论何种情形,达到退休年龄符合领取基本养老金的职工就不再享受工伤待遇。由此可见,如果达到退休年龄后的劳动者受到职业伤害被认定为工伤、享受工伤待遇,必然与《社会保险法》《工伤保险条例》相关规定和精神存在冲突。事实上,是否被认定为工伤、是否享受工伤待遇,不应该区分农民工还是非农民工,也不应该区分是否享受退休待遇,但必须考虑受到职业伤害时是否存在劳动人事法律关系基础。从《社会保险法》和《工伤保险条例》关于退休后不享受工伤待遇的相关规定可以看出,作为享受工伤待遇的前提基础,工伤确认也应以是否存在劳动人事法律关系为基础。第四,达到退休年龄后受职业伤害被认定为工伤将引发大面积社会矛盾。2010年9月14日实行的《最高人民法院关于审理劳动争议案件适用法律若干问题的解释(三)》(以下简称"解释(三)")第7条规定,用人单位与其招用的已经依法享受养老保险待遇或领取养老金的人员发生用工争议,向人民法院提起诉讼的,人民法院应当按劳务关系处理。该司法解释明确,享受退休待遇的员工与用人单位争议按劳务关系处理,即不能按劳动关系处理。解释(三)第8条规定,未达到法定退休年龄的内退人员、下岗待岗人员与新用人单位发生争议按劳动争议处理。从规定上来看,达到法定退休年龄的劳动者与用人单位发生争议不宜按劳动争议处理,如果达到退休年龄后职业伤害认定为工伤,即司法终审确认达到退休年龄后参加工作与用人单位仍保持劳动关系,双方之间权利义务均按劳动法相关规定执行,即劳动者可依《劳动法》《劳动合同法》等相关规定要求未签订劳动合同双倍工资、加班费、终结劳动关系时的经济补偿金、最低工资保护、各项社会保险费缴交、住房公积金缴交等相关要求。这也必将引发劳动仲裁、民事一审、二审关于退休后劳动关系确认以及相关劳动权利义务的劳动争议实践和理论混乱,并会引发大量相关劳动争议以及相关的再审申请、上访等情形。综上所述,被上诉人在对第三人进行工伤认定时程序违法,且没有正确适用法律,导致作出错误的工伤认定,一审法院错误适用法律,对被上诉人在行政行为中程序违法也视而不见,导致错误的判决,因此,请求上级人民法院在查清事实的基础上正确适用法律,作出公正的判决。上诉请求:1.撤销某某县人民法院作出的行政判决;2.撤销被上诉人作出的《认定工伤决定书》;3.判令被上诉人承担本案的全部诉讼费用。

二审认定事实与一审法院认定事实一致。

二审法院认为,《工伤保险条例》第14条第(1)项和《广东省工伤保险条例》第1条第(9)项均规定,职工在工作时间和工作场所内,因工作原因受到事故伤害的,应当认定为工伤。本案中,原审第三人万某在工作时间、工作场所因搬运货物受伤,符合上述规定的应认定为工伤的情形,被上诉人(原审被告)某某市人力资源和社会保障局作出被诉工伤认定决定,认定原审第三人万某受到的伤害为工伤,并无不当。关于上诉人(原审原告)深圳某公司主张原审第三人万某已达法定退休年龄,与用人单位构成劳务关系而非劳动关系不应认定为工伤的问题,根据《最高人民法院行政审判庭关于超过法定退休年龄的进城务工农民因工伤亡的,应否适用〈工伤保险条例〉请示的答复》([2010]行他字第10号):"用人单位聘用的超过法定退休年龄的务工农民,在工作时间内、因工作原因伤亡的,应当适用《工伤保险条例》的有关规定进行工伤认定。"《最高人民法院关于超过法定退休年龄的进城务工农民在工作时间内因公伤亡的,能否认定工伤的答复》([2012]行他字第13号)规定:"用人单位聘用的超过法定退休年龄的务工农民,在工作时间内、因工作原因伤亡的,应当适用《工伤保险条例》的有关规定进行工伤认定。"上述答复明确了超过法定退休年龄的进城务工人员,因工伤亡的,应按《工伤保险条例》进行工伤认定。故被上诉人(原审被告)某某市人力资源和社会保障局作出被诉工伤认定决定,具有事实根据和法律依据,一审判决驳回上诉人(原审原告)深圳某公司的诉讼请求,于法有据,依法应予维持。

裁判要旨

进城务工的农民劳动者虽达到法定退休年龄,但未享受基本养老保险待遇或者领取退休金的,在工作时间内、因工作原因伤亡的,应当适用《工伤保险条例》的有关规定进行工伤认定。

裁判结论

一、某某县人民法院驳回原告深圳某公司的诉讼请求。

二、某某市中级人民法院驳回深圳某公司的上诉,维持原判。

代理要点

一、劳动者是否属于进城务工的农民。

二、劳动者是否已享有基本养老保险待遇或者领取养老金。

三、劳动者所遭受的伤害是否在工作时间内、因工作原因伤亡。

代理思路

一、审查劳动者的户籍性质,证实属于农村户口。

二、前往当地社会保险经办机构出具社保情况证明,证实劳动者未享有基本养老保险待遇或者领取养老金。

三、收集劳动者受伤证据,证实符合工伤事实。

律师评析

法律并未禁止使用超过法定退休年龄的农民工,而且作为农民也无所谓何时退休,对于进城务工的农民劳动者,虽达到法定退休年龄,但根据《工伤保险条例》以及结合《最高人民法院行政审判庭关于超过法定退休年龄的进城务工农民因工伤亡的,应否适用〈工伤保险条例〉请示的答复》(〔2020〕行他字第10号)和《最高人民法院关于超过法定退休年龄的进城务工农民在工作时间内因公伤亡的,能否认定工伤的答复》(〔2012〕行他字第13号)的精神,未享受基本养老保险待遇或者领取养老金的,在工作时间内、因工作原因伤亡的,应当适用《工伤保险条例》的有关规定进行工伤认定。

法律依据

1.《工伤保险条例》(2010修订)第5条第2款、第35条第1款第3项、第2条、第14条第1款第1项

2.《中华人民共和国劳动合同法》(2012修正)第44条

3.《中华人民共和国劳动合同法实施条例》第21条

4.《劳动和社会保障部关于确立劳动关系有关事项的通知》

5.《中华人民共和国社会保险法》(2018修正)第40条

6.《最高人民法院关于审理劳动争议案件适用法律若干问题的解释(三)》第7条

7.《中华人民共和国劳动法》(2018修正)第15条第1款

8.《最高人民法院关于超过法定退休年龄的进城务工农民在工作时间内因公伤亡的,能否认定工伤的答复》

9.《工伤认定办法》(2010修订)第10条

10.《最高人民法院行政审判庭关于超过法定退休年龄的进城务工农民因工伤亡的,应否适用〈工伤保险条例〉请示的答复》

黄斌浩律师

法学学士,现执业于北京市京师(深圳)律师事务所,系律所刑民交叉法律事务部委员,深圳市涉外律师新锐人才,惠东县青年联合会委员,惠东县新阶联会员。

黄斌浩律师自执业以来,主要从事民商事诉讼法律服务、公司治理和办理疑难刑事案件。在民商事诉讼法律服务和公司治理方面,主要办理银行类金融合同纠纷、融资租赁合同纠纷、物流运输纠纷、建设工程施工合同纠纷、人身损害赔偿纠纷、婚姻家事纠纷、劳动争议和工伤赔偿纠纷及大量经济合同、房地产权纠纷等民商事诉讼案件。其中,对于外嫁女案件具有独到的研究和丰富的办案经验。在刑事案件办案中,曾多次为委托人辩护取得酌定不起诉、存疑不起诉、涉案企业合规不起诉、存疑无罪判决等结果。

关于专利无效请求人举证责任及公知常识依职权认定的确定

——深圳市环某世贸电子科技有限公司与杨某某外观设计专利权无效行政纠纷案

管巧丽

案情介绍

专利无效阶段：无效宣告请求人深圳市环某世贸电子科技有限公司，举证了亚马逊网站在先公开证据作为对比设计，结合公知常识认为涉案专利ZL201330400×××.4[名称：××天线（DVB-T9023）]不具备《专利法》第23条第2款的创造性，请求宣告涉案专利无效。专利复审委员会审理认定：对比设计属于平板式天线设计，平板式天线表面设有或不设有图案均十分常见，将另一面设计为同样空白的设计手法属于本领域内常见的设计手法，因此，专利复审委宣告涉案专利设计1无效。

行政一审阶段：专利权人杨某某不服上述无效宣告决定，遂向北京知识产权法院提起行政诉讼，专利权人认为平板式天线两面设计为同样空白的设计手法不属于本领域内常见的设计手法，且第三人未提交任何教科书、工具书等证据证明所谓的"常见设计手法/惯用手段"，并诉请撤销上述无效决定。北京知识产权法院审理认定：《专利法》及其实施细则并不强制要求被告必须对于常见设计手法给予举证证明，特别是对于普通公众仅凭一般社会生活常识很容易想到的设计手法，当然被告对于常见设计手法的认定应当保持必要的谨慎。结合对比设计与专利设计1，在对比设计已经采取一面有图案，另一面无图案的设计基之上,将平板天线采取两面有图案或两面无图案的对称设计,应当属于本领域常见的设计手法,作出了行政判决,驳回了专利权人的诉讼请求,维持了专利设计1无效的决定。

行政二审阶段:专利权人不服一审行政判决遂上诉至最高院,专利权人认为国家知识产权局在第三人未充分举证证明"将另一面设计为同样空白的设计手法属于本领域内常见的设计手法"及"具有将二者空白面相结合的启示"的情况下支持第三人的主张,无事实和法律依据。最高院经过审理认定,国家知识产权局在本案中就公知常识依职权予以认定并已作出合理说明,专利权人提出的上诉主张不能成立,并作出行政判决:驳回上述,维持原判。

裁判要旨

本案法院认为国家知识产权局可依职权对于公知常识进行认定,在一定程度上减轻了专利无效案件中请求人对公知常识的举证责任。因此,本案对于无效请求人举证责任、国家知识产权局依职权认定依据均具有一定指导意义。

典型意义

根据无效请求人深圳市环某世贸电子科技有限公司举证的亚马逊公开销售证据,国家知识产权局专利复审委结合对比设计结构、外观设计专利结构、专利产品的使用场合、安装方式等,从普通消费者的视角,合理阐明了"本领域技术人员常见的设计"的内涵,同时依职权认定"对比设计已经公开其中一个面为空白的设计方式,两面对称与相同是十分容易想到且常见的设计手法,无须再特别举例以证明为惯常手段"属于公知常识。

代理要点

无效宣告请求人深圳市环某世贸电子科技有限公司代理律师举证了亚马逊在先公开证据作为对比设计,结合公知常识认为涉案专利不具备《专利法》第23条第2款的创造性,请求宣告涉案专利无效。

代理思路

涉案专利中含有设计1、设计2及设计3,其中设计1是近似正方形平板,且正反面都为空白的设计样式。专利无效阶段,深圳市环某世贸电子科技有限公司代理律师举证了亚马逊在先销售证据作为对比设计,结合公知常识认为涉案专利不具备《专利法》第23条第2款创造性的要求,请求涉案专利无效。无效宣告人未就公知常识单独进行举证,而是根据现有设计本身的结构特征、使用场合、安装方式等,作为公知常识的推定依据。国家知识产权局专利复审委员会审理认定:对比设计属于平板式天线设计,平板式天线表面设有或不设有图案均十分常见,将另一面设计为同样空白的设计手法属于本领域内常见的设计手法,专利设计1与对比设计整体呈现非常相似的视觉效果,不具有明显区别,宣告涉案专利设计1无效。

律师评析

本案两级法院观点,认定国家知识产权局可依职权对于公知常识的认定,在一定程度上减轻和降低了专利无效案件中请求人对公知常识举证责任。即:专利无效行政案件并非强制要求无效宣告请求人必须对于常见设计手法给予逐一举证证明。因此,本案无论对于无效请求人举证责任还是国家知识产权局依职权认定依据均具有一定指导意义。

法律依据

《中华人民共和国专利法》第23条第2款

管巧丽律师

中共党员,工学硕士。现执业于北京市京师(深圳)律师事务所,专利代理师,系律所高级合伙人、知识产权中心主任、知识产权法律事务部负责人。中国(深圳)知识产权保护中心海外知识产权维权援助专家、广东省涉外律师人才、深圳市光明区知识产权(商业秘密保护)专家、深圳市进出口商会知识产权专家、广州会展和数字经济知识产权专家、深圳市福田区人民法院调解员、深圳前海合作区人民法院调解员、广东省律师协会专利专业委员会委员、深圳市律师协会专利专业委员会委员。

管巧丽律师从事知识产权领域15年,累计为科技公司提供专利布局、专利地图、专利诉讼、专利无效、商标品牌维权、动漫作品、短视频、电影及类电作品等项目案件达千件,具有较丰富的知识产权诉讼、知识产权合规之办案经验。主办的不正当竞争案件荣获2022年中国法院50件典型知识产权案例。

"真实销售商品进行返利的销售模式"不应当认定为非法吸收公众存款

——T公司负责人H非法吸收公众存款不批捕案

庄洁萍

案情介绍

T公司销售酵素产品,以"营业额10%作为500名客户奖励",销售金额约5000万元。H为T公司的负责人,侦查机关将包括黄某在内的7名公司员工予以刑事拘留并递交审查批捕。

裁判要旨

坚持罪刑法定原则,对企业家在生产、经营、融资活动中的创新创业行为,只要不违反刑事法律的规定,不得以犯罪论处。本案T公司具有销售产品的实质目的,并未承诺保本付息,主观及客观上没有侵害金融市场秩序,不构成非法吸收公众存款罪。

案件结果

检察机关认为本案没有犯罪事实发生,对包括H在内的T公司7名公司员工不予批捕。

代理要点

T公司以销售酵素产品为根本目的,虽为了酵素生产研发、扩大经营,采取返利方式销售但并未承诺保本付息,根本目的不是吸取资金,不符合非法吸收公众存款罪的构成要件。

代理思路

一、酵素产品(原液)在各大网站均有销售,具有促进新陈代谢、组织修复、净化血液的功效,T公司销售的酵素(原液)与日本、我国台湾地区等地的类似酵素原液具有相近的市场价格,具有合法、真实的商品价值。

(一)产品合法。T公司具有食品经营资格,其委托代加工的产品也由正规的食品药品检验中心进行检测,确保产品健康、安全。同时,T公司主要采取会销方式销售产品,而办会时均会在当地的公安局、食品药品监督局进行备案。

(二)价格合理。事实上有大量人群对酵素有消费需求,虽然有人对酵素功能存在不同看法,但是这好比有人对"燕窝"功效的质疑,不妨碍燕窝具有合法、真实的商品价值。淘宝上类似的酵素原液(同等规格)价格在数百元至数千元之间,甚至有高达3184元/只的酵素原液,因此T公司销售的酵素原液价格在合理区间,客户希望使用、购买T公司的产品是真实合理的。

(三)经营正常。T公司销售酵素货款均用于酵素产品的研发、生产、员工工资、房租等公司日常开支,并无将资金挪作他用或钱生钱行为。由于T公司涉嫌非法吸收公众存款,公司资金被冻结,导致T公司尚拖欠几家代加工厂的货款。T公司销售酵素是正常的商品销售、市场经济活动,与非法吸收公众存款的目的"吸取资金、使用资金"存在根本区别。

二、T公司以"营业额10%作为500名客户奖励"根本目的是让更多客户积极推广酵素产品增加产品销售额,所谓的奖励实际是产品的销售返利,并非吸取资金的付息行为。

(一)T公司的营业额并不固定,如营业额为0,则客户无法得到任何奖励,并未承诺保本付息。

(二)如T公司的每月营业额为100万元,那么10%营业额分配给500名股东也仅有200元,事实上这200元是为了激发客户推广产品的积极性及客户购买产品的返利,这好比是通信公司为销售手机新机,逐月赠送手机话费,根本目的是激发客户购买手机的积极性,并非为了吸取资金。

(三)即使存在客户以略高于产品市场价格购买酵素产品及会员资格的情

况,其根本目的也是为了购买酵素后使用,并在获得会员资格后以更优惠的价格购买产品再销售获利。根本目的是使用、销售产品,而不是投资获利。

2018年1月2日最高法印发的《最高人民法院关于充分发挥审判职能作用为企业家创新创业营造良好法治环境的通知》强调依法保护企业家的人身自由和财产权利。严格执行刑事法律和司法解释,坚决防止利用刑事手段干预经济纠纷。坚持罪刑法定原则,对企业家在生产、经营、融资活动中的创新创业行为,只要不违反刑事法律的规定,不得以犯罪论处。

综上,根据《最高人民法院关于审理非法集资刑事案件具体应用法律若干问题的解释》第2条:"实施下列行为之一,符合本解释第一条第一款规定的条件的,应当依照刑法第一百七十六条的规定,以非法吸收公众存款罪定罪处罚:……(四)不具有销售商品、提供服务的真实内容或者不以销售商品、提供服务为主要目的,以商品回购、寄存代售等方式非法吸收资金的",本案中T公司具有真实酵素产品,以销售酵素为主要目的,虽以返利形式对产品进行促销,但是不存在任何商品回购、寄存代售行为,也没有任何还本付息的承诺。因此,H作为T公司的负责人不构成非法吸收公众存款罪。

律师评析

"非法吸收公众存款罪"像是一个口袋,只要具有获取资金的行为都似乎可以与其挂钩,但是销售产品获取利润是每一个企业的终极目的,采取各种方式促销产品则是企业家发挥主观能动性的表现,我们应该看到非法吸收公众存款罪的影射范围过大是与市场经济的内在逻辑存在矛盾的。我们赞同对根本目的是吸取资金、客观扰乱金融秩序的行为进行处罚,但是也需要谨慎对待该罪名对于市场经济的误伤。

法律依据

1.《中华人民共和国刑法》第176条
2.《最高人民法院关于审理非法集资刑事案件具体应用法律若干问题的解释》第1条、第2条

庄洁萍律师

现执业于北京市京师(深圳)律师事务所,系律所高级合伙人;深圳市律协商事犯罪辩护法律专业委员会秘书长、广东省律协经济犯罪辩护专业委员会委员、中国企业评价协会企业高级合规师。参与出版作品有《"套路贷"案件法律实务研究》,编有《半导体行业合规白皮书》。办理数十起涉及企业的重大疑难经济犯罪案,取得良好的辩护效果。包括多起涉案金额超过100亿元的P2P平台高管非法集资案;多起重大走私案,如某市历年来涉案重量最大的走私黄金专案(涉案重量6吨)、某市历年来涉案金额最大的走私元器件专案(涉案金额50亿元)、某私企老板走私案(某市检察机关首批合规整改企业);多起私企老板行贿案;多起私企老板非法经营案;多起涉及上市公司的证券犯罪案等。

明知他人购买已实名登记的电话卡用于非法活动，仍向他人贩卖，导致被害人被诈骗，宜认定为侵犯公民个人信息罪而非诈骗罪

——周某侵犯公民个人信息罪

李开云

案情介绍

从2019年3月开始，被告人周某明知他人向其购买已实名登记的电话卡是用于非法活动，仍向他人贩卖电话卡。其间，被告人陈某通过微信联系周某购买电话卡约七八次，每次2张至20张不等。经核实，2019年，周某贩卖给陈某的电话卡有4张被用于电信诈骗，致多名被害人被诈骗，诈骗数额从10600元至60000元不等，诈骗数额共计24.33万元。

2020年3月30日，某某市某某区人民检察院指控周某犯诈骗罪，向某某市某某区人民法院提起公诉，周某认罪认罚，量刑建议2年6个月。在庭审现场，在回答辩护人提问时，周某表示其签订认罪认罚书是值班律师见证下签订的，值班律师不了解案情，也没与自己沟通，且公诉人明确不认罪认罚，量刑建议会在3年以上，自己是迫于压力才认罪认罚。

裁判要旨

被告人仅有贩卖实名制电话卡的行为，即便认识到他人利用电话卡实施非法活动，最终导致被害人被诈骗，如果没有非法占有的主观目的、没有虚构事实、隐瞒真相的实施行为，不宜认定为诈骗罪；已实名登记的电话卡中包含有办卡者

的姓名、身份证件号码等能单独或者与其他信息结合识别特定自然人身份或者反映特定自然人活动的信息,被告人明知他人利用已实名登记的电话卡进行不法活动,仍向他人出售的,宜认定为《刑法》第253条之一规定的"情节严重"情形,依照侵犯公民个人信息罪定罪处罚。

裁判结论

第一次开庭后,公诉机关变更起诉,将周某涉嫌的罪名从诈骗罪更改为侵犯公民个人信息罪,量刑建议从2年6个月调整为1年8个月。法院依据《刑法》第253条之一、第266条、第52条、第53条,《最高人民法院、最高人民检察院关于办理侵犯公民个人信息刑事案件适用法律若干问题的解释》第5条,《最高人民法院、最高人民检察院关于办理诈骗刑事案件具体应用法律若干问题的解释》第5条第1款、第2款第(二)项的规定,判决:被告人周某犯侵犯公民个人信息罪,判处有期徒刑1年8个月,并处罚金人民币5000元。

代理要点

一、周某不构成诈骗罪。

二、即便构成犯罪,罪名应当是侵犯公民个人信息罪而非诈骗罪。

三、对比同案犯的犯罪事实及罪名,公诉机关未做到统一指控尺度,未做到罪刑法定,法院应当予以纠正。

四、周某在审查起诉阶段认罪认罚并非自愿。

代理思路

一、根据卷宗材料和法庭调查的情况,指控周某构成诈骗罪不成立,应认定其无罪。

(一)起诉书中认定周某存在"明知他人实施电信网络诈骗犯罪"的主观故意的事实不够充分、证据明显不足。

(二)周某不存在事前、事中通谋,直接提供手机卡给他人进行电信诈骗的行为,其只是单纯出售实名制的手机卡行为,并不清楚手机卡会被用于电信诈骗。

(三)指控周某出售给陈某的4个号码被用于电信诈骗的犯罪事实不清、证据链存在缺失;起诉书中认定的周某的行为与4个诈骗案件没有刑法上的因果关系。

（四）周某自认参与诈骗的有罪供述与其他客观证据不符,被诱供可能性极高。

二、周某不构成诈骗罪,公诉机关指控罪名不成立,如果公诉机关一定要追究周某刑事责任,宜认定为侵犯公民个人信息罪。被出售的实名制电话卡中必然包括了他人的姓名、身份证号码等个人信息,依据罪刑法定以及从旧兼从轻的刑法适用原则,再根据司法解释的规定,应优先适用《刑法》第253条之一第1款以及在后实施的《最高人民法院、最高人民检察院关于办理侵犯公民个人信息刑事案件适用法律若干问题的解释》,评价为侵犯公民个人信息罪。

三、本案属于共同犯罪、多人犯罪,通过列表对比7名被告人在起诉书以及案卷中指控的犯罪事实,发现公诉机关以是否存在诈骗实害结果来划分诈骗罪和侵犯公民个人信息罪,这明显存在法律适用逻辑错误。在定罪量刑时,应先解决犯罪构成的问题,从主体、主观方面、客体、客观方面先分析是否构成犯罪、是此罪还是彼罪,而金额多少只是构成某一犯罪的轻重程度问题,它必须以符合犯罪构成为前提。

四、周某在庭审时表示是受到了公诉机关压力才认罪认罚,法院对于被告人违背意愿认罪认罚、起诉指控的罪名与审理认定的罪名不一致的,在听取人民检察院、被告人及其辩护人对审理认定罪名的意见后,可以依法作出裁判。

综上,辩护人认为周某的行为不符合诈骗罪的犯罪构成要件,通过第一次开庭询问周某,周某当庭陈述迫于压力认罪认罚的事实,并通过对比同案犯的犯罪事实及罪名,证明起诉书中未做到罪刑法定、罪责刑相适应,未统一裁判尺度。庭后公诉机关主动变更起诉,将周某涉嫌罪名从诈骗罪变更为侵犯公民个人信息罪,量刑建议1年8个月,后法院采纳。

律师评析

一、在涉及电信诈骗的案件中,诈骗罪的帮助行为与侵犯公民个人信息罪的实行行为具有一定的相似性。例如,本案行为人向他人提供已实名的电话卡的行为,表面上看既符合诈骗罪帮助行为的表现形式,也符合侵犯公民个人信息罪实行行为的表现形式。对于如何区别诈骗罪的帮助犯与侵犯个人信息罪的正犯,现有司法解释已有所涉及。在《最高人民法院、最高人民检察院关于办理侵犯公民个人信息刑事案件适用法律若干问题的解释》第5条第2款的规定中,行为人知道或者应当知道他人利用公民个人信息实施犯罪并向其出售或者提供的公民个人信息的,被认为构成侵犯公民个人信息罪。而在《最高人民法院、最高人民检察院、公安部关于办理电信网络诈骗等刑事案件适用法律若干问题的意见》第4条第3款第1项的规定中,行为人明知他人实施电信网络诈骗犯罪,还向其提供信用卡、资金支付结算账户、手机卡、通讯工具的,被认为构成诈骗犯的共犯。比较上述两个司法解释的规定可见,本案行为人向他人提供已实名电话卡的行为是构成侵犯公民个人信息罪,还是构成诈骗罪的共犯,关键在于具体案件中行为人是否具有诈骗罪的主观故意,即非法占有公私财物的目的。而根据本案案卷资料,现有证据无法证明行为人知悉其提供已实名电话卡的对象实施了诈骗行为,也不能证明其有帮助他人实施诈骗行为的主观故意。再结合本案被告人的认知能力、既往经历、行为次数和手段、与他人关系、获利情况、是否曾因电信网络诈骗受过处罚、是否故意规避调查等主客观因素,若以诈骗罪定罪存在量刑偏高、罪责刑不相适应的问题,故本案行为人以侵犯公民个人信息罪定罪更为合适。

二、如果被告人认罪认罚并非本意,在综合考虑案情后,一般要引导当事人当庭如实陈述,将被迫认罪认罚的过程、原因说清楚,由法庭对是否适用认罪认罚进行审理,并依法作出裁判。

法律依据

1.《中华人民共和国刑法》第253条之一、第266条、第52条、第53条
2.《中华人民共和国刑事诉讼法》第15条
3.《最高人民法院、最高人民检察院关于办理侵犯公民个人信息刑事案件适用法律若干问题的解释》第5条
4.《最高人民法院、最高人民检察院关于办理诈骗刑事案件具体应用法律若干问题的解释》第5条
5.《最高人民法院、最高人民检察院、公安部关于办理电信网络诈骗等刑事

案件适用法律若干问题的意见》第 4 条

> **李开云律师**
>
> 　　现执业于北京京师(深圳)律师事务所,系律所高级合伙人。从事律师工作前曾在深圳市南山区科技园某高科技公司负责供应链管理部门 10 余年,有丰富的企业管理经验。
>
> 　　执业以来,李开云律师办理了数百起民商事及知识产权纠纷案件,维护了客户的合法权益,对各类型争议解决有丰富的诉讼、非诉经验。同时,还是 10 余家公司的常年法律顾问,在预防企业经营风险、企业合规建设等方面有深入研究。
>
> 　　除此之外,李律师还专注于刑事辩护领域,主要致力于财产犯罪、走私犯罪、职务犯罪等领域的刑事辩护业务,"当事人利益最大化"是其核心辩护理念,办理过多起不起诉、缓刑、减轻处罚的刑事案件。

立案前退还的款项应予从诈骗金额中扣除
——Z某诈骗案

陈旭明

案情介绍

2016年1月,被告人Z某伙同周某等人开始对外进行高利放贷。2016年3月9日,被害人黎某因资金周转需要,与Z某签订60万元借款合同,借款2个月,利息6分。Z某扣除砍头息7.2万元,向黎某转款52.8万元。2016年5月17日,因借款期限已过,黎某提出续借,双方又签订了70万元借款合同,口头约定月息6分,借期1个月。Z某安排周某向黎某转账70万元后,黎某又按照周某要求向指定账户转款,作为此前60万元借款本息的借新还旧。

第2次借款合同到期以后,黎某未能及时还清本息,周某派人入住黎某家中逼债。期间黎某按照周某要求,支付了多笔手续费、上门考察费、车旅费、违约金等费用共计62.5万元。直至2016年11月,黎某不堪周某等人的骚扰而报警,周某方将人员从黎某家中撤出。

2016年8月23日,Z某以本金70万元提请仲裁,某某市仲裁委支持Z某主张,裁决黎某向Z某偿还本息共计77.2万元。该裁决书于2017年被法院强制执行。2018年5月17日,扫黑除恶专项斗争开展后,Z某主动向黎某退还45万元,双方达成和解协议。

2019年5月,Z某等人因涉嫌诈骗罪、非法侵入住宅罪被立案侦查,起诉书认定Z某涉嫌诈骗黎某等人金额共计89.8万元。

裁判要旨

被告人 Z 某伙同他人违法对外进行高利放贷,在借款人未能按时还款时,虚构事实向法院提起诉讼,其行为构成诈骗罪;被告人 Z 某在案发前主动退还 45 万元给借款人,应在诈骗金额中扣除,按照实际诈骗所得计算。

裁判结论

2020 年 7 月 27 日,一审法院以 Z 某犯诈骗罪(金额 89.8 万元),判处有期徒刑 11 年;以 Z 某犯非法侵入住宅罪,判处有期徒刑 2 年;合并执行有期徒刑 12 年 6 个月,并处罚金 100 万元。

2020 年 11 月 19 日,二审法院以 Z 某犯诈骗罪(金额 44.8 万元),判处有期徒刑 8 年;以 Z 某犯非法侵入住宅罪,判处有期徒刑 2 年;合并执行有期徒刑 9 年,并处罚金 80 万元。

代理要点

辩护人在二审环节接受 Z 某委托,认为 Z 某在案发前主动退还给黎某 45 万元,一审法院只作为酌定从轻量刑情节,没有从诈骗犯罪数额中扣除,请求二审法庭予以纠正。

代理思路

案发前退回黎某的 45 万元依法不应当计入犯罪数额。

一、关于"案发前已经退还的款项是否从诈骗罪数额中扣除"之相关司法解释共有 4 个,其中部分作废,部分有效

1. 1991 答复,现行有效。1991 年 4 月 23 日,在《最高人民法院研究室关于申付强诈骗案如何认定诈骗数额问题的电话答复》(简称"1991 答复")中,最高法研究室答复河南省高院:"同意你院的倾向性意见。即在具体认定诈骗犯罪数额时,应把案发前已被追回的被骗款额扣除,按最后实际诈骗所得数额计算。但在处罚时,对于这种情况应当做为从重情节予以考虑。"

2. 1996 解释,2013 年废止。1996 年 12 月 16 日《最高人民法院关于审理诈骗案件具体应用法律的若干问题的解释》(简称"1996 解释")第 9 条:对于多次进行诈骗,并以"后骗还前骗"的,在计算诈骗数额时,应当将案发前已经归还的数额扣除,按实际未归还的数额认定,量刑时可将多次行骗的数额作为从重情节。

废止来源:2013年1月4日两高《关于废止1980年1月1日至1997年6月30日期间制发的部分司法解释和司法解释性质文件的决定》。

废止理由:依据已被修改,刑法及相关司法解释已有明确规定。

该文件同时废除了多个最高法研究室的电话答复,但并未废除上述1991答复。

3.2001纪要,现行有效,但引用了2013年被作废的1996解释。最高人民法院发布的2001年《全国法院审理金融犯罪案件工作座谈会纪要》(简称"2001纪要"):"在没有新的司法解释之前,可参照1996年《最高人民法院关于审理诈骗案件具体应用法律的若干问题的解释》的规定执行。在具体认定金融诈骗犯罪的数额时,应当以行为人实际骗取的数额计算。对于行为人为实施金融诈骗活动而支付的中介费、手续费、回扣等,或者用于行贿、赠与等费用,均应计入金融诈骗的犯罪数额。但应当将案发前已归还的数额扣除。"

4.2011解释,现行有效,未废止1991答复。2011年4月8日两高联合发布《关于办理诈骗刑事案件具体应用法律若干问题的解释》(简称"2011解释")第3条:诈骗公私财物虽已达到本解释第一条规定的"数额较大"的标准,但具有下列情形之一,且行为人认罪、悔罪的,可以根据刑法第37条、刑事诉讼法第142条的规定不起诉或者免予刑事处罚:(一)具有法定从宽处罚情节的;(二)一审宣判前全部退赃、退赔的;(三)没有参与分赃或者获赃较少且不是主犯的;(四)被害人谅解的;(五)其他情节轻微、危害不大的。

二、关于"案发前已经退还的款项是否从诈骗罪数额中扣除"之相关司法解释或废止或有效之间的冲突论证

以上关于"案发前已经退还的款项是否从诈骗罪数额中扣除"之相关司法解释,1996解释于2013年被废止,2001纪要虽然有效,但其引用1996解释的内容是否有效,司法实践中出现争议,这或许是本案一审判决书未将Z某案发前主动退还黎某45万元予以从犯罪金额中扣除的原因。

对此,我们在二审辩护中分析如下:

(1)2013年1月4日两高《关于废止1980年1月1日至1997年6月30日

期间制发的部分司法解释和司法解释性质文件的决定》废止了诸多文件,但并未将1991答复列入其中,河南省高院"在具体认定诈骗犯罪数额时,应把案发前已被追回的被骗款额扣除"依然现行有效。

（2）1996解释虽然于2013年被废止,但废止理由为"依据已被修改,刑法及相关司法解释已有明确规定",并未单独废除第9条"后骗还前骗应当将案发前已经归还的数额扣除按实际未归还的数额认定"。

（3）2011解释距离最近,并未对1991答复作出否定性规定。

本案涉及Z某诈骗黎某的犯罪数额,案发前已经归还的45万元应当被扣除。

三、类案检索制度及司法判例

为统一法律适用,提升司法公信力,2020年7月31日开始实施的《最高人民法院关于统一法律适用加强类案检索的指导意见（试行）》第1条规定:本意见所称类案,是指与待决案件在基本事实、争议焦点、法律适用问题等方面具有相似性,且已经人民法院裁判生效的案件。

根据最高人民法院"类案检索"意见,辩护人搜索某某市中级人民法院已经生效的"类案判例",向法庭提交"（2017）粤03刑终×××号"二审刑事判决书,被告人许某诈骗他人60万元,案发前退款18万元,深圳中院认为"在认定诈骗犯罪金额时,应将案发前已被追回的被骗款项扣除,以实际诈骗所得数额计算",最终认定被告人许某诈骗数额为42万元。

综上所述,根据相关司法解释及生效判例,被告人Z某案发前已经退还的45万元,不应当认定为本案的犯罪数额。

律师评析

一审法院之所以没有将案发前退还的45万元从Z某的犯罪数额中扣除,其主要原因可能与司法解释的修改与废弃有一定关联。二审辩护人将与案件相关的全部司法解释,从发布、修改到废止进行逐一罗列分析,从而得出"立案前退还的款型应予从诈骗金额中扣除"之结论。

被告人Z某作为非法律专业人员,在国家打击"套路贷"犯罪如火如荼的时候,出于对法律的敬畏和息事宁人的目的,主动向黎某退还了45万元。一审判决书将案发前已经退还的45万元认定为犯罪数额,不但违背了现行有效司法解释,而且有悖于我国《刑法》的罪责刑相适应原则,也会引发全社会对诈骗犯罪的退赃难度。二审法庭采纳辩护意见,对一审判决进行了纠正。

法律依据

1.《中华人民共和国刑法》第266条
2.《最高人民法院研究室关于申付强诈骗案如何认定诈骗数额问题的电话答复》
3.《最高人民法院关于审理诈骗案件具体应用法律的若干问题的解释》第9条
4.《最高人民法院、最高人民检察院关于废止1980年1月1日至1997年6月30日期间制发的部分司法解释和司法解释性质文件的决定》
5.《全国法院审理金融犯罪案件工作座谈会纪要》
6.《最高人民法院、最高人民检察院关于办理诈骗刑事案件具体应用法律若干问题的解释》

注:本案例以陈旭明律师代理的真实案例为原型整理而成,基本案情及判决理由均有不同程度的删节和修改。

陈旭明律师

中南财经政法大学毕业,民革党员。现执业于北京市京师(深圳)律师事务所,系律所联合创始人、首席合伙人、鹏城明理团队负责人,同时任深圳市南山区政协委员、中南财经政法大学深圳校友会秘书长(兼任政法分会会长、金融分会副会长、金融与法专业委员会主任)、广州仲裁委员会仲裁员、海南国际仲裁院仲裁员、深圳市律师协会商事犯罪辩护委员会委员、法治报法人智库高级研究员等社会职务,曾任深圳市人民检察院监督员、宝安区人民法院司法监督员。

曾于深圳警察训练支队(原警校)从事刑事法律教育工作12年,1999年至今从事专职律师工作,主要业务领域:金融投资领域的刑事风险防控、刑事合规、刑事辩护以及刑民交叉的争议解决;重大民商事、投资并购及不良资产处置的诉讼及非诉讼业务。著有《"套路贷"涉刑案件辩护实务》一书。

企业管理中的工作失误不应当被升格为刑事犯罪
——白某职务侵占案

陈旭明

---- **案情介绍** ----

2011年,A公司有三个股东,其中大股东S学会持股82.2%,B公司持股8.9%,C公司持股8.9%。白某因S学会秘书长身份,代表大股东S学会担任A公司董事长、总经理。

2011年下半年,B公司因转让其在A公司8.9%股份,委派评估公司对A公司资产进行评估,评估报告书出台时间为2012年2月15日。

因B公司出让股份要走拍卖程序,白某与A公司多名业务骨干注册成立D公司,于2012年8月2日以268万元的价格(起拍价217万元)拍得B公司在A公司8.9%的股权。

2012年3月5日,S学会召开常务理事会,讨论转让在A公司82.2%股份相关事宜;2012年11月13日,S学会召开常务理事会,决定将其持有的A公司82.2%股份转让给D公司,转让价格参考B公司转让时的评估报告,按持股比例计算确定;2012年12月12日,A公司修改章程,D公司取得S学会股份,在A公司共计持股91.10%。

2014年底,因审计署延审到A公司审计,告知白某2012年评估报告遗漏了5个合同,白某表示自己并不知道有遗漏合同的情形,审计署告知了白某被遗漏合同的具体名称。

白某经查询发现：该 5 个合同系 A 公司 2011—2012 年中标的市政工程，有 5 年的合同履行期；因该 5 个合同系 A 公司拓展的新业务，A 公司于 2011 年 9 月成立运维部负责新业务管理；至 2012 年 2 月评估报告出台，运维部各项管理尚未进入正轨，工作人员处于忙乱状态，从而导致该 5 个合同在评估报告出台前未能向公司办公室归档。

白某向审计署表示，该 5 个合同被遗漏系自己工作失误，但 5 个合同在当时并未开始盈利，不影响评估价格，甚至可能会压低评估价。此后审计署没有再找白某。

2017 年上半年，白某因涉嫌职务侵占罪被公安机关立案侦查。白某请原评估公司对 5 个合同的权益情况进行补充测算，评估公司于 2017 年 8 月 18 日出具《关于贵司提供的五个合同权益价值测算说明》，确认当初的评估报告已经包含了未知的合同收入，被遗漏的 5 个合同有赖于未来经营情况等因素影响，并不必然导致评估值的变化。白某请评估公司单就 5 个合同进行预期现金流收益测算，测算结果为 314.35 万元（非同期股权价值）。2018 年 3 月 21 日，按照 82.2% 的比例，A 公司与 S 学会签订备忘录，补缴了 5 个合同的预期现金流收益及相关利息共计 3334261.53 元。

2018 年 9 月 5 日，公安机关向白某送达《鉴定意见通知书》，告知"A 公司 2011 年底股权评估时已签订的五年特许经营项目收入未纳入评估范围使得公司同期股权价值被低估 337.59 万元"的鉴定意见。2018 年 9 月 12 日，D 公司向 S 学会按比例补缴了公安委托鉴定意见与原评估机构意见的差额本息共计 329341.93 元。

2023 年 2 月 21 日，白某以涉嫌职务侵占罪被刑事拘留，2023 年 3 月 22 日被提请逮捕。

案件结果

2023 年 3 月 29 日，检察机关以白某涉嫌职务侵占罪"证据不足"不予批准逮捕，公安机关于当日将白某予以释放。

代理要点

白某作为 A 公司负责人，在 A 公司股权评估期间遗漏 5 个合同系工作失误,主观上不具备职务侵占的故意。白某作为 D 公司负责人,D 公司通过公开拍卖取得 B 公司在 A 公司的股权,拍卖价格高于公安机关的委托鉴定价格;S 学会通过合法程序将其在 A 公司的股权转让给 D 公司,其动议股权转让的时间晚于 D 公司的成立时间及评估时间,白某不具有职务侵占的客观行为和犯罪动机。

代理思路

一、白某没有隐瞒涉案五个合同的主观故意

本案中,5 个合同没有提交评估纯系工作失误,白某没有故意隐瞒,主观上不具备职务侵占罪的犯罪故意。

1.5 个合同系公司拓展的新业务,与公司原有业务类型不同,新成立的业务部门管理尚未到位。2011 年,某某市开展某市政工程运营权招标,A 公司积极参与投标,中标 5 个,即 2012 年评估报告被遗漏的 5 个合同。因该 5 个合同系新拓展业务,公司于 2011 年 9 月成立运维部,至 2012 年 2 月 15 日评估报告出台时,运维部管理尚未到位。

2.5 个合同的签订时间均在 2011 年到 2012 年初,正处于评估工作开展期间,业务部门未来得及向办公室归档。5 个合同的具体签订时间分别为:(1)2011 年 6 月 23 日签订 A 区—B 区;(2)2011 年 6 月 23 日签订 A 区—C 区;(3)2011 年 10 月 17 日签订 D 区—E 区;(4)2011 年 10 月 17 日签订 D 区—F 区;(5)2011 年 12 月 5 日签订 G 区。A 区两个合同中标后先安排工作人员对接,D 区合同中标后开始成立运维部,负责合同签订、资料整理等工作。因为是新成立的部门,至 2012 年 2 月评估报告出台之时,运维部各项管理工作未进入正轨,人员处于忙乱状态,未能及时把合同送交办公室归档。

3.5 个合同的经手人均证实,白某未安排其隐瞒 5 个合同不向评估公司提交。白某未关注到该新部门的业务归档情况,系工作失误,但主观上不存在隐瞒的故意。

二、白某不具有侵占公司资产的犯罪动机

1.2012 年 2 月 15 日评估报告出台时,D 公司并未成立,白某不具备侵占 A 公司财产的动机。2011 年 B 公司计划转让股权,评估工作据此开展,但 D 公司的筹备成立时间为 2012 年 5 月,工商注册时间为 2012 年 8 月,晚于评估报告的

出台时间。也就是说，白某是在评估报告确定以后，知晓了 B 公司转让股权需要挂牌拍卖，才和其他同事成立了 D 公司，此时评估工作已经结束。

2. 2012 年 2 月 15 日评估报告出台时，只有 8.9% 的股权转让，白某在 D 公司成立后只有 30% 的初始股权；以极大的刑事犯罪风险去获取极小的可期待性财产利益，严重不符合情理。公安机关委托鉴定意见显示，本案被遗漏的 5 个合同使得公司同期股权价值被低估 337.59 万元。即便被遗漏的 5 个合同价值达到所谓鉴定意见的 337.59 万元，2012 年 8 月 2 日 D 公司成立后，白某的初始股权只有 30%，按照公安机关的逻辑，则白某共计获益"337.59 万元 × 8.9% × 30% = 9.01 万元"，且该 9.01 万元还是不确定的财产利益。白某为侵占该不确定的 9.01 万元财产，甘冒刑事犯罪的重大风险？这显然严重不符合常理。

3. 2012 年 2 月 15 日评估报告出台时，S 学会 82.2% 的股权尚未决定转让。本案评估报告的起因是 B 公司股权转让，评估报告作为底价于 2012 年 8 月完成了 8.9% 股权转让行为，资料显示 S 学会转让 A 公司股权的最早动议时间为 2012 年 3 月 5 日常务理事会议，2012 年 11 月 13 日常务理事会议决定将其持有的 A 公司 82.2% 股份转让给 D 公司，2012 年 12 月 12 日 D 公司取得 S 学会股份。

4. 白某持有 D 公司的股权，在 5 个被遗漏合同的 5 年履行期内不断稀释，至公安机关立案时持股 18.4%。涉案被遗漏的 5 个合同，系 A 公司 2011 年至 2012 年中标的市政某工程运营权，需要经历 5 年的合同服务期，才能完全拿到预期收益。而在合同履行期间，白某在 D 公司的个人持股一直不断减少，至 2018 年公安机关对白某刑事立案的时候，其在 D 公司的持股已经从初始的 30% 减少到 18.4%。

以上客观事实，足以印证白某在 A 公司股权转让过程中，完全不具备侵占公司财产的犯罪动机。

三、白某不具有侵占公司资产的客观行为

1. 8.9% 的股权交易系 D 公司参加公开拍卖所得，溢价超过 5 个合同的预期现金收益 20.32 万元。B 公司转让其在 A 公司 8.9% 的股份，根据评估报告设定了 217.27 万元的底价，D 公司竞价到 268 万元取得该股权。即便被遗漏的 5 个合同价值达到所谓鉴定意见的 337.59 万元，折算到 8.9% 的股份，价值仅有 30.05 万元。如白某有故意隐瞒 5 个合同从而达到侵占目的动机，然后又多花

"268万元－217.27万元－30.5万元＝20.23万元"的代价来拍得该股权,从情理上是完全无法说通的。

2. 82.2%的股权交易系S学会常务理事会会议决定转让给D公司的,非白某个人操控。2012年2月15日评估报告出台的时候,S学会还没有向外转让股权的动议;2012年12月12日A公司修改章程,S学会转让82.2%股权给D公司,系S学会严格按照工作流程召开常务理事会会议并形成决议确定的。白某作为S学会的时任秘书长,上有理事长、副理事长、理事作为其直接领导,白某个人对S学会并没有决定权和操控力。

3. 白某积极整改弥补工作过失,并不代表承认自己有犯罪行为。白某在知悉评估中遗留5个合同项目以后,为将相关权益补偿给原股东,主动与S学会联系,并请原评估公司对5个合同的权益进行补充测算,测算结果为5个合同的预期现金流收益为314.35万元(非同期股权价值)。2018年3月21日,S学会与D公司签订备忘录,D公司于2018年4月9日向S学会支付其原持股权82.2%的权益本金及相关利息共计3334261.53元。2018年9月5日,公安机关向白某送达鉴定意见通知书,告知其"A公司2011年底股权评估时已签订的五年特许经营项目收入未纳入评估范围使得公司同期股权价值被低估337.59万元";2018年9月12日,D公司向S学会按比例补缴公安鉴定意见与原评估机构意见的差额本息共计329341.93元。该行为系白某积极弥补工作失误的良好态度,但不代表白某承认自己涉嫌犯罪。

四、鉴定意见中的337.59万元不符合刑事诉讼"事实清楚、证据确实充分"的证明标准

刑事诉讼的证明标准"事实清楚、证据确实充分",包含了经济犯罪中犯罪金额的确定性。

鉴定意见中的337.59万元系5个合同在未来5年中可能达到的现金收益,具有极大的不确定性,该不确定性现金收益不等同于5个合同在评估报告中的股权估值,公安机关以此鉴定意见作为本案的涉案金额,不符合刑事诉讼"事实清楚、证据确实充分"的证明标准。

1. 鉴定意见以5个合同在未来5年的期待性收入,等同于5个合同对公司同期股权价值的低估,不符合股权价值的评估原则。

股权估值原则,是指在评估一个企业时,应该考虑的一系列因素,包括企业的盈利能力、成长潜力、资产价值、市场价格和风险等。通过对这些因素进行综合考虑,可以得出一个公平、合理的估值。股权估值原则算法共计 5 种:资产值法、收益法、市场法、比较法、成长法。

公安机关 2018 年 9 月 5 日送达鉴定意见通知书,告知白某经公安机关委托某房地产评估机构进行评估,A 公司询有限公司 2011 年底股权评估时已签订的 5 年特许经营项目收入未纳入评估范围使得公司同期股权价值被低估 337.59 万元。且不说以房地产评估机构来评估 5 个被遗漏合同对 A 公司 2012 年的股权影响价值是否专业对口,但就该鉴定意见把被遗漏 5 个合同未来 5 年内可能产生的预期利润作为 A 公司 2012 年同期股权价值,完全没有考虑到 5 年市场变化及合同履约可能性,该鉴定意见就从根本上不符合股权价值的上述 5 种基础算法中的任何一种,不具备客观证明力。

刑事诉讼的证明标准"事实清楚、证据确实充分",包含了经济犯罪中犯罪金额的确定性。本案被遗漏的 5 个合同因其获益结果的不确定性,更无法以其可能达到的现金收益等同于股权价值。公安机关鉴定意见的 337.59 万元,无法作为本案职务侵占罪的定罪依据。

2. 原评估机构以"收益法"进行评估,其于 2018 年 8 月 18 日出具的情况说明已经确认被遗漏的 5 个合同并不必然导致评估价值的变化。

原评估报告采用"收益法"对股权进行评估,具有专业机构特定的计算方式,其在评估报告中并没有列出这种尚未履行的合同是否对公司当时的估值有何种参考意义,也没有反映出这种合同与估值之间的关联性。公司评估期间,5 个被遗漏的合同尚未开始盈利,且原评估机构于 2018 年 8 月 18 日出具的《关于贵司提供的 5 个合同权益价值测算的说明》明确表示:(1)原评估报告对于未来的经营收入和利润保持了一定的增长包含了已知的和未知合同的收入;(2)站在历史的角度来看,贵公司提供的 5 个合同有赖于未来的经营情况等因素影响,并不必然导致评估值的变化;(3)从历史的角度出发,评估报告并非对每个合同单独进行评估,当时预测收入并不与这 5 个合同有一一对应关系。原评估机构得出的以上结论,系结合 2012 年评估情况及 5 个被遗漏合同的具体内容所作出的专业性意见,依法应当予以采纳。

上述分析论证,辩护人概括总结如下:1. 2012 年 A 公司股权评估遗漏 5 个合同,系白某工作过失,其没有隐瞒 5 个合同的故意;2. D 公司的成立时间晚于评估报告的出台时间,D 公司以高出公安机关委托鉴定意见的价格,通过公开拍卖取得 D 公司在 A 公司 8.9% 的股权,白某从主观上不具备侵占 B 公司资金的动机,从客观上没有实施侵占 B 公司资金的行为;3. S 学会通过合法程序将其持有的 A 公司 82.2% 股权转让给 D 公司的时间,晚于评估报告的出台时间,白某主观上不具备侵占 S 学会资金的动机,从客观上没有实施侵占 S 学会资金的行为;4. 公安机关委托鉴定意见以 5 个被遗漏合同未来 5 年可能获取 337.59 万元的不确定性收益来认定白某涉嫌职务侵占金额,不符合刑事诉讼"事实清楚、证据确实充分"的证明标准;5. D 公司已经把 5 个被遗漏合同未来 5 年可能获取的收益按股权比例补偿给了 S 学会,本案无任何社会危害行为,也无任何社会危害结果。

综上所述,白某的行为不涉嫌职务侵占罪。

律师评析

职务侵占罪的主观罪过为"直接故意",客观行为表现为"利用职务之便占有了单位财物",主客观要件有一个不成立,职务侵占罪即不成立。本案因主客观要件均不成立,故从主客观两个角度来论证白某不符合职务侵占罪的构成要件。首先,根据证据多方论证白某在股权评估中"遗漏"5 个合同系工作失误;其次,从白某的工作失误并不必然对 A 公司的股权价值造成影响以及 D 公司的成立时间较晚且通过合法程序取得股权等角度,论证白某不具备职务侵占罪的客观要件。检察机关采纳辩护人意见,以"证据不足"对白某不予批准逮捕。

法律依据

《中华人民共和国刑法》第 271 条

注:本案例以陈旭明律师代理的真实案例为原型整理而成,基本案情及判决理由均有不同程度的删节和修改。

陈旭明律师

中南财经政法大学毕业,民革党员。现执业于北京市京师(深圳)律师事务所,系律所联合创始人、首席合伙人、鹏城明理团队负责人,同时任深圳市南山区政协委员、中南财经政法大学深圳校友会秘书长(兼任政法分会会长、金融分会副会长、金融与法专业委员会主任)、广州仲裁委员会仲裁员、海南国际仲裁院仲裁员、深圳市律师协会商事犯罪辩护委员会委员、法治报法人智库高级研究员等社会职务,曾任深圳市人民检察院监督员、宝安区人民法院司法监督员。

曾于深圳警察训练支队(原警校)从事刑事法律教育工作12年,1999年至今从事专职律师工作,主要业务领域:金融投资领域的刑事风险防控、刑事合规、刑事辩护以及刑民交叉的争议解决;重大民商事、投资并购及不良资产处置的诉讼及非诉讼业务。著有《"套路贷"涉刑案件辩护实务》一书。

组织卖淫案中司机运送卖淫女的车辆不属于作案工具，不应没收

——龚某某涉嫌组织卖淫罪一案

杨烁明

案 情 介 绍

以微信群主"发财"为首的卖淫组织主要通过派发黄色卖淫小卡片及熟人介绍等方式招募卖淫女、招雇司机、招揽嫖客。群主"发财"先后建立多个微信群，群里成员有群主、业务员、司机，具体运转流程为：群主每日发布一名司机接送一名卖淫女的排班信息，业务员与嫖客谈定服务地址、内容、费用，谈妥订单后业务员通过网络方式将订单告知司机、卖淫女，并根据群里嫖娼订单调整派单情况，司机接到订单后专职接送卖淫女提供卖淫服务，在群里通过专门数字和符号反馈嫖娼订单情况，嫖资主要以司机的微信收款码进行收取。业务员、卖淫女、司机之间在联系嫖客、收取嫖资、嫖资分配方面相互隐蔽、配合、牵制，明确了卖淫女根据性服务提供次数或者包夜进行收费、司机根据行驶公里数进行收费、业务员获得剩余获益及支付空单补贴的具体标准，嫖资的具体分配由司机来执行，形成稳定的获益分配机制。

被告人B系该组织的业务员，负责派单，并安排此前一直为其派发黄色卖淫小卡片的被告人C继续派发黄色卖淫小卡片。经统计，被告人C通过派发黄色卖淫小卡片从被告人B处获利人民币3万余元。被告人A等6人先后加入该组织，均为司机，负责运送卖淫女到宝安区多个街道提供卖淫服务。被组织、运送的卖淫女有6人。

裁判要旨

运送卖淫女的司机应以协助组织卖淫定罪量刑,运送卖淫女的车辆不属于作案工具,不应没收,应当发还给所有权人。

裁判结论

一、被告人 A 犯协助组织卖淫罪,判处有期徒刑 10 个月,缓刑 1 年,并处罚金人民币 9000 元。

二、扣押的被告人的 10 部手机系作案工具,依法予以没收;扣押的 4 辆汽车、3 把车钥匙由公安机关发还所有人,扣押的其他物品由公安机关依法处置。

代理要点

一、明确本案不涉嫌组织卖淫罪,而是协助组织卖淫罪;

二、明确本案不存在从重处罚情节;

三、明确本案运送卖淫女的车辆不属于作案工具,不应没收;

四、从案件危害性小、犯罪中止、认罪认罚等方面论述本案符合缓刑适用条件。

代理思路

一、被告人 A 犯罪情节显著轻微,可以免予刑事处罚或判处缓刑。

(一)被告人 A 主观恶性较低。

被告人 A 一直从事网约车服务,并非专门买车从事犯罪,在所有涉案司机中情节最轻,且收取正常车费,获利很少。

(二)本案不涉及从重情节。

本案卖淫女均为自愿卖淫,不存在强迫卖淫、未成年等特殊人群、传播性病、境外卖淫、造成人身伤亡等情节。

(三)被告人 A 归案后如实陈述客观事实,积极配合调查,提供破案关键证据。

(四)被告人 A 具有犯罪中止情节。

被告人 A 认识到自己行为涉嫌犯罪时,主动退群并明确表示不再为卖淫组织提供运输服务,能继续犯罪而主动放弃犯罪依法属于犯罪中止。

(五)被告人 A 审前羁押有两个多月,不应继续判处实刑。

根据法律规定的治安处罚与刑事处罚,被告人 A 已经审前羁押两个多月,受到应有的惩罚,考虑谦抑性原则可以不再判处刑事处罚。

二、对被告人 A 免予刑事处罚或建议缓刑不致发生社会危险性。

三、对被告人 A 免予刑事处罚或建议缓刑更加适宜。

四、涉案被扣车辆不属于作案工具,且车辆属于夫妻共同财产,存在案外债权人,存在权利瑕疵,依法不应没收,应当返还。

根据《民法典》第 113 条规定,民事主体的财产权利受法律平等保护。根据《刑事诉讼法》第 141 条规定,侦查活动中发现的可用以证明被告人有罪或者无罪的各种财物、文件,应当查封、扣押;与案件无关的财物、文件,不得查封、扣押。第 145 条规定,对查封、扣押的财物、文件、邮件、电报或者冻结的存款、汇款、债券、股票、基金份额等财产,经查明确实与案件无关的,应当在 3 日以内解除查封、扣押、冻结,予以退还。

本案中,首先,被告人 A 具有正当职业,涉案扣押的粤 B××××车辆是被告人 A 于 2021 年 6 月 1 日使用夫妻共同财产购买,专门用于从事网约车业务的,其也实际从事网约车司机一年多,并非专门为了实施协助组织卖淫罪而购买并专门为实施犯罪提供的作案工具。其次,车辆作为常见的物品,并非违法物品,涉案车辆主要用途为家庭生活和工作,并没有连续性或者长期性用于犯罪,亦不具有专用于犯罪的特殊属性(如撬锁器、刀具、假币模具等),依法不能认定为犯罪工具。最后,类案也是同样观点,例如,(2017)陕 01 刑终 911 号判决书认定:"对于返还车辆的上诉理由,经查,1.按照《中华人民共和国刑法》第 64 条的规定,'……违禁品和供犯罪所用的本人财物,应当予以没收。……'本案中的陕 A×××××、陕 A×××××小轿车是上诉人蒋某、林某通过银行按揭贷款购买的,车辆已办理抵押手续,且用于偿还银行贷款的资金来源于家庭共同财产,因此涉案的车辆并非全部属于上诉人蒋某、林某本人的财产;2.本案中的现代轿车主要用于上诉人蒋某、林某家庭日常的生活和工作,没有证据证明是为实施犯罪而购买,虽然该车在客观上对案件的发生有一定的帮助作用,但本案中的财物被盗与车辆运输没有直接因果关系;3.根据罪责刑相一致的原则,没收'供犯罪所用的本人财物'应体现罪责刑的均衡,所没收财物的范围、价值应当与犯罪的危害程度相当,应根据财物的价值和犯罪的情节综合考虑。原审判决没收车辆的处罚对被告人蒋某、林某明显偏重,亦违背刑法罪责刑相一致的原则。"

退一步讲,即使认定涉案车辆为作案工具,因涉案车辆系被告人及其配偶胡某在婚姻存续期间使用夫妻共同存款购买,依法属于夫妻共同财产,依法也不能没收。而且,该车辆目前还在还贷,仅支付合同价款约50%,根据《民法典》第634条分期付款的买受人未支付到期价款的数额达到全部价款的1/5,经催告后在合理期限内仍未支付到期价款的,出卖人可以请求买受人支付全部价款或者解除合同。即销售方有权解除合同并取回冻结车辆,故涉案车辆仍然存在案外人权利。此外,车辆属于特殊物品,长期停用将对车辆造成巨大损失,严重损害其价值。若一直扣押或没收将严重损失其价值,给被告人及其家属带来重大的负担,也给车辆抵押权人、债权人带来大量损失,引发新的社会矛盾。因此,恳请法院依法判决返还扣押车辆,且同案犯租借的车辆因所有权不完备,已经依法发还,故被告人A被扣车辆亦应当返还。

律师评析

在涉及重大财产扣押的案件辩护中,律师不仅仅是为被告人的定罪量刑进行辩护,也应当争取涉案财产不予没收。"作案工具"其实本身并不是一个严格的法律概念,极少出现在现行法律规范之中,导致实践中存在争议。在分析、判断涉案物品是否应当依照《刑法》第64条予以没收时,应当基于全案案情,综合判断涉案物品与犯罪行为的关联性、帮助作用程度、物品的权属、物品的特性、主要用途等方面,并考虑罪责刑相适应。实践当中,财物在犯罪中所起到的作用越大,该物被没收的可能性也就越大,有的案件里面,涉案物品被反复使用于多次犯罪中,那大概率也会被没收。比如,嫌疑人实施犯罪所穿着的普通衣物,则不应没收,但如果嫌疑人身着非法购买的军装、假冒军人招摇撞骗,那么非法购买的军装应当予以没收。

此外,同一物品在不同案件事实下,往往会呈现不同的属性。从非常常见的"汽车没收争议"来看,汽车作为涉案物品,在不同的案件中会呈现不同的属性:在运送他人偷越国边境案件中,汽车便带有非常重的工具属性,往往会被没收;在强奸案件中,如果行为人在车内对被害人实施强奸行为,那么汽车所呈现出来的便更多是场所属性而非工具属性,在这种情况下,不应当作出没收汽车的判决。

法律依据

《中华人民共和国刑法》第 358 条第 4 款,第 359 条第 1 款,第 52 条,第 53 条,第 64 条,第 67 条第 7 款,第 72 条第 1 款、第 3 款,第 73 条第 2 款、第 3 款

杨烁明律师

现执业于北京市京师(深圳)律师事务所,系律所审判研究中心研究员、秘书,刑事专业委员会会员,深圳市律师协会会员。

杨烁明律师擅长并专注于处理重大疑难经济、金融、职务类犯罪案件,办理过不予批捕、不起诉、缓刑、减轻及从轻处罚的成功案例。执业期间代理多个民商事案件,担任某上市公司常年法律顾问,为客户提供优质法律服务。